O novo rosto do clero

Dados Internacionais de Catalogação na Publicação (CIP)
(Câmara Brasileira do Livro, SP, Brasil)

O novo rosto do clero : perfil dos padres novos no Brasil / Agenor Brighenti. – Petrópolis, RJ : Vozes, 2021.

Vários autores.

3ª reimpressão, 2021.

ISBN 978-65-5713-290-6

1. Clero – Brasil 2. Igreja Católica – Brasil 3. Igreja Católica – Clero – Ministério 4. Padres da Igreja 5. Teologia pastoral I. Brighenti, Agenor.

21-64971 CDD-270

Índices para catálogo sistemático:
1. Padres da Igreja Católica : Cristianismo 270

Cibele Maria Dias – Bibliotecária – CRB-8/9427

AGENOR BRIGHENTI

Coautores
Alzirinha Rocha de Souza, Andrea Damacena Martins,
Antônio José de Almeida, Antônio Manzatto, Brenda Carranza,
Fernando Altemeyer Junior, João Décio Passos, Manoel José de Godoy

O NOVO ROSTO DO CLERO

Perfil dos padres novos no Brasil

EDITORA VOZES

Petrópolis

© 2021, Editora Vozes Ltda.
Rua Frei Luís, 100
25689-900 Petrópolis, RJ
www.vozes.com.br
Brasil

Todos os direitos reservados. Nenhuma parte desta obra poderá ser reproduzida ou transmitida por qualquer forma e/ou quaisquer meios (eletrônico ou mecânico, incluindo fotocópia e gravação) ou arquivada em qualquer sistema ou banco de dados sem permissão escrita da editora.

CONSELHO EDITORIAL

Diretor
Gilberto Gonçalves Garcia

Editores
Aline dos Santos Carneiro
Edrian Josué Pasini
Marilac Loraine Oleniki
Welder Lancieri Marchini

Conselheiros
Francisco Morás
Ludovico Garmus
Teobaldo Heidemann
Volney J. Berkenbrock

Secretário executivo
Leonardo A.R.T. dos Santos

Diagramação: Sheilandre Desenv. Gráfico
Revisão gráfica: Nilton Braz da Rocha
Capa: Ygor Moretti

ISBN 978-65-5713-290-6

Editado conforme o novo acordo ortográfico.

Este livro foi composto e impresso pela Editora Vozes Ltda.

SUMÁRIO

Apresentação, 11

A emergência de um sujeito incômodo no catolicismo brasileiro, 17
Agenor Brighenti
A emergência dos "padres novos", 18
A busca de um perfil a partir de duas perspectivas sociopastorais, 23
Perspectivas sociopastorais no seio do catolicismo e da sociedade brasileira, 29

O teor e as características da pesquisa, 32
Andréa Damacena Martins/Agenor Brighenti
O teor da pesquisa, 33
Características da pesquisa, 39
Peculiaridades da metodologia utilizada, 41
Características sociorreligiosas das amostras, 44
O modo como os dados levantados serão apresentados, 48

PARTE I
A visão de mundo dos católicos no Brasil e o perfil dos "padres novos", 51
Introdução, 53
1. Realidades, problemas e desafios frente ao mundo de hoje, 56
   – O que está piorando no mundo de hoje?, 56

– O que está melhorando no mundo de hoje?, 59

– Quais os maiores problemas de nosso povo, hoje?, 62

– Quais os maiores desafios que o mundo nos coloca para a vivência da fé cristã?, 65

• *Análise preliminar* – Brenda Carranza: Visão de mundo e concepção social dos "padres novos" no Brasil, 68

2. Valores, antivalores e realidades positivas e negativas do mundo de hoje, 79

– Quais os principais antivalores reinantes na sociedade atual?, 80

– Quais são os principais valores que emanam na sociedade atual?, 83

– Que novas realidades positivas estão emergindo no mundo de hoje?, 86

– Que novas realidades considera como negativas no mundo de hoje?, 89

• *Análise preliminar* – Andréa Damacena Martins: A visão dos "padres novos" a respeito de valores e realidades do mundo de hoje, 92

3. Como a Igreja vê e como ela é vista pela sociedade, 96

– Qual deve ser a posição da Igreja frente ao mundo de hoje?, 96

– Como a sociedade em geral vê a Igreja, hoje?, 99

• *Análise preliminar* – João Décio Passos: A visão dos "padres novos" a respeito de como a Igreja vê e como ela é vista pela sociedade, 102

• *Considerações finais* – Agenor Brighenti: A visão dos "padres novos" sobre o mundo de hoje: ambiguidades de um tempo de travessia, 110

PARTE II
A visão de Igreja dos católicos no Brasil e o perfil dos "padres novos", 123

Introdução, 125

1. A renovação do Vaticano II e a tradição libertadora latino-americana, 127

– A renovação do Vaticano II está avançando, estancada ou retrocedendo?, 127

– Na prática, a tradição latino-americana (Medellín, Puebla, Santo Domingo, Aparecida) está avançando, estancada ou retrocedendo?, 130

– A Teologia da Libertação está avançando, estancada ou retrocedendo?, 132

• *Análise preliminar* – Agenor Brighenti: A renovação do Vaticano II e a tradição libertadora latino-americana, 136

2. Modelos de pastoral e contribuição da Igreja à sociedade, 143

– Que ações do "modelo de pastoral" dos anos de 1970/1980 já não respondem mais na ação da Igreja, hoje?, 144

– Que ações do "modelo de pastoral" dos anos de 1970/1980 continuam válidas na ação da Igreja, hoje?, 146

– Quais as maiores lacunas ou vazios na ação pastoral, hoje?, 149

– Como a ação da Igreja tem contribuído para uma sociedade mais justa e fraterna?, 152

• *Análise preliminar* – Alzirinha Rocha de Souza: A visão dos "padres novos" a respeito de modelos de pastoral e a contribuição da Igreja à sociedade, 155

3. Novas frentes de ação e mudanças na estrutura da Igreja, 161

– Quais os serviços pastorais mais importantes a serem desenvolvidos, hoje?, 161

– Que novas frentes pastorais precisam ser abertas, hoje?, 164

– Que mudanças na estrutura da Igreja são mais urgentes?, 167

• *Análise preliminar* – Antônio Manzatto: Novas frentes de ação e mudanças na estrutura da Igreja na visão dos "padres novos", 170

• *Considerações finais* – Agenor Brighenti: A visão "dos padres novos" sobre a Igreja hoje: crise da modernidade, Vaticano II e modelos de pastoral, 175

PARTE III
A visão dos católicos no Brasil sobre o ministério presbiteral e o perfil dos "padres novos", 191

Introdução, 193

1. Modelos de ministério e "padres novos", 195

– O que está superado, hoje, do modelo de ministério dos presbíteros das "décadas de 1970/1980"?, 195

– O que continua válido do modelo de ministério dos presbíteros das "décadas de 1970/1980"?, 198

– Quais as principais novidades que os "padres novos" trazem no exercício de seu ministério?, 201

– O que não tem futuro no modo de os "padres novos" exercerem o ministério?, 205

• *Análise preliminar* – Antônio José de Almeida: A visão dos "padres novos" a respeito dos modelos de ministério presbiteral, 208

2. A vocação e a formação dos presbíteros, 217

– Como anda o processo de formação dos futuros presbíteros, hoje, 217

– O que parece motivar um jovem ser padre, hoje?, 220

– O que parece desmotivar um jovem ser padre, hoje?, 223

• *Análise preliminar* – Fernando Altemeyer Júnior: Formação, motivação e os fracassos na vida de um presbítero, 226

3. A vida dos presbíteros e sua relação com o presbitério e o bispo, 232

– Como está a vida e a relação do presbitério de sua diocese, entre seus membros e com o bispo?, 232

– Como vê os presbíteros, em geral?, 236

– Para cumprir sua missão qual o modo mais adequado para um presbítero se vestir, hoje?, 239

• *Análise preliminar* – Manoel José de Godoy: A visão dos "padres novos" a respeito da vida dos presbíteros e de sua relação com o presbitério e o bispo, 241

• *Considerações finais* – João Décio Passos: Individualização religiosa e novo perfil do presbítero, 256

Conclusão – Agenor Brighenti: A visão dos católicos no Brasil sobre o mundo, a Igreja e o ministério presbiteral, 271

Anexo I: Questionário aplicado na pesquisa de campo, 279

Anexo II: Tabela fator de ponderação por região do país, 297

Os autores, 299

APRESENTAÇÃO

Está em nossas mãos uma obra que apresenta os resultados de uma pesquisa de campo, levada a cabo nos últimos anos em todo o território nacional, em busca do perfil dos "padres novos" no Brasil. É fruto de um projeto de pesquisa pessoal, junto ao Programa de Pós-Graduação em Teologia da Pontifícia Universidade Católica do Paraná onde sou professor, com apoio inicialmente de uma Bolsa de Produtividade em Pesquisa da Fundação Araucária do Estado do Paraná e, posteriormente, do CNPq. De posse dos dados, constituímos uma equipe de especialistas, composta de cientistas sociais, cientistas da religião, teólogos e pastoralistas, para um breve relatório e uma análise preliminar dos resultados, que ora se publica. O banco de dados é amplo e não se esgota nesta obra. Será revisitado e explorado em outras publicações já planejadas para breve. O objetivo de todo este esforço é contribuir com a obra evangelizadora da Igreja Católica no Brasil e sua missão na sociedade atual. A pesquisa é importante para a atuação dos cristãos. Desde o final do século XIX que a pastoral é uma ciência. E ciência se faz com pesquisa. Também na evangelização é fundamental que os processos desencadeados se alicercem sobre a verdade dos fatos, ainda que sempre opacos e marcados pela ambiguidade, o que exige discernimento e interpretação, sem a pretensão ilusória da objetividade total. O que não se pode é deixar-se levar pelo subjetivismo, o empirismo ou pragmatismo do cotidiano, sob pena de não se gerar processos e de se cair em ações pontuais ou em uma série de eventos invertebrados, sem impacto sobre a realidade. A ciência tem limites, é verdade, mas ainda é o meio menos limitado para se caminhar com conhecimento de causa, que depende da busca da verdade dos fatos ou mesmo da verdade de direito, que está para além deles, fora do mundo, como dizia Wittgenstein. A única metafísica possível é aquela que se alicerça na física e, pastoralmente, na historicidade da fé, que passa pela experiência humana e os fatos.

Todos somos conhecedores da contribuição da Igreja Católica no Brasil aos cristãos e à sociedade como um todo, através de instituições de pesquisa ligadas à CNBB, atuantes por décadas, como foram o CERIS (Centro de Estatística Religiosa e Investigações Sociais), que teve à frente Waldemar de Gregori e uma equipe de cientistas; o IBRADES (Instituto Brasileiro de Desenvolvimento) e sua intensa agenda de pesquisa, produção de conhecimento e de formação, com expoentes como Marcello Azevedo e Riolando Azzi; e o INP (Instituto Nacional de Pastoral), ao qual nosso imaginário se remete sempre aos relevantes trabalhos prestados por Alberto Antoniazzi, entre outros. Foram instituições como estas que subsidiaram análises de conjuntura, a capacitação de agentes de pastoral e a projeção da ação evangelizadora fundada em desafios e demandas reais, seja por parte das Igrejas locais, seja pela própria CNBB. Bispos que estiveram à frente dela naquela época, como hoje, eram pessoas de esmerada formação acadêmica como Dom Ivo Lorscheiter, Dom Aloísio Lorscheider, Dom Luciano Mendes de Almeida, Dom Celso Queirós e outros. Os textos e documentos publicados, cuja relevância e interesse ultrapassavam as fronteiras do país, tinham lastro analítico e interdisciplinar, cunho operacional e programático, dificilmente alcançáveis sem organismos como estes.

Hoje, por circunstâncias diversas, a pesquisa em matéria religiosa ou no campo pastoral buscou abrigo nas universidades, mas com o risco de estar mais direcionada à academia do que ao serviço da ação evangelizadora e da sociedade como um todo. Também porque no espaço eclesial dificilmente se poderia encontrar os recursos necessários – humanos e logísticos – sobretudo para uma pesquisa de campo mais abrangente, que exige deslocamento de pesquisadores, processamento de dados e o envolvimento de analistas qualificados no tratamento dos resultados. Entretanto, esta pesquisa, mesmo que seja fruto de um projeto que nasceu e se desenvolveu na academia, tem motivação e finalidade pastorais. As mesmas motivações e finalidade tiveram também os alunos orientandos da graduação e da pós-graduação em Teologia da PUC de Curitiba que contribuíram, sobretudo, com a pesquisa de campo. A sua abrangência – o território nacional do imenso Brasil – foi um fator de particular desafio. Por isso, caminhou devagar, segundo as possibilidades, mas chegando a bom termo.

O processo foi longo. Uma vez montado o projeto da pesquisa com a assessoria de outras áreas do saber que a Teologia, seguido de sua aprovação no conselho de ética em pesquisa por envolver pessoas, assim como da validação do instrumento aplicado na pesquisa de campo, o processo foi deslanchando pouco a pouco. O trabalho de campo começou com a participação de alunos da graduação em Teologia, integrados à pesquisa através de projetos de Iniciação Científica (PIBIC), assim como de alunos da pós-graduação em Teologia (mestrado e doutorado). Foram eles os responsáveis, em grande parte, pela aplicação do instrumento da coleta de dados nas cinco regiões do país. Começou-se pela Região Sul, passando pela Região Sudeste, para chegar finalmente às regiões Nordeste, Centro-Oeste e Norte. Sem o deslocamento e a dedicação destes abnegados alunos e alunas, o levantamento de dados não teria sido possível. O trabalho ganhou celeridade e qualidade, quando se associou a ele, através de dois estágios de pós-doutorado no Programa de Pós-graduação em Teologia, a pesquisadora Andréa Damacena Martins, com experiência no antigo CERIS. Ela não só participou das atividades de campo, como assegurou o rigor acadêmico na pesquisa, tanto na aplicação do instrumento como na tabulação e no processamento dos dados, culminando com a elaboração do relatório dos resultados.

Além dos orientandos e orientandas da graduação e da pós-graduação, cabe também o reconhecimento do apoio dado pela Pró-reitoria de Pesquisa da PUCPR, que contribuiu com alguns deslocamentos a campo dos referidos estudantes, bem como com bolsas-PIBIC aos alunos da graduação envolvidos. Registro de reconhecimento, igualmente, à contribuição dada ao projeto pela Fundação Araucária e o CNPq, organismos de fomento à pesquisa, os quais, através de Bolsas de Produtividade em Pesquisa ao promotor deste projeto, garantiram grande parte do suporte logístico da pesquisa. A gratidão à Adveniat, que tornou possível a realização de seminários com especialistas para análise dos dados e seu processamento para publicação. Gratidão às paróquias e casas religiosas, que hospedaram os auxiliares de investigação durante o período da aplicação do instrumento da coleta de dados, nas três dioceses de cada uma das cinco regiões do país. Enfim, o reconhecimento e a gratidão aos competentes analistas que integram este informe, que se dispuseram a participar dos seminários para conhecimento e discussão dos dados da pesquisa, particularmente pela contribuição dada na análise preliminar dos resultados, cada um a partir de sua especialidade acadêmica. Os mesmos continuarão integrados à pesquisa, visando a publicação de outros informes já programados.

A obra aqui apresentada está estruturada em três partes, precedidas de dois capítulos com informações sobre o objeto, o teor e as características da pesquisa. No primeiro capítulo, Agenor Brighenti aborda a emergência dos "padres novos" no catolicismo brasileiro, um sujeito incômodo e objeto particular desta pesquisa. Incômodo no sentido de fazer pensar, provocar instabilidade, levantar questionamentos, exigindo distanciamento analítico, sob pena de desqualificações ligeiras e injustas. No segundo capítulo, Andréa Damacena Martins e Agenor Brighenti explicitam o teor e as características da pesquisa, referenciais importantes a se levar em conta no acesso aos dados levantados e em sua interpretação. Respostas a questões como "o que" se perguntou na busca do perfil dos "padres novos" no catolicismo brasileiro; "a quem" se perguntou para obter os dados almejados; e "como" se perguntou, ou seja, que meios se utilizou para a coleta dos dados etc., precisam ser levadas em conta na abordagem dos resultados.

Após estes dois capítulos introdutórios, segue o relatório dos dados e sua análise preliminar em três partes, segundo os três blocos de perguntas do questionário aplicado na pesquisa de campo. A Parte I trata da – *Visão de mundo dos católicos no Brasil e o perfil dos "padres novos"* – com um relatório dos dados levantados, elaborado por Andréa Damacena Martins e Agenor Brighenti. Segue uma análise preliminar de Brenda Carranza, Andréa Damacena Martins e João

Décio Passos, finalizando com algumas considerações gerais feitas por Agenor Brighenti. A Parte II apresenta os dados sobre – *A visão de Igreja dos católicos no Brasil e o perfil dos "padres novos"* – iniciando com um relatório dos dados elaborado por Andréa Damacena Martins e Agenor Brighenti, seguido de uma análise preliminar de Agenor Brighenti, Alzirinha Rocha de Souza e Antônio Manzatto, terminando com algumas considerações gerais de Agenor Brighenti. Finalmente, a Parte III aborda – *"A visão dos católicos no Brasil sobre o ministério presbiteral e o perfil dos 'padres novos'"* – também iniciando com um relatório dos dados relativos a esta parte por Andréa Damacena Martins e Agenor Brighenti, seguido de uma análise preliminar por parte de Antônio José de Almeida, Fernando Altemeyer Júnior e Manoel José de Godoy, terminando com algumas considerações finais de João Décio Passos.

Antes de passar à leitura da obra, dois registros mais. Primeiro, é importante levar em conta de que se trata de uma pesquisa datada. Do ponto de vista da conjuntura eclesial, ela teve início no contexto do pontificado de Bento XVI e terminou no pontificado reformador do Papa Francisco. E do ponto de vista da conjuntura social, a pesquisa começou em tempos de governos de corte popular em quase toda a América Latina, alinhados à implementação de um Estado de bem-estar social, e terminou no contexto da volta de um neoliberalismo, marcado pelo autoritarismo e um moralismo farisaico. A nova situação, entretanto, não mudou muito o perfil dos atores, tanto na Igreja como na sociedade, pois, em grande medida com os novos acontecimentos houve mais polarização dos posicionamentos existentes do que mudanças de posturas e, consequentemente, alterando muito pouco os dados levantados e o teor da análise realizada. Um segundo registro obrigatório, sobretudo por tratar-se de uma pesquisa que envolveu a população brasileira, é nossa solidariedade no luto das milhares e milhares de famílias que perderam seus entes queridos em uma desgovernada pandemia, em especial em nosso país. Entre os que partiram antes da hora estão heroicos profissionais da saúde, que voluntariamente expuseram ao perigo sua própria vida para cuidar da vida de outros; estão trabalhadores que tiveram que sair de casa, seja por necessidade de sobrevivência, seja pela exigência de empresas que colocaram a economia acima da vida das pessoas; estão idosos e idosas, também vítimas da falta do atendimento hospitalar devido; e, no campo eclesial, estão leigos e leigas que deram sua vida no atendimento às carências das populações que não tiveram acesso a programas emergenciais ou foram esquecidas pelo poder público; enfim, entre os que partiram estão diáconos, presbíteros e bispos, samaritanos no zelo de pastores que, no encontro da morte, como tantos outros e outras, fizeram dela seu último ato de amor – *"ninguém tem maior amor do que aquele que dá a sua vida pelos seus amigos"* (Jo 15,13). A todos, a cada um e a cada uma, a homenagem e reconhecimento dos colaboradores e autores desta obra.

Agenor Brighenti

A EMERGÊNCIA DE UM SUJEITO INCÔMODO NO CATOLICISMO BRASILEIRO

Agenor Brighenti

O que motivou uma pesquisa em busca do perfil dos "padres novos" no Brasil foi o fato de, nas últimas décadas, ter emergido um novo perfil de presbíteros no Brasil, assim como praticamente em todo o continente. Este novo perfil de presbíteros denominaremos "padres novos", entre aspas, pois, embora haja grande incidência do fator cronológico no fenômeno, o fato é que este contingente de presbíteros da Igreja Católica conforma uma perspectiva sociopastoral, com sua visão de mundo, de Igreja e do exercício do ministério. De modo geral, em sua vida pessoal e no desempenho de sua missão, eles têm demonstrado sensibilidade e interesse por outras realidades e questões, que aquelas típicas dos "padres das décadas de 1970/1980", afinados com a renovação do Concílio Vaticano II e sua reconciliação com o mundo moderno, a tradição libertadora da Igreja na América Latina e com uma presença profética dos cristãos no mundo, em vista da construção de uma sociedade justa e solidária, inclusiva de todos. A nova perspectiva de presbíteros, por suas práticas pastorais e comportamentos pessoais, ao se vincularem ao recente deslocamento do profético para o terapêutico e do ético para o estético na esfera da experiência religiosa, tem provocado tensões e entraves nos processos pastorais em curso, tanto nas dioceses entre os presbíteros como nas paróquias onde atuam frente a religiosas, leigos e leigas.

Convém frisar, entretanto, que o novo perfil de presbíteros na Igreja Católica não é um fenômeno simplesmente passível de ser desqualificado ou desprezado. Ao contrário, ainda que em muito se vincule a posturas pré-conciliares e da denominada "pós-modernidade líquida", seu modo de ser e de agir questiona práticas eclesiais correntes, põe em xeque comportamentos costumeiros, fazendo pensar e desafiar um estudo para além de leituras ligeiras ou pragmáticas. O fenômeno, não sem razão, tem atraído a atenção de teólogos, cientistas da religião e analistas sociais, tal como demonstram pesquisas e publicações atuais de reconhecida qualidade. Em meio a práticas pastorais e comportamentos pessoais, por um lado ligados aos valores da "pós-modernidade" e às novas tecnologias e, por outro, a devocionismos e tradicionalismos nostálgicos de um passado sem retorno, é preciso identificar em meio à ambiguidade de um sujeito incômodo, críticas procedentes à forma como se tem levado a cabo a renovação do Vaticano II e a tradição eclesial libertadora, bem como possíveis novidades e valores por eles veiculados a serem levados em consideração.

A emergência dos "padres novos"

A evangelização, hoje, exige identificar as possíveis causas e consequências da emergência deste sujeito incômodo, que faz pensar e, certamente, traz novas contribuições, ainda que em meio à ambiguidade de suas práticas. Às vezes quiséramos ignorar, mas não há como negar, pois sobram evidências de que estamos imersos em um tempo marcado por profundas transformações. E como elas atingem, praticamente, todas as esferas da vida, mergulham-nos em um tempo de crise: crise de paradigmas e das utopias, crise das ciências e da razão, crise dos metarrelatos e das instituições, crise de identidade, das religiões, de valores, crise de sentido etc. É um tempo incômodo, pois está permeado de incertezas e angústias, entre a tentação de agarrar-se às velhas seguranças de um passado sem retorno e o desafio de lançar-se mais à criatividade do que ao plágio.

Como atesta o amplo leque de mudanças em curso, em grande medida, a crise atual deve-se à crise da modernidade, do projeto civilizacional moderno, responsável pelas maiores conquistas para a humanidade, mas, ao mesmo tempo, pelas maiores frustrações da história. Por um lado, fruto deste projeto, não se pode descartar valores como democracia, liberdade, igualdade, ciência, estado de direito, tecnologia, autonomia da subjetividade, tolerância, mas, por outro, é preciso reconhecer que a sociedade moderna, fundada no mito do progresso, deixou sem respostas as questões mais ligadas à finalidade do progresso e da aventura tecnológica, sobretudo as questões ligadas à realização e felicidade pessoal, enfim, ao sentido da vida e deste modelo de sociedade. Prova disso é a irrupção de novas realidades, frente às quais o projeto civilizacional moderno tornou-se mais curto do que falso e, com elas, a emergência de novas aspirações, valores e ideais. Em outras palavras, a crise atual deve-se mais à emergência de novas perguntas e à busca de novas respostas a aspirações legítimas, até então não contempladas, do que aos equívocos da modernidade, por mais numerosos e graves que tenham sido e como de fato foram.

Diante disso, estaria a saída à crise atual em ser antimoderno e voltar a ser pré-moderno? Ou se trataria de ser pós-moderno, no sentido de julgar a modernidade um equívoco a ser descartado e se refugiar no pragmatismo do cotidiano, no presentismo e no imediatismo? Ou então a crise de modernidade acenaria para o desafio da acolhida de novas realidades e valores a serem integrados no seio do projeto civilizacional moderno, passível de ser redimensionado? Tudo parece indicar que os novos tempos desafiam a superar toda e qualquer visão retrospectiva da realidade, porto seguro de falsas seguranças em meio à travessia impetuosa, e a lançar-se a criar o novo, pois, como dizia K. Rahner, "a tessitura do risco é a única garantia de futuro".

As profundas transformações em curso, em meio à crise do projeto civilizacional moderno, têm forte incidência sobre a experiência religiosa em geral e, em particular, sobre o cristianismo, incluída a Igreja Católica. Em outras palavras, a crise da sociedade afeta igualmente a Igreja. E nem poderia ser diferente, pois o mundo é constitutivo da Igreja. Não é o mundo que está na Igreja, mas é a Igreja que está no mundo. Como frisa o Vaticano II, o Povo de Deus peregrina no seio de uma humanidade toda ela peregrinante e o destino do Povo de Deus não é diferente do destino da humanidade. E tal como na sociedade atual em relação à modernidade, também na Igreja há dificuldade em situar-se no novo tempo, em interagir com a irrupção de novas perguntas que exigem novas respostas e, sobretudo, há dificuldade para abrir-se às novas realidades emergentes, para acolher os diferentes e enriquecer-se com as diferenças.

A crise da modernidade afeta diretamente a Igreja, pois nela está também implicado o Concílio Vaticano II, dado que, entre outros, significou a reconciliação da Igreja com o mundo moderno, depois de cinco séculos de oposição e de sua excomunhão em bloco. O que representa a modernidade para a humanidade, o Vaticano II significa para a Igreja. E da mesma forma que a modernidade está em crise, também a recepção da renovação do Vaticano II atravessa uma profunda crise. Para muitos segmentos eclesiais, o Concílio Vaticano II foi um grande equívoco, um momento de ingênuo otimismo eclesial, comparado ao agitado "Maio de 68", de encantamento com a modernidade, quando ela já estava em crise. Para grupos tradicionalistas, compostos não só por seguidores de G.M. Lefebvre, mas também por segmentos mais conservadores, é preciso anular o Vaticano II, pois ele destruiu a Igreja. Quando nos remetemos à tradição eclesial libertadora, tecida em torno à "recepção criativa" (J. Sobrino) do Vaticano II, a oposição destes segmentos, somados àqueles ligados ao pentecostalismo católico, é ainda maior. Mesmo que a tradição libertadora seja um desdobramento do Concílio Vaticano II, tomado como "ponto de partida" tal como recomendou o Papa Paulo VI ao encerrar o evento, há a tendência a confundi-la com marxismo ou de acusá-la de politização da fé ou de uma ideologia secularizante. Mártires das causas sociais como Dom Oscar Romero, o primeiro deles a ser canonizado, ou figuras como Dom Hélder Câmara, Mendez Arceo, Samuel Ruiz, Leonidas Proaño, Enrique Angelelli, Dom Paulo Evaristo Arns, Pedro Casaldáliga e tantos outros, têm sido qualificados de "bispos vermelhos". Posturas estas, ainda mais explícitas, na oposição aberta ao Papa Francisco, um pontificado que está fazendo nada mais do que resgatar o Vaticano II e a tradição eclesial libertadora da Igreja na América Latina, de onde ele é originário.

A crise em relação à renovação do Vaticano II, entretanto, não ficou restrita aos meios mais tradicionalistas, conservadores ou alinhados ao pentecostalismo católico. Momento crucial foi o Sínodo dos Bispos de 1985, convocado para celebrar os vinte anos da realização do Vaticano II. No evento e em torno a ele, segmentos da própria Cúria romana se pronunciaram em favor de uma "reforma da reforma" do Vaticano II, alegando, sobretudo, problemas havidos em sua interpretação e implementação. Dizia-se que era preciso corrigir abusos, a começar por certas hermenêuticas dos textos do Concílio, que estariam em clara "ruptura com a tradição da Igreja" e não em "continuidade" com os concílios anteriores. O Sínodo, entretanto, desqualificando tais tentativas, reafirmou a renovação do Concílio, ainda que tenha sido o único Sínodo que não teve um documento final promulgado pelo papa. Publicou-se apenas o texto do relator – Cardeal G. Dannels, um texto, para desconcerto dos críticos do Concílio, em estreita sintonia com as intuições básicas e os eixos fundamentais do maior evento da Igreja Católica nos últimos séculos. Reconhecia-se que, com a "volta às fontes", os padres conciliares não haviam rompido com a Tradição, mas resgatado o rosto da Igreja de Jesus Cristo, tal como foi estampado no simbólico e desafiante "Pacto das Catacumbas", assinado por um grupo de bispos na Catacumba de Santa Domitila, ao final dos trabalhos do Concílio.

O Sínodo dos Bispos de 1985, entretanto, não estancou a tentativa de uma "reforma da reforma" do Vaticano II, ao contrário, a data marca o início de um longo processo de "involução eclesial", classificado por outros também de "inverno eclesial" ou "noite escura". O distanciamento da renovação conciliar iria se prolongar por três décadas, só interrompido enquanto postura oficial de segmentos hegemônicos da Cúria romana com a renúncia do Papa Bento XVI, em grande parte, fruto do esgotamento de um projeto eclesial de restauração da neocristandade. Foi neste período que, através de nova orientação às nunciaturas apostólicas, se passou a implementar um novo perfil de bispo, mais gestor que pastor, que pouco a pouco foi descaracterizando as conferências episcopais, estrangulando processos pastorais alinhados à renovação conciliar e à tradição eclesial libertadora nas Igrejas locais e, com isso, provocando tensões, incompreensões e oposição aos que estavam decididos a levar adiante o Vaticano II. Em coerência com o novo perfil de bispo, foi implementada a visita da Cúria romana aos seminários de formação presbiteral. Ao final das visitas, também se passou a promover um novo perfil de presbítero, entrando-se em choque com formadores e professores engajados nos processos, segundo a perspectiva conciliar. É neste contexto que se deu igualmente a desqualificação das CEBs, a tentativa de condenação da Teologia da Libertação, que se colocou sob suspeição ideológica a opção pelos pobres e a pastoral social, culminando com a intervenção de Roma na Conferência dos Religiosos para a América Latina (CLAR) e a condenação do projeto *Palavra-Vida*, idealizado para celebrar os 500 anos de evangelização no Continente. Também não foram poucos os bispos alinhados à renovação do Vaticano II, em especial à tradição eclesial libertadora, que tiveram seu papel oficialmente ofuscado ou diminuído, seja por transferências, seja por recriminações, sobretudo por ocasião das visitas *ad limina* à Cúria romana. Igualmente foram muitos os teólogos censurados ou desqualificados nos espaços eclesiásticos, bem como religiosas e religiosos inseridos nos meios populares inquiridos a regressar a seus conventos ou agentes e organismos de pastoral tirados de cena. Fato comum era a substituição de bispos progressistas por conservadores, quando não com a orientação de relegar ao ostracismo a obra do antecessor. Hoje, alguns daqueles pastores e profetas estão em processo de canonização. Ora, o novo perfil de presbíteros na atualidade tem muito a ver com este cenário.

No contexto da crise da modernidade, frente ao Vaticano II e à tradição eclesial libertadora, qual seria a melhor postura? Ignorar a renovação conciliar e a contribuição da Igreja na América Latina à Igreja universal, assumindo uma postura apologética frente ao mundo moderno e refugiando-se em práticas de piedade devocional, nos moldes da Contrarreforma tridentina, tal como o fazem determinados segmentos da Igreja? Ou não restaria outro caminho que colocar a religião a serviço dos indivíduos e de suas demandas pessoais, nos parâmetros de uma prática religiosa de cunho emocionalista e providencialista, entre a magia e o esoterismo, como o fazem certos segmentos eclesiais atrelados ao pentecostalismo? Seria a renovação do Vaticano II uma batalha perdida ou se trataria de fazer uma segunda recepção da mesma no novo contexto em que vivemos, dado que continuaria relevante e inspiradora para os tempos atuais? Tal como no âmbito da sociedade, em que diferentes hermenêuticas da crise da modernidade configuram projetos sociais distintos, também no âmbito eclesial, as diversas hermenêuticas do Vaticano II e da tradição latino-americana, configuram modelos de pastoral diferentes e, em muitos aspectos, antagônicos. É o que se pode constatar ao inter-relacionar o perfil dos "padres novos" com o perfil dos "padres das décadas de 1970/1980".

A busca de um perfil a partir de duas perspectivas sociopastorais

A crise e as transformações no seio da sociedade atual têm repercussões profundas sobre a Igreja. Concretamente em relação à acolhida da renovação do Vaticano II e à implementação de sua recepção criativa pela tradição libertadora na América Latina, certos comportamentos e práticas dos "padres novos" e dos "padres das décadas de 1970/1980" acenam para duas perspectivas sociopastorais, em torno às quais se buscou as características do perfil destes dois segmentos de presbíteros, através de uma pesquisa de campo. A hipótese foi tomar o Vaticano II, que é um divisor de águas na vida da Igreja do século XX, como referencial de uma possível chave hermenêutica para abordar a questão. São vários os autores que apontam nesta direção. Entre eles está J.B. Libânio. Em seu livro *Cenários da Igreja* (cf. Libânio, 1999), ele apresenta quatro cenários que se constituem em espécies de modelos de Igreja: uma "Igreja da Instituição", uma "Igreja Carismática", uma "Igreja da Pregação" e uma "Igreja da Práxis Libertadora". Segundo o autor, o primeiro é o modelo da Cristandade, vigente durante todo o segundo milênio e que se prolongou até o Vaticano II. O segundo é o modelo ligado à crise da modernidade ou à "pós-modernidade", que toma distância da Igreja como instituição e da fé como compromisso social, valorizando mais o emocional, a subjetividade e uma espiritualidade de corte pentecostal. O terceiro é o modelo oriundo da renovação conciliar, voltado para uma evangelização inserida num mundo pluralista, centrado na força da Palavra e do compromisso cristão na concretude da história. O quarto é o modelo da Igreja na América Latina, tecido em torno à recepção criativa do Concílio em Medellín-Puebla e que tem na opção pelos pobres e numa ação libertadora a sua característica principal.

Por seus comportamentos e práticas, tal como comprovam os dados levantados por esta pesquisa, os "padres das décadas de 1970/1980" se alinham aos modelos "Igreja da Palavra" e "Igreja da práxis libertadora", que passaremos a denominar como perspectiva sociopastoral – *"evangelização/libertação"*. Já quanto aos "padres novos", parte deles se alinha ao modelo "Igreja da Instituição", que toma distância da renovação do Vaticano II, e outra parte faz parte da "Igreja carismática", uma religiosidade de cunho mais terapêutico e emocional, que passaremos a denominar como perspectiva sociopastoral deste segmento dos presbíteros – *"institucional/carismática"*.

a) A perspectiva "institucional/carismática"

A perspectiva "institucional/carismática" tem, portanto, um duplo viés, de não difícil identificação pelos comportamentos e práticas dos "padres novos". O viés "institucional", que se remete ao modelo de "Igreja da Instituição", diz respeito ao processo de institucionalização da Igreja iniciado nos séculos IV e V, que teve seu momento forte nos pontificados de Gregório VII, Inocêncio III e Bonifácio VIII, foi retomado com vigor pelo Concílio Vaticano I e se prolongou até o final do pontificado de Pio XII. Após breve intervalo em torno ao Vaticano II, foi retomado na década de 1980 com a "volta à grande disciplina" (Libânio, 1999, p. 44) e se estendeu até à renuncia de Bento XVI. Mas, não desapareceu. Esta perspectiva institucionalizante continua viva e atuante na Igreja hoje, em oposição, às vezes aberta, ao pontificado de Francisco, que se alinha à perspectiva "evangelização/libertação", na medida em que resgata o Concílio Vaticano II e a tradição eclesial libertadora da Igreja na América Latina. Diante de uma "pósmodernidade" desestruturante e desagregadora, ergue-se a apologia de uma tradição, que se crê perene e imutável. Para H. Kung, este é o "paradigma católico romano da Idade Média", que toma distância das fontes, às quais estava ligado o anterior – o "paradigma helenístico ecumênico da antiguidade cristã" (Kung, 1995, p. 310-322). O viés institucional desta perspectiva se pauta pela teologia escolástica, rejeitando a teologia moderna europeia e a Teologia da Libertação, acusando-as de terem se rendido à virada antropocêntrica e à razão práxica da modernidade. Neste modelo, a catequese, enquanto atrelada à instituição, se alicerça sobre um catecismo único, de caráter doutrinal, pois se defende que a unidade institucional depende da unidade doutrinal. A liturgia é expressão mais da visibilidade institucional do que da celebração da fé na vida. Os movimentos apostólicos e de espiritualidade são a extensão do braço do clero, dos quais tiram sua identidade e reconhecimento de seu papel, tanto que passam a influenciar a formação do clero e o exercício de seu ministério, pois é deles que emergem os vocacionados para o fortalecimento da "Igreja Instituição". Alguns segmentos vão para além do tradicionalismo, mergulhando em fundamentalismos, fator de atração dos que buscam referenciais seguros em meio à insegurança de critérios e valores, assim como proteção diante de um mundo que valoriza a autonomia, a subjetividade e a experiência. Em suas fileiras não estavam os setores populares, mas especialmente a classe média, mas, hoje, há tradicionalismo também entre jovens de setores populares, como atestam algumas das denominadas "novas comunidades de vida". Os critérios que pautam a seleção dos candidatos ao presbiterato e ao episcopado primam pela fidelidade e obediência visível à Instituição, que privilegia o perfil sacerdotal ao profético, tanto que se dedicam mais ao altar do que ao pastoreio, mais ao intraeclesial do que à missão *ad extra*. Trata-se de um modelo clericalizante, focado na sacralidade do ministério sacerdotal, cioso do poder do clero, como atestam a solenidade dos paramentos e o discurso doutrinal, mesmo servindo-se dos recursos modernos da comunicação de massa (Benedetti, 1999, p. 89). A ética está direcionada à formulação objetiva de um ensinamento moral especialmente voltado para a sexualidade e a família. Não há espaço para o diálogo ecumênico e inter-religioso. A caridade é assistencial, evitando-se todo conflito com o Estado e os setores mais abastados da sociedade.

Já o viés carismático desta perspectiva é quase oposto ao viés institucional, ainda que se servindo dele para se autoafirmar. Em lugar da objetividade da lei, prima a subjetividade; na liturgia, em lugar das normas, está a exuberância da estética e da emoção; em lugar da tradição e do institucional, prima o indivíduo e a interioridade; em lugar da pertença, a adesão parcial. É o deslocamento da militância, predominante na perspectiva "evangelização/libertação" das décadas de 1970/1980, para a mística na esfera da subjetividade individual. É o primado da experiência, em que o sagrado se impõe por sua força de sedução (Libânio, 1999, p. 53). No modelo carismático, Deus tende a ser objeto de desejos pessoais. A reflexão ou a teologia são mais ignoradas e indesejadas do que controladas. Mais importante do que a reflexão são as vivências emocionais ligadas à experiência do Espírito, que unge os iniciados pelo "batismo no Espírito". A busca por milagres e cura interior propicia toda uma literatura voltada para a autoajuda espiritual e a devoção aos santos. Na catequese, a doutrina é eclipsada pela mistagogia e o experiencial, voltados para o emocional. A liturgia é o lugar por excelência da vivência espiritual, sempre com caráter festivo e emotivo, sem limites de tempo e em espaços cada vez mais massivos. Movimentos de espiritualidade e, sobretudo, "comunidades de vida e aliança" são os únicos espaços institucionais. Muitas destas comunidades se apresentam como alternativa à vida religiosa, com menos obras e mais missão direta junto ao povo, algumas delas entre os mais pobres. Trata-se de espaços, juntamente com os movimentos, de onde é originária grande parte dos "padres novos", que, uma vez ordenados, voltam para alimentá-los. Na moral, há um discurso oficial tradicional para fora e outro muito tolerante e aberto a nível interno, o que tem gerado surpresas e escândalos, inclusive de parte de fundadores. O caráter pentecostal da experiência de fé, para afirmar a identidade católica, em geral tênue, evitará toda e qualquer proximidade com as Igrejas evangélicas neopentecostais, quando na prática há uma relação mimética. Há fraca sensibilidade pelas questões sociais e a inserção no mundo, centrando-se na conversão interior, depois expressada na compaixão para com os pobres por uma caridade assistencial. Sua forte presença na mídia leva a simplificar ao máximo a mensagem, adaptando o Evangelho às exigências do mundo mediático, pautado pela audiência.

Embora o viés carismático esteja no lado oposto do viés institucional, curiosamente, eles convergem e se completam. Como a espontaneidade, a fluidez e a mobilidade religiosa geram insegurança, além de recorrer ao emocionalismo, o viés carismático busca segurança recorrendo ao institucional, justamente por serem espaços autoritários, rígidos e fundamentalistas, que veiculam certezas (Hervieu-Léger, 1999, p. 12). Com isso, a relação do viés institucional com o viés carismático não só não é conflitiva, como muitas vezes encontra guarida na mesma pessoa, unidos pelo distanciamento comum do mundo moderno, seja por ter rompido com a harmonia da cultura medieval, seja por seu caráter objetivante, racionalista e militantista.

b) A perspectiva "evangelização/libertação"

Nesta perspectiva, o viés – "evangelização" – se remete à renovação do Vaticano II, que faz a passagem da "sacramentalização" à "evangelização" enquanto presença e ação da Igreja inserida no mundo pluralista, a partir da centralidade da Palavra, o que põe em evidência a missionariedade de todo o Povo de Deus (Velasco, 1988, p. 285). Deixa-se para trás definitivamente a Cristandade, a racionalidade metafísica e essencialista, para assumir a virada antropológica, que faz do ser humano o caminho da Igreja. Sente-se que em um mundo pluralista impõe-se uma postura dialógica, no respeito à diversidade de culturas, ideologias, Igrejas e religiões (cf. Dupuis, 1997). A centralidade da Palavra leva à acessibilidade de todos os cristãos à Bíblica, bem como a uma formação teológico-pastoral, capaz de fazer do laicato sujeito da Igreja e de sua missão evangelizadora. Centralidade esta, presente também na liturgia, em uma assembleia toda ela celebrante, no seio da qual quem a preside está à frente de uma comunidade toda ela ministerial, com isso devolvendo ao laicato o lugar que o clericalismo havia roubado. O viés "evangelização" desta perspectiva sociopastoral, aposta em um laicato adulto na fé e competente teologicamente, capaz de ser o interlocutor da Igreja no diálogo com o mundo. Para isso, multiplica-se as escolas e institutos de formação de agentes de pastoral, bem como se incentiva e se facilita a qualificação teológica profissional do laicato. Na formação do clero, as dimensões espiritual, intelectual, comunitária e pastoral procuram superar os limites de uma formação marcadamente doutrinal e jurisdicista. A presença no mundo, respaldada pela Doutrina Social da Igreja, busca contribuir para uma sociedade fraterna e solidária, expressão da dimensão imanente do Reino de Deus, do qual a Igreja é seu sacramento, gérmen e princípio. Na mídia, privilegia-se a evangelização e, por isso, sem o espaço e a visibilidade de outras formas de religiosidade. Trata-se de um modelo de Igreja na contramão, seja do modelo de Igreja institucional, seja carismática. Diante de tradicionalismo voltado ao passado e da experiência religiosa carismática colada às demandas do cotidiano, o viés "evangelização" desta perspectiva, é desencadeador de processos, direcionado ao futuro e, portanto, priorizando a qualidade à quantidade dos adeptos.

Quanto ao viés – "libertação" – desta perspectiva, se remete à recepção do Vaticano II na Igreja da América Latina em torno a Medellín que, posteriormente, foi desenvolvida e ampliada por Puebla, Santo Domingo e Aparecida. Na América Latina não há como fazer referência ao Concílio Vaticano II sem fazer referência a *Medellín*. O que o Concílio representa para a Igreja no mundo, o "evento *Medellín*" significa para a Igreja na América Latina, na medida em que se propôs aterrissar as intuições básicas e os eixos fundamentais do Vaticano II em um contexto periférico e empobrecido. *Medellín* dá à Igreja na América Latina uma palavra própria e um rosto autóctone, deixando de ser "reflexo" ou caixa de ressonância de uma suposta "Igreja universal", para constituir-se em uma fonte inspiradora e programática para as Igrejas locais do continente. A autocompreensão da Igreja, em estreita fidelidade às intuições básicas e aos eixos fundamentais do Concílio Vaticano II, foi mola propulsora de uma ação evangelizadora em perspectiva profética e transformadora, engendrando no continente o que ele tem de mais precioso – os milhares de mártires das causas sociais. Em *Medellín*, ecoou o grito do sofrimento dos pobres que delatava o cinismo dos satisfeitos e foi escutado, o mesmo grito que não tinha sido acolhido de maneira mais contundente na aula conciliar.

Entre as principais intuições básicas e eixos fundamentais de *Medellín*, tributários do viés "libertação" desta perspectiva sociopastoral, podemos citar: a profética e audaz opção pelos pobres, em um continente em que a brecha entre ricos e pobres não cessa de crescer; uma evangelização libertadora, que busca responder a perguntas reais, aterrissando a escatologia na história; a simultaneidade da conversão pessoal e das estruturas, condição para a eficácia do amor, num mundo marcado pela injustiça institucionalizada; um novo modelo de Igreja – pobre e em pequenas comunidades – como sinal e instrumento do Reino de Deus no coração da história; a necessidade de uma reflexão teológica articulada com as práticas, em especial dos mais pobres, como forma de encarnação da mensagem revelada numa realidade marcada pela injustiça e a opressão etc.

A tradição latino-americana, que começa com *Medellín*, não é propriamente algo novo, mas consequência e desdobramento das intuições básicas e eixos fundamentais do Concílio Vaticano II, em nosso próprio contexto. É neste meio que os "padres das décadas de 1970/1980" nasceram, se formaram e exercem seu ministério, hoje, com novos ares. Depois de três décadas de "involução eclesial", durante as quais a tradição libertadora sofreu toda sorte de tribulações e mesmo punições, com *Aparecida* abriu-se um novo cenário eclesial, fortalecido com o pontificado do Papa Francisco que, precisamente, tem reafirmado a renovação do Vaticano II na perspectiva de sua "recepção criativa" feita pela Igreja na América Latina. Já os "padres novos" nasceram e foram formados no contexto da "involução eclesial" nas décadas que antecederam o atual pontificado e, hoje, exercem seu ministério, desconcertados por um pontificado que resgata justamente o que lhes parecia página virada de um passado sem retorno.

Perspectivas sociopastorais no seio do catolicismo e da sociedade brasileira

Para caracterizar o perfil dos "padres novos", julgou-se metodologicamente importante relacioná-los, primeiro, com os presbíteros de épocas anteriores – os "padres das décadas de 1970/1980". Segundo, com as perspectivas sociopastorais às quais um e outro segmento de presbíteros se alinha – as perspectivas "institucional carismática" e "evangelização/libertação". Terceiro, enquanto "porção" e não "parte" do Povo de Deus que conforma a Igreja, situando-os no seio do catolicismo brasileiro. Quarto, como segmento do Povo de Deus que peregrino no seio de uma humanidade toda ela peregrinante, situando-os da sociedade brasileira e no mundo de hoje como um todo. Daí os três blocos temáticos que nortearam a pesquisa de campo e estruturam a análise dos resultados – o perfil dos "padres novos" em relação à sua visão de mundo, de Igreja e do exercício do próprio ministério. São três âmbitos de uma realidade sociopastoral que conforma um todo, mas que para abarcá-la analiticamente teve-se o cuidado, por um lado, de distingui-los sem separá-los e, por outro, de uni-los sem confundi-los ou fusioná-los.

Com relação ao catolicismo brasileiro, a pesquisa tomou como amostras presbíteros, leigos e leigas, jovens-homens e jovens-mulheres, seminaristas e religiosas. Não contemplou os bispos na pesquisa por resultarem em uma amostra muito pequena, pois dentre as 70 amostras selecionadas em cada diocese o bispo seria apenas uma. Também não se contemplou os diáconos permanentes pelo fato ou de não estarem presentes em todas as dioceses selecionadas ou por se conformarem em números muito díspares entre elas.

O relatório dos dados, aqui apresentado, tem quatro momentos distintos, indo do geral para o particular: a) começa-se apresentando os dados da totalidade das amostras que compõem o catolicismo brasileiro; b) distinguidas pelo alinhamento a duas perspectivas sociopastorais (a perspectiva institucional/carismática e a perspectiva evangelização/libertação), c) juntadas nas cinco categorias de agentes eclesiais (padres, leigos/as, jovens, seminaristas e religiosas), d) para, finalmente, focar nos dados relativos unicamente aos "padres novos" e dos "padres das décadas de 1970/1980".

Visualmente, os dados gerais são apresentados em tabelas e os dados relativos aos presbíteros, em gráficos. Já a análise dos resultados tem dois momentos. Em um primeiro momento, depois da apresentação de dados relativos a três questões do instrumento aplicado na pesquisa de campo, um analista faz uma *análise preliminar* a respeito – três analistas para cada uma das três partes, num total de nove. Em um segundo momento, se termina cada parte com algumas *considerações finais* sobre o conjunto dos dados da parte. Termina-se o relatório e a análise dos dados com uma breve conclusão geral.

Referências

LIBÂNIO, J.B. *Cenários da Igreja*. São Paulo: Loyola, 1999.

KUNG, H. *Christianity* – The Religious Situation of Our Time. Londres: SCM Pres Ltd., 1995.

BENEDETTI, L.R. O novo clero: arcaico ou moderno? *REB* 59 (1999) 88-126.

HERVIEU-LÉGER, D. *Le pélerin et le converti*. Paris: Flamarion, 1999.

VELASCO, E. *Increencia y evangelización*. Santander: Vida Nueva, 1988.

DUPUIS, J. *Verso una teologia cristiana del pluralismo religioso*. Bréscia: Queriniana, 1997.

O TEOR E AS CARACTERÍSTICAS DA PESQUISA

Andréa Damacena Martins
Agenor Brighenti

O catolicismo brasileiro apresenta uma incrível capacidade de fomentar diversidade e acompanhar o dinamismo de uma modernidade acelerada e complexa nas últimas décadas. Sem que façamos imediatamente um balanço e reflexão sobre a direção, rumos, perdas ou ganhos desse dinamismo, chama a atenção que ele sofreu crescimento na diversidade de movimentos eclesiais (Carranza, 2011) e houve um reavivamento e intensificação na experiência de ser católico (Mariz, 2006). Essas características do novo catolicismo assinalam para a força de reinvenção permanente e impulso renovador da religião (Teixeira e Menezes, 2009).

Essa lógica de recomposição pode ser também percebida por mudanças no clero, suas representações da sociedade, da Igreja e práticas teológicas e pastorais. É comum apresentar-se no discurso de cientistas sociais, teólogos e pastoralistas a referência a um novo perfil de presbítero. Esse "novo clero", apontado como portador de um discurso teológico de volta à doutrina e à recatolização dos fiéis (Benedetti, 1999; Carranza, 2011), é responsável por disseminar uma cultura gospel, que espalha e suscita uma experiência estética do sagrado e do religioso pautadas por referências de uma sociedade de consumo e pós-moderna (Freston, Machado e Mariz, 2010; Carranza, 2011). Portadores de novos estilos de comunicação e evangelização como, por exemplo, o usado pelos padres cantores, tornou-se modelo para seminaristas e religiosos, atraindo por sua visibilidade pública mais vocações ao presbiterato (Fernandes, 2005). Outra consequência importante da atuação do "novo clero" foi o aumento da tensão nos processos pastorais de muitas Igrejas locais, complexificando a tomada de decisão sobre ações no espaço pastoral.

O teor da pesquisa

O aumento da tensão nos processos pastorais de muitas Igrejas locais configura-se especificamente pelas diferenças entre, pelo menos, duas perspectivas teológico-pastorais, que marcam a Igreja Católica no período pós-conciliar. É um olhar sobre essas duas perspectivas que marca teoricamente a base dessa pesquisa. Em outras palavras, de um lado, categorizou-se entrevistados que se alinham à perspectiva "evangelização/libertação", à qual se vinculam os "padres das décadas de 1970/1980", normalmente em sintonia com a renovação do Concílio Vaticano II e com a tradição libertadora da Igreja na América Latina, em torno às Conferências de Medellín, Puebla, Santo Domingo e Aparecida. Socialmente, é comum identificá-los, entre outros, como padres alinhados à Teologia da Libertação, às Comunidades Eclesiais de Base, à pastoral social e popular, à leitura popular da Bíblia e à memória dos mártires das causas sociais, embora existam outras influências, intepretações e visões que os caracteriza. Ao lado deles estão os "padres novos", alinhados à perspectiva "institucional/carismática", que toma distância da renovação do Vaticano II e da tradição eclesial libertadora. Este segmento do clero alimenta uma tendência mais vinculada à observância da disciplina, preocupada com a doutrina da Igreja, assim como a dar respostas às necessidades imediatas das pessoas. Está mais voltado para questões eclesiais, à retomada da centralidade da Igreja no mundo, valoriza o papel e o poder dos presbíteros, enfim, os rituais e símbolos eclesiásticos. É um segmento que se distancia do modelo pastoral e eclesial proposto pela renovação do Vaticano II e a tradição libertadora latino-americana. Referenciais importantes para este segmento são os pontificados de João Paulo II e Bento XVI, assim como movimentos apostólicos e de espiritualidade, com especial alinhamento com a Renovação Carismática Católica (RCC).

Foi este contexto pastoral e de mudanças que motivou a realização do estudo sobre a situação e vida dos presbíteros na atualidade no âmbito nacional, que ora apresentamos. A pesquisa – *Perfil dos "padres novos" no catolicismo brasileiro* – caracteriza o que pensam membros da comunidade eclesial católica sobre os "padres novos" e os "padres da perspectiva das décadas de 1970-1980", em relação ao mundo de hoje, à Igreja e ao exercício do ministério presbiteral.

Por que inter-relacionar perspectivas sociopastorais

Optou-se por inter-relacionar duas perspectivas sociopastorais – a perspectiva "institucional/carismática" e a perspectiva "evangelização/libertação", como referencial de interpretação das semelhanças e diferenças entre os presbíteros e agentes eclesiais no conjunto do país, alinhados a visões de mundo e de Igreja distintas. Entre os "padres novos", alinhados à perspectiva "institucional/carismática" e os "padres das décadas de 1970/1980", alinhados à perspectiva "evangelização/libertação", há distinção de estilos e opções (Benedetti, 1999), construídas a partir de práticas, experiências e ações distintas, conforme modelos teológico-pastorais vigentes (Brighenti, 2004, 2011).

No entanto, o alinhamento dos presbíteros a cada uma das duas perspectivas não corresponde necessariamente a tipos geracionais, meramente a uma questão de idade. Oliveira (2005) ressalta que o conceito "geração" é sociologicamente definido, em muitos casos, a partir do compartilhamento de um conjunto de experiências, visões de mundo, de história e não apenas por pertença a uma faixa etária. Tanto que há presbíteros recém-ordenados alinhados à perspectiva "evangelização/libertação", assim como há presbíteros das "décadas de 1970/1980" alinhados à perspectiva "institucional/carismática". Por isso, neste relatório sempre se vai se mencionar "padres novos" e "padres das décadas de 1970/1980" entre aspas, justamente para não reduzir o critério de demarcação das duas perspectivas de presbíteros a um critério cronológico, embora em sua grande maioria os presbíteros recém-ordenados se alinhem à perspectiva "institucional/carismática", assim como a grande maioria dos "padres das décadas de 1970/1980" se alinhem à perspectiva "evangelização/libertação". Segundo Oliveira, na elaboração do conceito de geração, além do tempo, é preciso considerar sempre outros fatores como espaço, vivências e concepções.

Por isso, nesta pesquisa, se teve o cuidado de previamente identificar as amostras ou as categorias de agentes a serem ouvidos, não pelo critério de idade, mas pelo alinhamento a cada uma das duas perspectivas em questão. O auxiliar de investigação, ao chegar na diocese selecionada para a pesquisa em uma determinada região do país, procurava uma pessoa conhecedora da realidade da Igreja local, geralmente um presbítero com ciência da realidade da diocese como um todo, para que ele facilitasse a chegada ao primeiro informante qualificado dentro de uma das perspectivas. A seguir, o recrutamento de novos entrevistados aconteceu usando a técnica metodológica de *snowball*, que corresponde à construção de uma cadeia de referências. No caso dessa pesquisa, interrompemos a cadeia ao alcançar cinco pessoas de cada categoria de agentes eclesiais a serem ouvidos, alinhadas a cada uma das duas perspectivas sociopastorais. Portanto, foram entrevistados presbíteros, leigos, leigas, religiosas, jovens homens, jovens mulheres e seminaristas, alinhados a uma e outra perspectiva. A contribuição e o conhecimento de uma pessoa local foram importantes no processo de chegar às amostras alinhadas a cada uma das duas perspectivas.

Os critérios de seleção das amostras segundo as duas perspectivas derivam dos elementos que as caracterizam, ou seja, os alinhados à renovação do Vaticano II e à tradição eclesial libertadora, classificados como integrantes da perspectiva "evangelização/libertação" e os alinhados a um distanciamento da renovação conciliar e adesão a modelos de Igreja atrelados à Cristandade, classificados como integrantes da perspectiva "institucional/carismática". Para confirmar a pertença do entrevistado à perspectiva pastoral, confrontamos se suas práticas e vínculos estavam associados a organismos eclesiais da mesma linha de orientação pastoral. Por exemplo, em geral, as pessoas alinhadas à renovação do Vaticano II e da tradição eclesial libertadora se vinculam à Igreja por organismos como Comunidades Eclesiais de Base, pastoral social, escolas de formação, grupos de família, pastoral da juventude, assim como inseridos profeticamente na sociedade, através de organizações sociais, políticas, culturais etc. Por sua vez, identificava-se as pessoas alinhadas à perspectiva "institucional/carismática" por seus vínculos eclesiais, em geral, com movimentos de espiritualidade, obras assistenciais, comunidades de vida e aliança, grupos de oração de corte carismático etc.

Foi interessante constatar que as pessoas alinhadas à perspectiva "evangelização/libertação", em geral, eram mais receptivas à pesquisa do que as pessoas alinhadas à perspectiva "institucional/carismática", que embora hoje sejam mais numerosas do que as alinhadas à outra perspectiva. Essas últimas mostraram-se menos receptivas a serem entrevistadas. Por fim, obtivemos que o total das pessoas ouvidas refere-se a 43,5% que estão alinhadas à perspectiva "institucional/carismática" e 56,5% que se alinham à perspectiva "evangelização/libertação".

Por que e para que conhecer o perfil dos "padres novos"

Ao buscar caracterizar o perfil dos "padres novos" no Brasil em relação com a visão de mundo e de Igreja dos católicos no Brasil, o objetivo da pesquisa é contribuir com os processos pastorais levados a cabo nas Igrejas locais e com a formação dos futuros presbíteros, segundo as diretrizes da renovação do Concílio Vaticano II e da tradição libertadora da Igreja na América Latina, bem como com os novos desafios oriundos da sociedade atual. Os resultados desta pesquisa pode ser um referencial importante não só para conhecer melhor "os padres novos", como também para dirimir impasses, gerenciar conflitos e reverter retrocessos nos processos pastorais em curso, no seio das Igrejas locais, assim como fornecer subsídios para os cristãos que buscam continuar atuando em perspectiva transformadora na sociedade. Por um lado, os "padres novos" trazem novidades a integrar e, por outro, os "padres das décadas de 1970/1980" têm uma palavra a dizer depois de décadas de aposta na renovação do Vaticano II, uma herança a preservar, ainda que ressituada no novo contexto em que vivemos. E no que diz respeito à vida e ao exercício do ministério dos presbíteros, a pesquisa quer contribuir com os processos de formação dos futuros padres, em especial para que possam exercer seu ministério segundo as exigências de nosso tempo.

No âmbito social, a pesquisa quer contribuir para a presença e atuação dos cristãos no seio da sociedade atual, em perspectiva profética. A religião pode ser fator de alienação e fuga do mundo, tal como ocorre em muitas de suas expressões, mas pode também ser fator de serviço à sociedade e de transformação social. A emergência de providencialismos, de expressões religiosas ecléticas e difusas ou de fundamentalismos e tradicionalismos, precisam ser estudados e, com isso, fornecer elementos de análise que permitam discernir entre o que é novidade e avanço a acolher e potenciar e o que é fuga dos novos desafios e refúgio em velhas respostas a perguntas que ninguém mais as faz.

O que se perguntou

Para identificar as principais características do perfil dos "padres novos", em relação com a visão de mundo e de Igreja dos católicos no Brasil de forma analítica, optou-se por ouvi-los diretamente, através de uma pesquisa de campo. Ninguém melhor do que eles mesmos para produzir o conhecimento a respeito deles próprios. Com relação ao "o que" perguntar a fim de caracterizar este perfil, buscou-se focalizar questões em torno à sua visão do mundo, de Igreja e do exercício do próprio ministério na atualidade. E, além de ouvir os "padres novos", julgou-se também de muita utilidade descobrir como eles são vistos pelos "padres das décadas de 1970/1980". Afinal, trata-se de agentes eclesiais que convivem, partilham os mesmos espaços, exercem o mesmo ministério e estão servindo a mesma Igreja. Mais que isso, achou-se que poderia igualmente ser muito útil saber como os padres das duas perspectivas são vistos por leigos e leigas, jovens-homens e jovens-mulheres, pelas religiosas e os seminaristas. Estes também alinhados a cada uma das duas perspectivas, permitindo um cruzamento de dados muito interessante: por um lado, como os "padres novos" veem o mundo de hoje, a Igreja e o exercício de seu ministério e como são vistos pelos "padres das décadas de 1970/1980", leigos e leigas, jovens-homens e jovens-mulheres, religiosas e seminaristas das duas perspectivas; e, por outro, como os "padres das décadas de 1970/1980" veem o mundo de hoje, a Igreja e o exercício de seu ministério e como são vistos pelos "padres novos", pelos leigos e leigas, pelos jovens-homens e jovens-mulheres, pelas religiosas seminaristas das duas perspectivas. O banco de dados permite ainda uma série de outros cruzamentos, seja entre categorias de agentes eclesiais, seja por região do país, por escolaridade, cor/raça etc., que futuras análises podem se debruçar.

Conforme o instrumento utilizado na pesquisa de campo, que pode ser consultado no Anexo I, com relação à "visão de mundo", perguntou-se o que está piorando ou melhorando no mundo de hoje, quais os maiores problemas e desafios a enfrentar, quais os principais valores e antivalores reinantes, sobre novas realidades positivas e negativas emergentes; enfim, qual deve ser a posição da Igreja frente ao mundo de hoje e como a Igreja é vista pela sociedade.

No que diz respeito à "visão sobre a Igreja hoje", perguntou-se se a renovação do Vaticano II está avançando, estancada ou retrocedendo; como avalia a Teologia da Libertação; que ações do modelo de pastoral alinhado à renovação do Vaticano II continuam válidas ou já não respondem às necessidades de hoje; quais as maiores lacunas da ação pastoral na atualidade e em que ações da Igreja têm contribuído para uma sociedade mais justa e fraterna.

E com relação à "visão sobre o exercício do próprio ministério na Igreja e no mundo de hoje", perguntou-se o que está superado ou continua válido no modelo de ministério dos presbíteros das décadas de 1970/1980; quais as principais novidades que os "padres novos" trazem e o que não tem futuro no modo como eles exercem o ministério; como está o processo de formação dos futuros presbíteros e o que motiva ou desmotiva um jovem a ser padre hoje; como estão as relações entre os presbíteros na diocese e destes com o bispo; enfim, como veem os presbíteros em geral e qual o modo mais adequado de um padre se vestir no desempenho de sua missão.

Características da pesquisa

Metodologicamente, uma pesquisa de campo implica, uma vez tendo-se definido "o que" perguntar, definir também a "quem" perguntar, ou seja, quem poderá fornecer os dados que se busca e, na sequência, "como" levantar estes dados junto às pessoas que se elegeu como fonte das informações almejadas.

A quem e onde se perguntou

Os dados levantados pela pesquisa de campo provêm de amostras ou categorias de agentes eclesiais, selecionadas em três dioceses de cada uma das cinco regiões do país. São sete categorias de agentes: presbíteros, leigos, leigas, jovens-homens, jovens-mulheres, religiosas e seminaristas. Já se disse que não se incluiu os bispos por resultarem em uma amostra muito pequena, uma vez que ele é geralmente único na diocese, como também os diáconos permanentes por não estarem presentes em todas as dioceses. Os padres religiosos foram incluídos nos presbíteros, uma vez que se privilegiou a paróquia como espaço das amostras e de muitos deles também serem párocos.

Na eleição de três dioceses em cada uma das cinco regiões do país tomou-se como critério a representatividade do contexto sociocultural: uma diocese urbana, uma diocese com realidades urbanas e semiurbanas e uma diocese com maior extensão na área rural. As quinze dioceses selecionadas são as seguintes: Região Sul (dioceses de Curitiba, Maringá, Apucarana), Região Sudeste (dioceses do Rio de Janeiro, São João do Meriti, Duque de Caxias), Região Centro-Oeste (dioceses de Goiânia, Brasília, Luziânia), Região Nordeste (dioceses de Salvador, Recife, Campina Grande), Região Norte (dioceses de Manaus, Ji-Paraná, Santarém).

Por tratar-se de uma pesquisa que envolve pessoas, o projeto foi submetido a parecer do Comitê de Ética em Pesquisa da PUCPR e aprovado, conforme "Parecer n. 0005273/11 – Protocolo CEP n. 6203". Em decorrência, tanto o investigador no trabalho de campo como as amostras selecionadas tiveram sua participação condicionada à assinatura de um "Termo de Consentimento Livre e Esclarecido", formalizando a livre-participação, o conhecimento do teor e dos objetivos da pesquisa, bem como o direito à privacidade da identidade dos informantes.

Como se perguntou

Para buscar o perfil dos "padres novos" no catolicismo brasileiro optou-se por uma pesquisa de campo, tendo como instrumento a aplicação de um questionário semiaberto[1]. Tal como se pode ver no Anexo I, o questionário está composto de três blocos de perguntas: o primeiro versa sobre a visão sobre o mundo de hoje; o segundo contempla a visão sobre a Igreja hoje; e o terceiro sobre o exercício do ministério presbiteral na Igreja e na sociedade hoje. Cada um dos três blocos do questionário está composto por dez perguntas, cada uma delas com dez alternativas de respostas fechadas e uma aberta. Em cada questão, o informante consultado estava convidado a assinalar, dentre as dez alternativas, três alternativas em ordem de importância. A elaboração do questionário contou com a assessoria de especialistas na área e foi testado ou validado antes de ser aplicado, precavendo-se, assim, de possíveis problemas, sobretudo na interpretação das questões por parte dos informantes, o que comprometeria a qualidade das respostas.

Para a aplicação do instrumento no campo, contou-se com a preciosa contribuição de alunos da PUCPR. Como a pesquisa é um projeto do Prof. Agenor Brighenti do Programa de Pós-graduação em Teologia (PPGT) da Pontifícia Universidade Católica do Paraná (PUCPR), o levantamento dos dados foi feito por alunos-orientandos seus da graduação e da pós-graduação do curso de Teologia. Nas três dioceses do Estado do Paraná, o questionário foi aplicado por Raquel de Fátima Collet, Jefferson Cooper, Tiago Costa da Silva e Ademir Muraro, orientandos de projetos de Iniciação Científica (PIBIC) na graduação em Teologia e, por André Philipe, orientando da pós-graduação no curso de Mestrado. A coleta de dados nas dioceses de Ji-Paraná e Salvador da Bahia foi feita por Nadi de Almeida, orien-

---

1. O modelo de questionário aplicado está disponível no Anexo I.

tanda de doutorado; nas dioceses de Santarém e Goiânia por Flávio de Souza, também orientando de doutorado; nas dioceses de Brasília e Luziânia, o questionário foi aplicado por Kedma Soares, aluna do mestrado; e, finalmente, a coleta nas três dioceses da Região Leste foi feita por Andréa Damacena Martins em seu primeiro estágio de pós-doutorado no Programa e, nas dioceses de Recife e Manaus, em seu segundo estágio de pós-doutorado. Colaborou também na coleta de dados da Região Leste a doutoranda em História pelo Programa de História Comparada da UFRJ, Gláucia Ferreira Lima. E, em Manaus, Antônio Jefferson Resende.

A coleta dos dados pela pesquisa de campo só foi possível, também, graças ao apoio financeiro de bolsas-CAPES, seja para a Iniciação Científica (PIBIC), seja para o mestrado, doutorado e pós-doutorado, assim como de uma Bolsa de Produtividade em Pesquisa da Fundação Araucária e, em seguida, do CNPq ao coordenador do Projeto. Tal como já se mencionou, para a realização dos seminários com os especialistas para a análise dos dados levantados, contou-se com o apoio da ADVENIAT, uma agência católica alemã de ajuda à Igreja na América Latina.

O processamento dos dados foi levado a cabo por Andréa Damacena Martins, com a participação de Nadia Bobato, aluna da graduação em Teologia. As tabelas e gráficos são um trabalho da especialista e pesquisadora em metodologia Andréa Sacco.

Peculiaridades da metodologia utilizada

A amostragem, que traça características do perfil dos "padres novos", em relação com a visão de mundo e de Igreja dos católicos no Brasil, bem como do exercício do ministério presbiteral, corresponde à coleta gradativa de dados feita entre os anos de 2012 a 2016. Foi um período longo por conta das disposições técnicas e os limites financeiros do projeto. Os recursos, além de limitados, foram liberados gradativamente, impactando desse modo a temporalidade da realização da coleta de dados. Entretanto, o resultado final alcançado nacionalmente garantiu um número representativo de respostas ao questionário, integrado por 743 informantes. O montante de amostras revela um quadro nacional de informações, baseado em amostras específicas por categoria de agentes eclesiais, por faixa etária, por cor/raça, por escolaridade, assim como por perspectiva sociopastoral, por região e no país.

No que tange ao recrutamento e participação dos informantes nas dioceses das regiões do país, em algumas delas obteve-se uma distribuição desigual do número de respostas, provocando distorção entre o que se esperava e o que se concretizou. Por isso, recorreu-se à ponderação dos dados, que corresponde à atribuição de pesos aos respondentes de cada região. Desse modo, corrigiu-se estatisticamente a discrepância e, ao mesmo tempo, estabeleceu-se validação e representatividade do universo regional em relação à amostra total[2]. Em outras palavras, a amostragem total tem um caráter nacional, baseada numa representatividade regional ponderada. E os resultados por categoria de agentes eclesiais ou entrevistado (padre, leigo, leiga, jovem-homem, jovem-mulher, seminarista e religiosa) estão acima de 10% da amostra total, havendo, portanto, certa equivalência proporcional entre as respostas das categorias de agentes, tal como se pode ver na tabela abaixo.

Tabela 1. Representatividade do universo pesquisado por região do Brasil

	Visão da totalidade das amostras	Visão por perspectiva sociopastoral		Regiões do país				
		Institucional / Carismática	Evangelização / Libertação	Sul	Sudeste	Centro-oeste	Nordeste	Norte
Base:	743	324	419	156	65	143	175	204
Padres	22,0%	20,7%	23,1%	28,8%	23,1%	15,4%	19,4%	20,1%
Leigas	17,8%	17,0%	18,3%		21,5%	21,7%	20,0%	17,6%
Seminaristas	16,9%	24,5%	11,2%	17,3%	15,4%	16,1%	20,6%	12,7%
Jovens	15,9%	18,0%	14,3%	7,7%	18,5%	25,2%	11,4%	23,0%
Religiosas	14,2%	10,2%	17,1%	38,5%	7,7%	11,2%	13,7%	10,3%
Leigos	13,0%	9,3%	16,0%	7,7%	13,8%	10,5%	14,3%	16,2%
Não respondeu	0,2%	0,3%					0,6%	
Total	100,0%	100,0%	100,0%	100,0%	100,0%	100,0%	100,0%	100,0%

De posse das informações, procedeu-se a uma análise estatística do material pelo Programa *I SPSSBM Statistic* versão 23, que auxi-

---

2. A tabela correspondente aos fatores de ponderação pode ser consultada no Anexo II.

liou na formação da base de dados e na construção das tabulações[3]. Metodologicamente, também cabe observar que a opção em aberto como mais uma alternativa às dez apresentadas no questionário foi pouco utilizada pelo conjunto de entrevistados. Além disso, como pediu-se a cada entrevistado que elegesse três alternativas em ordem de importância dentre as dez oferecidas, em grau crescente, há uma diversificação do leque de respostas para a pergunta apresentada. Entretanto, por razões práticas, optou-se, aqui, por apresentar somente as respostas relativas à primeira opção feita pelos entrevistados. Esta é uma praxe comum, pois se quer dar ênfase à preferência imediata do entrevistado diante da pergunta[4]. As demais opções serão levadas em conta em publicações futuras.

Com relação à aplicação do questionário no campo, tal como relataram os auxiliares de investigação, vários respondentes apresentaram dificuldade com a terminologia adotada no questionário, por nem todos terem conhecimento de temas e questões teológico-pastorais, de certa complexidade e caráter acadêmico. Esse problema emergiu principalmente em relação às perguntas presentes no Bloco II do questionário (sobre a situação da Igreja hoje) e no Bloco III (sobre o exercício do ministério dos presbíteros). Por isso, os pesquisadores adaptaram a técnica de coleta e fizeram, quando necessário, entrevistas dirigidas, recorrendo a exemplos para facilitar ao entrevistado o preenchimento das respostas.

As dificuldades vividas na coleta dos dados permite constatar que ter noções sobre como funciona a Igreja, sua linguagem e conteúdos teológico-pastorais era importante para oferecer respostas ao tema investigado. Também por causa disso, a pesquisa foi dirigida a um tipo específico de informante: agentes de pastoral, católicos ativos e engajados na Igreja, que por suas práticas e forma de pensar se constituem em formadores de opinião. Outro aspecto a registrar é que a

---

3. Em determinadas tabelas, os percentuais não somam 100%. O encontro de diferenças entre percentuais é devido ao uso do arredondamento, o que quer dizer que se pode encontrar uma variação entre 99% e 101% na totalização da resposta.

4. As demais respostas, ou seja, a segunda e terceira opções encontram-se tabuladas e estão disponíveis para serem incluídas em análises futuras.

pertença ou alinhamento das amostras a cada uma das duas perspectivas teológico-pastorais oferece um viés historicamente comparativo, propiciando um olhar abrangente sobre os processos de mudança na Igreja e na sociedade, tal como se poderá constatar durante a descrição analítica das informações.

Características sociorreligiosas das amostras

Antes de entrar na apresentação das respostas apresentadas à pesquisa convém ter presente as características sociorreligiosas das amostras ou das sete categorias de agentes que compõem seu perfil[5] (idade, escolaridade, gênero, cor/raça, região, posição na estrutura eclesial e perspectiva pastoral).

a) Idade

Tabela 2. Idade e categorias de amostras vinculadas à Igreja

	Visão da totalidade das amostras	Visão por perspectiva sociopastoral		Categorias de amostras vinculadas à Igreja				
		Institucional / Carismática	Evangelização / Libertação	Padres	Leigos(as)	Jovens	Seminaristas	Religiosas
Base:	743	324	419	157	210	127	122	126
18-24 anos	12,1%	13,9%	10,7%		1,7%	50,8%	20,5%	
25-35 anos	22,0%	30,7%	15,5%	13,0%	12,2%	42,4%	46,5%	5,6%
36-45 anos	15,8%	17,6%	14,3%	19,1%	20,9%		15,0%	18,7%
46-55 anos	22,8%	15,8%	28,2%	37,7%	40,4%			13,1%
56-65 anos	9,1%	4,3%	12,9%	8,6%	17,0%			14,0%
Mais de 66 anos	3,2%	1,2%	4,5%	2,5%	3,5%			11,2%
Não respondeu	15,0%	16,4%	13,8%	19,1%	4,3%	6,8%	18,1%	37,4%
Total	100,0%	100,0%	100,0%	100,0%	100,0%	100,0%	100,0%	100,0%

A base total dos dados demonstra que a faixa etária, entre 46-55 anos, representa 22,8% dos informantes e 22% estão entre 25-35 anos. Interessante constatar também que os alinhados à perspectiva "institucional/carismática" são mais jovens do que aqueles que se alinham à perspectiva "evangelização/libertação". A título de ilustração: 30,7% dos padres novos da primeira perspectiva têm entre 25-35 anos,

---

5. O leitor deve levar em conta nesse item que o universo de representação de respostas aos dados sociorreligiosos corresponde a 85% de respostas válidas, por ausência de informações na Região Sul, que como pioneira na pesquisa de campo, em seu momento não se levou em conta a importância deste dado.

enquanto que somente 15,5% dos presbíteros da segunda perspectiva declaram ter uma idade que se situa nessa mesma faixa. Observando o tipo de vinculação à Igreja se constata que 37,7% dos presbíteros e 40,4% dos leigos(as) têm entre 46-55 anos. Já 19,1% dos presbíteros e 20,9% dos leigos(as) declaram ter entre 36-45 anos. Entre os jovens, metade deles – 50,8% da amostra – tem abaixo de 24 anos e 46,5% dos seminaristas encontram-se na faixa entre 25-35 anos. As religiosas entrevistadas têm entre 36-46 anos de idade.

Em resumo, duas faixas etárias são representativas do perfil dos entrevistados: entre 46-55 anos e 25-35 anos para baixo. O conjunto da pesquisa revela, portanto, um público jovem e adulto entrevistado.

b) Idade e escolaridade

Tabela 3. A que região e a que grau de escolaridade corresponde o perfil dos entrevistados por idade?

	Visão da totalidade das amostras	Regiões do país					Escolaridade		
		Sul	Sudeste	Centro--Oeste	Nordeste	Norte	Ensino superior	Mestrado / Doutorado	Até Ensino Médio
Base:	743	156	65	143	175	204	400	58	133
18-24 anos	12,1%		13,8%	30,8%	6,9%	22,5%	9,5%	6,4%	33,6%
25-35 anos	22,0%		18,5%	22,4%	38,3%	22,1%	31,1%	12,8%	14,8%
36-45 anos	15,8%		15,4%	23,8%	19,4%	24,0%	17,6%	20,5%	20,3%
46-55 anos	22,8%		36,9%	11,9%	16,6%	22,1%	27,4%	29,5%	20,3%
56-65 anos	9,1%		10,8%	4,9%	13,7%	5,4%	9,5%	20,5%	8,6%
Mais de 66 anos	3,2%		3,1%	3,5%	4,6%	3,9%	3,2%	10,3%	0,8%
Não respondeu	15,0%	100,0%	1,5%	2,8%	0,6%		1,6%		1,6%
Total	100,0%	100,0%	100,0%	100,0%	100,0%	100,0%	100,0%	100,0%	100,0%

Na Região Sudeste, 36,9% dos entrevistados têm entre 46-55 anos. Na Região Centro-Oeste, 30,8% das respostas corresponde a jovens entre 18-24 anos, seguidos por 22,4% que têm entre 25-35 anos e 23,8% que assinalam ter entre 36-45 anos. Trata-se de um número de informantes mais jovens do que na Região Sudeste. Dos informantes da Região Nordeste, 38,3% têm entre 25-35 anos, seguidos por 19,4% que têm entre 46-55 anos. Na Região Norte, 22,5% estão na faixa entre 18-24 anos e 22,1% têm entre 25-35 anos, seguidos de 24% que assinalam ter idade entre 36-45 anos.

Quanto ao nível educacional, 29,5% dos informantes entre as faixas de 46-55 anos declaram que concluíram mestrado ou doutorado.

O mesmo nível educacional é apontado por 20,5% pertencentes às faixas etárias de 36-45 anos e 20,3% para os que estão entre 56-65 anos. Em resumo, 31,1% dos que estão nas faixas entre 25-35 anos têm formação de nível superior. Esse nível de escolaridade é de 27,4% para os que estão na faixa de 46-55 anos. Já 33,6% representantes dos mais jovens, entre 18-24 anos, possuem o Ensino Médio. Esses dados, portanto, apontam que o grau de escolaridade do universo pesquisado é bastante elevado, constituindo um perfil claro de formadores de opinião.

Só para se fazer comparação breve com a população brasileira, o IBGE aponta pela Pesquisa Nacional por Amostra de Domicílio (2018) que 53,8% dos brasileiros com 25 anos ou mais de idade não concluíram o Ensino Médio, o que é considerado como formação básica de um cidadão. A maior parte – 33,1% – não terminou o Ensino Fundamental; outros 6,9% não têm instrução alguma; 8,1% têm o fundamental completo e 4,5% têm o Ensino Médio incompleto[6].

c) Gênero, perspectiva sociopastoral e vínculo com a Igreja

Tabela 4. Qual é a sua identificação de gênero?

	Visão da totalidade das amostras	Visão por perspectiva sociopastoral		Visão por categoria de agentes das duas perspectivas juntas				
		Institucional / Carismática	Evangelização / Libertação	Padres	Leigos(as)	Jovens	Seminaristas	Religiosas
Base:	743	324	419	157	210	127	122	126
masculino	62,2%	66,6%	58,7%	100,0%	42,8%	52,5%	100,0%	
feminino	35,8%	31,0%	39,4%		56,8%	35,6%		100,0%
não respondeu	2,1%	2,5%	1,9%		0,4%	11,9%		
Total	100,0%	100,0%	100,0%	100,0%	100,0%	100,0%	100,0%	100,0%

Analisando pelo recorte de gênero, perspectiva teológico-pastoral e tipo de vinculação dos entrevistados à Igreja[7], identificamos que é fortemente significativa a predominância masculina – 62,2% da base

---

6. Notícia publicada pelo site https://g1.globo.com/educacao/noticia/2019/06/19/mais-da-metade-dos-brasileiros-de-25-anos-ou-mais-ainda-nao-concluiu-a-educacao-basica-aponta-ibge.ghtml, acesso 25/06/2019.

7. Utilizamos o conceito de gênero na sua forma tradicional, ou seja, equivalente ao sinônimo de sexo, no qual distinguimos o sexo masculino do feminino. Essa classificação binária é ainda muito usada em levantamentos estatísticos. Sabemos apoiados em estudos no campo das ciências sociais que gênero pode ser compreendido de uma maneira mais ampla, pois se trata de uma categoria construída

total, o que se explica pela natureza do estudo, voltada para os presbíteros. Entretanto, mesmo assim, contamos com 35,8% de respostas femininas. Dentre elas, 39,4% representam opiniões de pessoas alinhadas à perspectiva dos "presbíteros das décadas de 1970-1980" (evangelização/libertação) e, por sua vez, 31% das mulheres entrevistadas estão alinhadas à perspectiva dos "padres novos" (institucional/carismática). Tendo presente as diferentes categorias de pessoas na estrutura eclesial, entre as mulheres, 56,8% são leigas e 81,0% são religiosas ou de vida consagrada. Entre os jovens predomina a representação masculina.

d) Raça/Cor, perspectiva pastoral e vinculação na estrutura da Igreja

Tabela 5. Qual é sua cor/raça?

| | Visão da totalidade das amostras | Visão por perspectiva sociopastoral | | Categorias de amostras vinculadas à Igreja | | | | |
		Institucional / Carismática	Evangelização / Libertação	Padres	Leigos(as)	Jovens	Seminaristas	Religiosas
Base:	743	324	419	157	210	127	122	126
Branca	33,4%	27,9%	37,7%	31,7%	46,1%	28,6%	29,4%	19,0%
Preta	15,7%	18,3%	13,6%	20,7%	12,3%	16,8%	15,9%	15,2%
Parda	32,2%	34,7%	30,5%	20,7%	36,8%	43,7%	35,7%	21,9%
Indígena	0,8%	0,3%	1,2%	0,6%	0,9%			1,9%
Asiática	0,0%							
Sem declaração	17,8%	18,9%	16,9%	26,2%	3,9%	10,9%	19,0%	41,9%
Total	100,0%	100,0%	100,0%	100,0%	100,0%	100,0%	100,0%	100,0%

Enquanto 37,7% dos entrevistados da "perspectiva dos presbíteros das décadas de 1970-1980" (evangelização/libertação) se declara branca, 34,7% dos entrevistados alinhados à perspectiva dos "padres novos" (institucional/carismática) identificam-se como pardos. A distribuição por raça/cor entre os diversos grupos eclesiais aponta que 31,7% dos presbíteros informantes e 46,1% dos leigos são brancos. Com relação aos jovens entrevistados, 43,7% têm cor parda, 35,7% dos seminaristas são pardos, assim como 21,9% das religiosas. Como se pode constatar, os negros e pardos somam 47,9% do total dos respondentes. Desse modo, em termos de raça/cor, o perfil que des-

---

socialmente e, por isso, envolve padrões histórico-culturais atribuídos aos homens e mulheres, não podendo se restringir à noção tradicional biológica.

taca-se na pesquisa é o afrodescendente, especialmente entre jovens e seminaristas entrevistados.

O modo como os dados levantados serão apresentados

Para apresentar os dados levantados pela pesquisa de campo optou-se por fazer primeiramente uma descrição geral dos dados, a partir da seleção de algumas variáveis qualitativas, em quatro níveis, indo do geral para o particular. Em um primeiro momento, na primeira coluna da tabela aparecem dados da totalidade das amostras, ou seja, a visão da soma das cinco categorias de amostras ou agentes eclesiais. Em um segundo momento, nas duas colunas seguintes da tabela, aparecem dos dados de cada uma das duas perspectivas teológico-pastorais a perspectiva "institucional/carismática, à qual se alinham os "padres novos" e a perspectiva "evangelização/libertação", à qual se alinham os "padres das décadas de 1970/1980", que são a soma dos dados da globalidade das amostras de cada perspectiva (padres, leigos/as, jovens, seminaristas e religiosas)[8]. Em um terceiro momento, nas cinco colunas seguintes da tabela, aparecem os dados de cada categoria de amostras das duas perspectivas juntas (padres, leigos/as, jovens, seminaristas e religiosas). E, em um quarto momento, em gráficos, se apresenta os dados somente dos presbíteros, ou seja, os dados restritos aos dois segmentos de presbíteros: dados dos "padres novos", vinculados à perspectiva "institucional/carismática" e os dados dos "padres das décadas de 1970/1980", vinculados à perspectiva "evangelização/libertação".

Nesta análise, ainda que se remeta às características da visão de mundo, de Igreja e do ministério presbiteral da totalidade das amostras, das duas perspectivas sociopastorais, assim como das categorias de amostras ou pessoas ouvidas das duas perspectivas juntas, dar-se-á ênfase à caracterização do perfil dos "padres novos" no catolicismo brasileiro, objeto central desta pesquisa. Por isso, depois da apresen-

---

8. A base de dados disponível a pesquisadores permite realizar outras abordagens a partir do cruzamento de variáveis de gênero, raça/cor, idade, escolaridade e região. Com relação a gênero há dados em separado de leigos e leigas, bem como de jovens-homens e jovens-mulheres.

tação dos dados relativos a três perguntas do questionário aplicado na pesquisa de campo, um analista apresenta uma leitura preliminar da visão dos "padres novos" a respeito. O mesmo enfoque está presente também nas considerações finais de cada um dos três blocos de perguntas, apresentados em três partes, assim como na conclusão geral desta obra. O banco de dados resultante da pesquisa permite muitas outras abordagens e recortes, mas é tarefa para outro momento e para publicações que estabelecerão leituras e comentários interpretativos mais aprofundados[9].

Uma observação final: embora os dados estejam registrados na tabulação global da pesquisa, neste relatório juntou-se leigos e leigas (leigos/as), assim como jovens-homens e jovens-mulheres (jovens). Portanto, em lugar de sete amostras, apresentar-se-á dados de cinco categorias de amostras, deixando para outro momento a abordagem de gênero, que também apresenta dados muito peculiares e dignos de serem levados em conta.

Referências

BENEDETTI, Luiz Roberto. O "novo clero": arcaico ou moderno? *Revista Eclesiástica Brasileira*, fasc. 233, 1999.

BENEDETTI, Luiz Roberto. Comunidade: aspectos socioantropológicos. In: *Igreja, Comunidade de comunidades*: experiências e avanços. Agenor Brighenti e Brenda Carranza (orgs.). Brasília: Edições CNBB, 2009, p. 16-26.

BRIGHENTI, Agenor. *A Igreja perplexa*: a novas perguntas, novas respostas. São Paulo: Paulinas, 2004.

BRIGHENTI, Agenor. Perfil dos padres novos no Brasil, PUC/Curitiba, *Projeto de Pesquisa*, documento, 2011.

---

9. Ressaltamos que partimos da ideia de que não existe objetividade total e os "dados não falam por si sós". Eles representam sempre a construção elaborada pelo pesquisador, que se apoia no levantamento das opiniões. Por esse motivo, os resultados da pesquisa estão diretamente relacionados ao tipo de cruzamento entre variáveis selecionadas, entre outros possíveis.

CARRANZA, Brenda. *Catolicismo midiático*. Aparecida/São Paulo: Ideias & Letras, 2011.

FERNANDES, Sílvia R. Padres cantores e mídia: representação da identidade sacerdotal. *Ciências Sociales & Religión*: Associação de Cientistas Sociais da Religião do Mercosul, Porto Alegre, ano 6, n. 7, 2005.

FRESTON, Paul, MACHADO, Maria das Dores, MARIZ, Cecília (2010). *Project Proposal*: Center for the Study of Latin American Pentecostalism. Regional Center: Brazil Center for Religion & Civic Culture (http://crcc.usc.edu/initiatives/pcri/center-brazil.html), documento.

OLIVEIRA, Pedro Ribeiro. O papel do padre (1968-2004). In: MEDEIROS, Kátia e FERNANDES, Sílvia (orgs.). *O papel do padre no Brasil* – Interpelações, dilemas e esperanças. São Paulo: Loyola, 2005.

Parte I

A VISÃO DE MUNDO DOS CATÓLICOS NO BRASIL E O PERFIL DOS "PADRES NOVOS"

INTRODUÇÃO

Passemos, agora, à apresentação dos resultados da pesquisa em busca do perfil dos "padres novos" no Brasil. A Parte I apresenta e faz uma análise preliminar de dados coletados pelo primeiro bloco de perguntas do instrumento aplicado na pesquisa de campo, relativo à visão dos entrevistados sobre o mundo de hoje. O teor das questões deste bloco do questionário versa sobre o que está piorando e melhorando no mundo de hoje, quais os maiores problemas de nosso povo, os maiores desafios, os principais valores e antivalores reinantes e que realidades positivas e negativas se fazem presentes no contexto atual. O primeiro bloco de dez questões termina perguntando qual deve ser a posição da Igreja frente ao mundo e como a sociedade em geral vê a Igreja hoje.

A finalidade desse primeiro bloco é identificar a visão dos "padres novos" sobre o mundo de hoje, situando-os em relação à totalidade das amostras e às duas perspectivas sociopastorais – a perspectiva "institucional/carismática", à qual eles se alinham, e a perspectiva "evangelização/libertação", à qual se alinham os "padres das décadas de 1970/1980". Além dos presbíteros, também se ouviu leigos e leigas, jovens-homens e jovens-mulheres, bem como seminaristas e religiosas, sintonizados com cada uma das duas perspectivas.

A visão do mundo é um elemento importante para a caracterização do perfil dos "padres novos", pois, como já se faz referência, o mundo é constitutivo da Igreja. Não é o mundo que está na Igreja, mas é a Igreja que está no mundo. Ela faz parte dele e existe para ser sacramento do Reino de Deus no mundo. O modo como se dá a relação da Igreja com o mundo revela muito do perfil daqueles que a integram e da própria instituição, pois não há como estar no mundo sem ser afetado por ele, para o bem e para o mal. Sair do mundo ou buscar uma presença neutra, supra ou extramundana, além de uma pretensão ilusória, do ponto de vista da fé cristã não só é contraditório como não é compatível com ela. Apesar dos obstáculos à missão da Igreja no mundo, este é sempre instância de enriquecimento e de possibilidades, pois é dele que ela tira as mediações de sua presença e ação, assim como é nele e para ele que a Igreja existe e age.

Como nos demais blocos de questões do instrumento aplicado na pesquisa de campo, em cada uma das dez perguntas, os agentes de pastoral selecionados foram convidados a indicar como resposta três opções em ordem de importância, dentre as dez alternativas apresentadas e outra aberta. Dado o grande volume de dados levantados, neste relato nos limitaremos à resposta relativa à indicação da primeira opção.

Tal como já foi frisado, faremos aqui uma descrição geral dos dados, a partir da seleção de algumas variáveis qualitativas, em quatro níveis de abordagem, indo do geral (totalidade das amostras, perspectivas e categorias de amostras das duas perspectivas juntas) para o particular ("padres novos" e "padres das décadas de 1970/1980"). Visualmente, os dados gerais são apresentados em tabelas, e os dados relativos aos presbíteros em gráficos. No primeiro plano, mais precisamente na primeira coluna da tabela, aparecem dados da totalidade das amostras, ou seja, a visão da soma das cinco categorias de amostras ou de agentes eclesiais. Em um segundo momento, nas duas colunas seguintes da tabela, se apresenta a visão de cada uma das duas perspectivas teológico-pastorais – a perspectiva "institucional/carismática" e a perspectiva "evangelização/libertação", que são a soma dos dados da globalidade das amostras de cada perspectiva (padres, leigos/as, jovens, seminaristas e religiosas)[10]. Em um terceiro momento, nas cinco colunas seguintes da tabela, se apresenta a visão de cada categoria de amostras (padres, leigos/as, jovens, seminaristas

---

10. A base de dados disponível a pesquisadores permite realizar outras abordagens a partir do cruzamento de variáveis de gênero, raça/cor, idade, escolaridade e região. Com relação a gênero há dados em separado de leigos e leigas, bem como de jovens-homens e jovens-mulheres.

e religiosas) das duas perspectivas juntas. E, em um quarto momento, em gráficos, se apresenta a visão de mundo somente dos presbíteros, ou seja, os dados restritos às duas categorias de presbíteros – os "padres novos", vinculados à perspectiva "institucional/carismática" e aos "padres das décadas de 1970/1980", vinculados à perspectiva "evangelização/libertação".

Nesta Parte I, como nas demais, ainda que se remeta às características da visão de mundo da totalidade das amostras das duas perspectivas sociopastorais, assim como das categorias de amostras das duas perspectivas juntas, daremos ênfase à caracterização da visão dos "padres novos", objeto central desta pesquisa. Por isso, depois da apresentação dos dados relativos a três perguntas do questionário aplicado na pesquisa de campo, um analista faz uma breve análise da visão dos "padres novos" a respeito. O mesmo enfoque está presente também nas considerações finais desta parte.

Concretamente, nesta parte, em base a um relatório global dos dados relativos à "visão dos padres novos sobre o mundo de hoje", redigido por Andréa Damacena Martins e Agenor Brighenti, Brenda Carranza faz uma análise preliminar dos dados relativos às questões 1, 2, 3 e 4; Andréa Damacena Martins das questões 5, 6, 7 e 8; e, João Décio Passos das questões 9 e 10. A abordagem dos dados desta primeira parte termina com algumas considerações finais feitas por Agenor Brighenti.

I. REALIDADES, PROBLEMAS E DESAFIOS FRENTE AO MUNDO DE HOJE

Em busca de *O novo rosto do clero – Perfil dos "padres novos" no Brasil*, com relação à visão do mundo de hoje, comecemos com as quatro primeiras questões do primeiro bloco de perguntas do questionário aplicado na pesquisa de campo. Perguntou-se às cinco categorias de amostras, alinhadas a cada uma das duas perspectivas sociopastorais em questão – a perspectiva "institucional/carismática" e a perspectiva "evangelização/libertação", o que está piorando e melhorando no mundo de hoje, assim como quais são os maiores problemas e desafios na atualidade.

Questão 1. O que está piorando no mundo de hoje? (Tabela 6)

1ª citação	Visão da totalidade das amostras	Visão por perspectiva sociopastoral		Visão por categoria de agentes das duas perspectivas juntas				
		Institucional / Carismática	Evangelização / Libertação	Padres	Leigos(as)	Jovens	Seminaristas	Religiosas
Base:	743	324	419	157	210	127	122	126
O distanciamento da religião e dos valores cristãos por parte das pessoas	25,6%	31,2%	21,4%	19,0%	29,3%	22,2%	32,0%	23,4%
A agressão à natureza e a situação do planeta	16,0%	18,1%	14,5%	12,3%	24,0%	7,7%	12,0%	19,6%
A crise de sentido da vida e o vazio existencial	11,1%	10,9%	11,2%	16,0%	7,9%	6,8%	14,4%	12,1%
O crescimento do relativismo, a falta de ética, de limites	10,8%	12,1%	9,8%	12,3%	8,3%	10,3%	16,8%	6,5%
O aumento do individualismo e a fragmentação do tecido social	10,5%	9,0%	11,7%	22,7%	6,6%	5,1%	4,0%	15,0%
As condições de vida dos mais pobres, migrantes, favelados	8,0%	4,4%	11,0%	10,4%	8,7%	3,4%	9,6%	6,5%
A corrupção e o desleixo com o bem comum	7,3%	8,4%	6,4%	3,1%	6,1%	18,8%	4,0%	7,5%
O crescimento do materialismo e do consumismo	4,4%	1,9%	6,4%	2,5%	6,1%	8,5%	1,6%	2,8%
A tendência à legalização do aborto, da eutanásia, de uniões homossexuais	3,3%	2,5%	3,8%		1,7%	9,4%	4,8%	2,8%
A política, os partidos e os políticos	2,4%	0,9%	3,6%	1,8%	1,3%	6,0%	0,8%	3,7%
Outro	0,0%							
Não respondeu	0,5%	0,6%	0,2%			1,7%		
Total	100,0%	100,0%	100,0%	100,0%	100,0%	100,0%	100,0%	100,0%

A visão da totalidade das amostras. Com relação ao que está piorando no mundo de hoje, na visão da totalidade das amostras, da primeira citação derivam estas três alternativas em ordem de importância: *o distanciamento da religião e dos valores cristãos por parte das pessoas* (25,6%), *a agressão à natureza e a situação do planeta* (16,0%) e *a crise de sentido da vida e o vazio existencial* (10,8%). Ficam em último plano a situação política (2,4%), aborto e questões de gênero (3,3%) e mesmo a corrupção e a pobreza. Os católicos no Brasil valorizam antes de tudo a religião, a ecologia e uma vida feliz. Chama a atenção o grau de sensibilidade ecológica e que os presbíteros do país coloquem em primeiro lugar o aumento do individualismo e a fragmentação do tecido social.

A visão por perspectiva sociopastoral. Com relação ao que está piorando no mundo de hoje, quando olhamos os dados de cada uma das duas perspectivas sociopastorais – a perspectiva "institucional/carismática" e a perspectiva "evangelização/libertação", aparece em primeiro lugar para ambas *o distanciamento da religião e dos valores cristãos por parte das pessoas* – perspectiva "institucional/carismática" (31,2%) e perspectiva "evangelização/libertação" (21,4%). Nas demais opções, chama a atenção que realidades como a agressão à natureza, o crescimento do relativismo e a falta de ética, bem como a corrupção, tenham índices maiores para a perspectiva "institucional/carismática" do que para a perspectiva "evangelização/libertação". Por outro lado, realidades como a fragmentação do tecido social, as condições de vida dos mais pobres, bem como o crescimento do materialismo e do consumismo, tenham índices maiores para a perspectiva "evangelização/libertação" do que para a perspectiva "institucional/carismática".

A visão por categoria de agentes eclesiais. Quando juntamos os dados das perspectivas por categoria de agentes ou de amostras, com relação ao que está piorando no mundo de hoje, encontramos maior variação de respostas. Em primeiro lugar, chama a atenção que somente os padres indicam o *aumento do individualismo e a fragmentação do tecido social* (22,7%), um índice em relação às demais amostras, que é um pouco maior para as religiosas. As demais amostras, em primeiro lugar, assinalam o *distanciamento da religião e dos valores cristãos* – leigos/as (29,3%), jovens (22,2%), seminaristas (32,0%) e religiosas (23,4%). Em segundo lugar, aparece *a agressão à natureza e a situação do planeta* para leigos (24,0%) e religiosas (19,6%), uma problemática pouco sensível aos jovens (7,7%), que nomeiam a *corrupção* (18,1%), seguida do *relativismo* (10,3%) *e a questão do aborto* (9,4%). Os seminaristas assinalam o *crescimento do relativismo* (16,8%), *seguido da crise de sentido* (14,4%). A diferenciação assinalada parece revelar que para os presbíteros o mundo piora por consequências sociais, enquanto os demais se referem mais ao comportamento religioso das pessoas. No entanto, existe também a visão entre os presbíteros de que as pessoas vêm se afastando da religião e dos valores cristãos.

A visão dos presbíteros

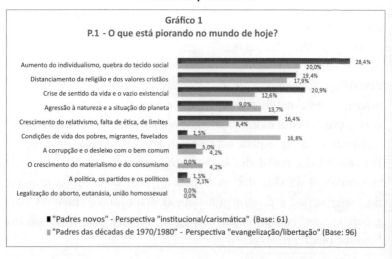

Quanto à visão dos presbíteros consultados por perspectiva sociopastoral, relativa ao que está piorando no mundo de hoje, em primeiro lugar aparece *o aumento do individualismo, a quebra do tecido social*, tanto para os "padres novos" (28,4%) quanto para os "padres das décadas de 1970-1980" (20%). Portanto, os presbíteros manifestam um ponto de vista divergente da opinião geral dos demais entrevistados. No entanto, apesar de compartilharem entre si a mesma opinião, é notável como a questão pesa mais para os "padres novos". Em segundo lugar, os "padres novos" nomeiam *a crise de sentido da vida e o vazio existencial* (20,9%), *enquanto os* "padres das décadas de 1970-1980" indicam *o distanciamento da religião e dos valores cristãos por parte das pessoas* (17,9%). Em terceiro lugar, para os "padres novos" o que está piorando é *o distanciamento da religião e dos valores cristãos por parte das pessoas* (19,4%) e para os "padres das décadas de 1970/1980" são *as condições de vida dos pobres, migrantes e favelados* (16,8%), que nos "padres novos" alcança um índice de apenas 1,5%.

Questão 2. O que está melhorando no mundo de hoje? (Tabela 7)

1ª citação	Visão da totalidade das amostras	Visão por perspectiva sociopastoral		Visão por categoria de agentes das duas perspectivas juntas				
		Institucional / Carismática	Evangelização / Libertação	Padres	Leigos(as)	Jovens	Seminaristas	Religiosas
Base:	743	324	419	157	210	127	122	126
Mais espaço para a liberdade pessoal, a subjetividade, menos controle social	21,6%	18,8%	23,6%	19,8%	31,3%	12,7%	18,9%	16,8%
O acesso da população à internet, telefone celular	16,9%	19,4%	15,0%	14,2%	14,3%	13,6%	30,7%	15,0%
A preocupação e o cuidado com a ecologia	13,9%	13,6%	14,0%	16,0%	10,9%	17,8%	9,4%	18,7%
O acesso à educação, moradia, saúde, trabalho	12,5%	15,4%	10,2%	17,3%	7,4%	9,3%	18,9%	12,1%
A volta da religião às tradições, aos valores cristãos	9,2%	11,1%	7,9%	5,6%	18,3%	5,9%	3,1%	5,6%
A busca de um outro mundo possível	8,2%	5,9%	10,0%	15,4%	5,7%	5,9%	6,3%	7,5%
O fortalecimento da sociedade civil	4,9%	3,1%	6,2%	8,0%	4,3%	3,4%	1,6%	7,5%
Mais conforto e bem-estar para as pessoas	4,0%	3,7%	4,3%	0,6%	1,3%	12,7%	2,4%	6,5%
A ascensão de governos populares na América Latina	3,8%	2,5%	5,0%	1,9%	3,9%	6,8%	1,6%	6,5%
Menos preconceitos e maior liberdade no campo da sexualidade	2,6%	3,4%	2,1%		2,6%	7,6%	1,6%	1,9%
Outro	0,6%	0,3%	0,7%	0,6%		1,7%	0,8%	
Não respondeu	1,8%	2,8%	1,0%	0,6%		2,5%	4,7%	1,9%
Total	100,0%	100,0%	100,0%	100,0%	100,0%	100,0%	100,0%	100,0%

A visão da totalidade das amostras. Com relação ao que está melhorando no mundo de hoje, na visão da totalidade das amostras, da primeira citação, aparecem estas três alternativas em ordem de importância: *mais espaço para a liberdade pessoal, a subjetividade, menos controle social* (21,6%), *o acesso da população à internet* (16,9) e *a preocupação com a ecologia* (13,9). O que mais se valoriza é a liberdade pessoal, a cibernética e a ecologia. Não se vê melhorando a liberdade no campo da sexualidade, bem como a ascensão na década de 2000 de governos populares na América Latina, bem como da sociedade civil. De novo, chama a atenção a valorização da ecologia e quem demonstra mais sensibilidade ecológica são os jovens e as religiosas.

A visão por perspectiva sociopastoral. Quando olhamos para cada uma das duas perspectivas, com relação ao que está melhorando no mundo de hoje, em primeiro lugar, da primeira citação, para a perspectiva "institucional/carismática" aparece *o acesso da população à internet* (19,4%), enquanto que a perspectiva "evangelização/libertação" nomeia *mais espaço para a liberdade pessoal, a subjetividade, menos controle social* (23,6%). Em segundo lugar, as alternativas apontadas se invertem: *mais espaço para a liberdade pessoal* (18,8%) e *o acesso da população à internet* (15,0%), respectivamente. Nesse sentido, são reconhecidas duas dimensões centrais da modernidade contemporânea: a primeira voltada para o exercício da liberdade e expressão do indivíduo; a outra, provocada pela revolução tecnológica, é facilitadora da introdução e uso de meios digitais no modo e estilo de comunicação cotidiano. Em terceiro lugar, a perspectiva "institucional/carismática" nomeia o acesso à educação, moradia, saúde, trabalho (15,4%) e a perspectiva "evangelização/libertação" indica *a preocupação com a ecologia* (14,0%).

A visão por categoria de agentes eclesiais. Quando olhamos para cada categoria de agentes eclesiais das duas perspectivas juntas, com relação ao que está melhorando no mundo de hoje, da primeira citação, em primeiro lugar aparece *mais espaço para a liberdade pessoal, a subjetividade, menos controle social* para presbíteros (19,8%) e leigos/as (31,3%), enquanto que os seminaristas nomeiam *o acesso da população à internet, telefone celular* (30,7%) e *a preocupação e o cuidado com a ecologia* é indicado pelos jovens (17,8%) e pelas religiosas (18,7%). Na sequência, chama a atenção a maior preocupação dos presbíteros com o social, nomeando o *acesso a moradia, educação, saúde e trabalho* (17,3%) e a *busca de outro mundo possível* (15,4%). Também chama a atenção os leigos/as nomeando em segundo lugar *a volta da religião às tradições e aos valores cristãos* (18,3%).

A visão dos presbíteros

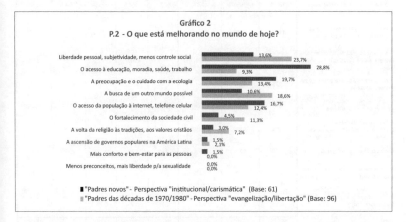

Com relação ao que está melhorando no mundo de hoje, na visão dos presbíteros por perspectiva sociopastoral, em primeiro lugar, os "padres novos" nomeiam *o acesso à educação, moradia, saúde, trabalho* (28,8%), enquanto os "padres das décadas de 1970/1980" indicam *mais espaço para a liberdade pessoal, subjetividade, menos controle social* (23,7%). Em segundo lugar, os "padres novos" assinalam *a preocupação e o cuidado com a ecologia* (19,7%), enquanto que os "padres das décadas de 1970/1980" indicam *a busca de outro mundo possível* (18,6%). Em terceiro lugar, os "padres novos" assinalam *o acesso à educação, moradia, saúde, trabalho* (16,7%) e os "padres das décadas de 1970/1980" indicam *a preocupação e o cuidado com a ecologia* (13,4%) e o *fortalecimento da sociedade civil*, elemento pouco valorado pelos "padres novos" (4,5%).

Questão 3. Quais os maiores problemas do nosso povo, hoje? (Tabela 8)

1ª citação	Visão da totalidade das amostras	Visão por perspectiva sociopastoral		Visão por categoria de agentes das duas perspectivas juntas				
		Institucional / Carismática	Evangelização / Libertação	Padres	Leigos(as)	Jovens	Seminaristas	Religiosas
Base:	743	324	419	157	210	127	122	126
O isolamento, cada um por si, a solidão, o egoísmo e o individualismo	20,9%	20,4%	21,4%	25,3%	20,5%	15,3%	18,3%	25,5%
O consumismo, o materialismo, a perda dos valores familiares e culturais	18,7%	17,6%	19,5%	20,4%	20,5%	11,0%	12,7%	27,4%
A falta de Deus, de fé, de religião, o distanciamento da Igreja, da comunidade	17,4%	21,9%	13,8%	11,1%	12,2%	32,2%	25,4%	12,3%
A violência, a pobreza, a falta de acesso à saúde e à educação	14,8%	12,3%	16,9%	13,6%	20,1%	12,7%	12,7%	10,4%
O sistema capitalista, os interesses das grandes empresas e dos países ricos	7,9%	5,6%	9,8%	8,6%	6,6%	10,2%	7,9%	6,6%
A corrupção da classe política e no Poder Judiciário	7,2%	6,5%	7,6%	2,5%	8,3%	13,6%	8,7%	4,7%
A desintegração da família, separações, uniões livres	6,9%	7,4%	6,4%	9,9%	4,8%	0,8%	10,3%	8,5%
A falta de oportunidade de trabalho, especialmente para os jovens	3,1%	5,2%	1,4%	4,3%	4,4%	2,5%	0,8%	1,9%
O narcotráfico, as drogas	2,0%	1,9%	2,1%	3,7%	1,7%	0,8%	2,4%	0,9%
O endividamento interno e externo e as dificuldades dos países pobres	0,4%	0,6%	0,2%				0,8%	1,9%
Outro	0,0%							
Não respondeu	0,8%	0,6%	0,7%	0,6%	0,9%	0,8%		
Total	100,0%	100,0%	100,0%	100,0%	100,0%	100,0%	100,0%	100,0%

A visão da totalidade das amostras. Com relação aos maiores problemas de nosso povo hoje, na visão da totalidade das amostras, da primeira citação aparecem estas três alternativas em ordem de importância: *o isolamento, cada um por si, a solidão, o egoísmo e o individualismo* (20,9%), *o consumismo, o materialismo, a perda dos valores culturais e familiares* (18,7%) e *a falta de Deus, de fé, de religião, o distanciamento da Igreja, da comunidade* (17,4%). Para os católicos brasileiros os maiores problemas são o individualismo, o materialismo e o distanciamento da religião. São problemas menores a situação econômica do país, o narcotráfico, o desemprego e a corrupção, revelando baixa sensibilidade social. Chama a atenção que para jovens e seminaristas que o maior problema seja o distanciamento da Igreja ou da religião, que para os demais está em terceiro lugar.

A visão por perspectiva sociopastoral. Com relação aos maiores problemas de nosso povo hoje, quando tomamos os dados de cada uma das duas perspectivas sociopastorais, da primeira citação, em primeiro lugar, a perspectiva "institucional/carismática" nomeia *a falta de Deus, de fé, de religião, o distanciamento da Igreja, da comunidade* (21,9%), enquanto que a perspectiva "evangelização/libertação" indica *o isolamento, cada um por si, a solidão, o egoísmo e o individualismo* (21,4%). Em segundo lugar, a perspectiva "institucional/carismática" assinala *o isolamento, cada um por si, a solidão, o egoísmo e o individualismo* (20,4%) e a perspectiva "evangelização/ libertação" indica *o consumismo, o materialismo, a perda dos valores culturais e familiares* (19,5%). Em terceiro lugar, aparece *o consumismo, o materialismo, a perda dos valores culturais e familiares* para a perspectiva "institucional/carismática" (19,5%) e *a violência, a pobreza, a falta de acesso à saúde e à educação* (16,9%). As preferências assinaladas pelo conjunto das duas perspectivas sociopastorais de entrevistados ora se aproximam, ora se afastam. Afastam-se quando a perspectiva "evangelização/libertação" oferece explicações sociais e a perspectiva "institucional/carismática" se remetem a fatores de natureza religiosa. Poderíamos levantar a hipótese de que o universo composto pela visão da perspectiva "institucional/carismática" sugere, implicitamente, que se a fé em Deus e a aproximação da Igreja e seus ensinamentos forem maiores, os problemas sociais do povo seriam menores. Os respondentes desta perspectiva apontam que mudanças morais remediariam os problemas sociais e culturais existentes. Mas, comparativamente, as noções entre as duas perspectivas também se aproximam, na medida em que ambas apontam solidão, egoísmo, individualismo como efeitos colaterais da modernidade.

A visão por categoria de agentes eclesiais. Com relação aos maiores problemas de nosso povo hoje, quando olhamos para as categorias de agentes eclesiais das duas perspectivas juntas, da primeira citação, aparece em primeiro lugar *o isolamento, cada um por si, a solidão, o egoísmo e o individualismo* para os presbíteros (25,3%), enquanto os jovens (32,2%) e seminaristas (25,4%) nomeiam a *falta de Deus, de fé, de religião, o distanciamento da Igreja, da comunida-*

de. As religiosas assinalam *o isolamento, cada um por si, a solidão, o egoísmo e o individualismo* (25,5%). Ou seja, os jovens e os seminaristas são os que mais representam a tendência em se orientar por explicações de fundo religioso, ao passo que presbíteros e leigos(as) pensam ser fatores sociológicos. As religiosas vão por uma linha mais cultural. Em segundo lugar aparece *o consumismo, o materialismo, a perda dos valores culturais e familiares* (18,7%) para padres (20,4%) e leigos/as (20,5%), enquanto que *o isolamento, cada um por si, a solidão, o egoísmo e o individualismo* é nomeado por jovens (15,3%), seminaristas (18,3%) e religiosas (25,5%). Em terceiro lugar, aparece *a violência, a pobreza, a falta de acesso à saúde e à educação* para padres (13,6%), leigos/as (20,1%) e seminaristas que indicam também *o consumismo, o materialismo, a perda dos valores culturais e familiares* (ambas as alternativas com 12,7%), enquanto que os jovens nomeiam *a corrupção da classe política e no judiciário* (13,6%) e as religiosas assinalam *a falta de Deus, de fé, de religião, o distanciamento da Igreja, da comunidade* (12,3%).

A visão dos presbíteros

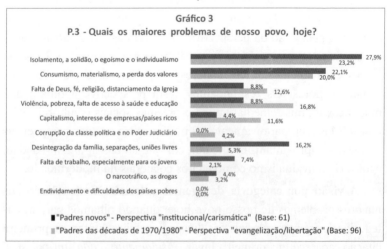

Com relação aos maiores problemas de nosso povo hoje, quando olhamos para as respostas apresentadas, somente dos presbíteros por perspectiva sociopastoral, aparece em primeiro lugar *o isolamento, a*

solidão, o egoísmo e o individualismo, tanto para os "padres novos" (27,9%) como para os "padres das décadas de 1970/1980" (23,2%). Em segundo lugar, coincidem também em nomear *o consumismo, o materialismo, a perda dos valores culturais e familiares,* tanto os "padres novos (22,1%) como os "padres das décadas de 1970/1980" (20,0%). Em terceiro lugar, os "padres novos" nomeiam a desintegração da família, separações, uniões livres (16,2%) e os "padres das décadas de 1970/1980" citam *violência, pobreza, falta de acesso à saúde e educação* (16,8%). Chama a atenção o fato de que as alternativas como *violência, pobreza, falta de acesso à saúde e educação; capitalismo, interesse de empresas/países ricos;* e *falta de trabalho, especialmente para os jovens* é mais destacada pelos "padres das décadas de 1970/1980" do que pelos "padres novos".

Questão 4. Quais os maiores desafios que o mundo nos coloca para a vivência da fé cristã? (Tabela 9)

1ª citação	Visão da totalidade das amostras	Visão por perspectiva sociopastoral		Visão por categoria de agentes das duas perspectivas juntas				
		Institucional / Carismática	Evangelização / Libertação	Padres	Leigos(as)	Jovens	Seminaristas	Religiosas
Base:	743	324	419	157	210	127	122	126
Viver comunitariamente, diante de tanto individualismo e egoismo	26,1%	21,7%	29,5%	44,2%	21,4%	9,4%	18,3%	36,4%
Conservar a fé e os valores cristãos	24,6%	33,1%	18,1%	12,3%	28,8%	43,6%	27,8%	10,3%
A desintegração da familia e as consequências na educação dos filhos	11,2%	11,5%	11,2%	9,2%	8,7%	6,8%	19,8%	14,0%
A influência dos meios de comunicação social, maior do que a familia e a escola	9,4%	6,8%	11,4%	9,8%	9,6%	6,8%	7,9%	13,1%
Manter a moral familiar e ser exemplo para os filhos	7,7%	9,6%	6,2%	4,9%	11,8%	6,8%	7,9%	3,7%
A vigência do sistema liberal-capitalista, o consumismo e o hedonismo	6,3%	3,4%	8,6%	6,7%	5,2%	8,5%	8,7%	2,8%
A tentação de uma vida cômoda, confortável, de muita liberdade pessoal	4,6%	3,7%	5,2%	0,6%	4,4%	5,1%	6,3%	8,4%
Haver jovens que queiram viver a fé, ser padres ou abraçar a vida religiosa	3,8%	5,3%	2,9%	1,2%	5,7%	3,4%	3,2%	4,7%
A oferta de grande número de opções religiosas num mercado do religioso	2,8%	1,9%	3,3%	9,8%	0,9%	0,9%		1,9%
O distanciamento dos jovens da Igreja e dos valores cristãos	2,5%	2,5%	2,6%	0,6%	2,6%	6,0%		4,7%
Outro	0,4%	0,3%	0,5%	0,6%	0,4%			
Não respondeu	0,6%	0,3%	0,7%		0,4%	2,6%		
Total	100,0%	100,0%	100,0%	100,0%	100,0%	100,0%	100,0%	100,0%

A visão da totalidade das amostras. Com relação aos maiores desafios que o mundo nos coloca para a vivência da fé cristã hoje, para a totalidade dos consultados, da primeira citação, aparecem estas três alternativas em ordem de importância: *viver comunitariamente, diante do individualismo e egoísmo* (26,1%), *conservar a fé e os valores cristãos* (24,6%) e *a desintegração da família e as consequências na educação dos filhos* (11,2%). Como se pode constatar, para os católicos no Brasil, os maiores desafios são viver em comunidade, conservar a fé e os valores, bem como a desintegração da família. Desafios menores são o distanciamento dos jovens da religião (2,5%) e a proliferação de igrejas (2,8%), que os seminaristas nem mencionam. Não há grande preocupação com a falta de vocações ao presbiterato e à vida religiosa (3,8%).

A visão por perspectiva sociopastoral. Com relação aos maiores desafios que o mundo nos coloca para a vivência da fé cristã hoje, quando focamos as duas perspectivas sociopastorais, da primeira citação, em primeiro lugar, para a perspectiva "institucional/carismática" assinala *conservar a fé e os valores cristãos* (33,1%), o que aparece em segundo lugar para a perspectiva "evangelização/libertação" (18,1%), enquanto que a perspectiva "evangelização/libertação", em primeiro lugar nomeia *viver comunitariamente, diante de tanto individualismo e egoísmo* (29,5%), o que a perspectiva "institucional/carismática" assinala em segundo lugar. Em terceiro lugar, a perspectiva "institucional/carismática" indica *a desintegração da família e as consequências na educação dos filhos* (11,5%) e a perspectiva "evangelização/libertação" nomeia *a influência dos meios de comunicação social, maior do que a família e a escola* (11,4%).

A visão por categoria de agentes eclesiais. Com relação aos maiores desafios que o mundo nos coloca para a vivência da fé cristã hoje, quando focamos cada categoria de amostras das duas perspectivas sociopastorais juntas, da primeira citação, em primeiro lugar aparece *viver comunitariamente, diante do individualismo e egoísmo* para padres (44,2%) e religiosas (36,4%), enquanto que nomeiam *conservar a fé e os valores cristãos* leigos/as (28,8%), jovens (43,6%) e seminaristas (27,8%). Em segundo lugar, padres nomeiam *conservar a fé e os valores cristãos* (12,3%), enquanto que assinalam *viver comunitariamente, diante de tanto individualismo e egoísmo* – os leigos/as (21,4%) e os jovens (9,4%) e indicam *a desintegração da família e as consequências na educação dos filhos* – os seminaristas (19,8%) e as religiosas (14,0%). Em terceiro lugar, há uma diversidade total entre as amostras, chamando a atenção do índice em relação ao índice das demais, apontado pelos leigos/as ao desafio de *manter a moral familiar e ser exemplo para os filhos* (11,8%).

A visão dos presbíteros

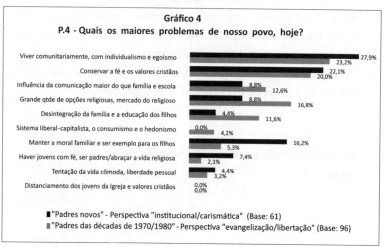

Quando focamos unicamente os presbíteros por perspectiva sociopastoral, com relação aos maiores desafios que o mundo de hoje coloca para a vivência da fé cristã, aparece em primeiro lugar *viver comunitariamente, diante do individualismo e egoísmo*, tanto para os "padres novos" (27,9%) quanto para os "padres das décadas de 1970/1980" (23,2%). Em segundo lugar, assinalam *conservar a fé e os valores cristãos,* tanto os "padres novos" (22,1%) como os "padres das décadas de 1970/1980" (20%). Já nas demais alternativas, para os "padres novos" aparece *manter a moral familiar e ser exemplo para os filhos* (16,2%), *a influência da comunicação maior do que família*

e escola (8,8%) e *haver jovens com fé, ser padres/abraçar a vida religiosa* (7,4%), enquanto que os "padres das décadas de 1970/1980" apontam *a oferta de grande quantidade de opções religiosas, mercado do religioso* (16,8%); *a desintegração da família e a educação dos filhos* (11,6%); e *a influência da comunicação maior do que família e escola* (12,6%).

Ressalta a diferença entre as duas perspectivas de presbíteros em torno à visão sobre o tema família. Os "padres novos" põem em relevo a grande dificuldade de se *manter a moral familiar e ser exemplo para os filhos*, interpelando a vivência da fé cristã. Já "padres das décadas de 1970/1980" assinalam que a família está enfrentando consequências sociais de um processo de *desintegração, que afeta a educação dos filhos*. Ou seja, os primeiros acentuam o problema na dimensão moral familiar e os segundos a mudança societária. Outro dado que podemos destacar é a crítica feita pelos "padres das décadas de 1970/1980" à mercantilização religiosa, uma realidade mais próxima de certas práticas de determinados "padres novos".

Análise preliminar
Visão de mundo e concepção social dos "padres novos" no Brasil

Brenda Carranza

Compreender o *ethos* e a visão de mundo de um determinado grupo, da cidade do Rio de Janeiro, levou Gilberto Velho a indagar sobre a interação entre sociabilidade e subjetividade. Apoiado em Georg Simmel, o autor assume que a subjetividade (a propriedade de ser sujeito) é constituída por forças e relações sociais, portanto, dependentes de fatores políticos, sociais e culturais. Relação que é intrínseca à sociabilidade, pois, nas suas palavras: "nem o homem político, nem o homem econômico, mas o homem social propriamente dito que, por definição, ao interagir com os outros constitui a sociedade, ao mesmo tempo em que vai sendo constituído, num processo permanente, sem fim" (2002, p.14). Duas preocupações orientam a proposta de Velho: uma é desvendar como os pesquisados constituem sua subjetividade, alicerçada em determinados princípios e valores; a outra, o entendimento de como o universo indagado se constitui, enquanto grupo, numa geração que reflete determinado *ethos* e visão de mundo. Ou seja, como se perfilam indivíduos e grupos nessa interação subjetiva.

Outro dado interessante desse estudo está nos termos analíticos, pois o agrupamento pesquisado configurou uma categoria social específica, sendo a ênfase geracional uma marca para os fins de compreensão da sua visão de mundo. O universo analisado será concebido como uma rede social, na medida em que todos estão relacionados direta e indiretamente, interagindo regularmente, enquanto indivíduos e eventualmente como grupos, ao mesmo tempo em que se reconhecem mutuamente e se autodefinem como sendo parte de um *corpo* (2002, p. 9-22).

Interessa reter dessa proposta analítica as noções de visão de mundo e a categoria geracional. Isso porque a geração "padres novos", enquanto categoria, captura como esses presbíteros compartilham de um *ethos* e uma compreensão de mundo e de sociedade. Ao mesmo tempo, a noção de geração possibilita perceber a autocompreensão que os presbíteros têm como clero, refletida também em certa visão de Igreja-sociedade. Será esse entendimento de visão de mundo e sociedade, bem como de "padres novos", enquanto geração, que subjazem os comentários sobre a pesquisa: *Perfil dos padres novos no Brasil*, que a seguir se tecem.

Assim, a pergunta: *o que está piorando no mundo de hoje?* Numa seleção de três opções entre dez alternativas propostas e uma aberta, os percentuais maiores de escolha dos "padres novos" é: 28,4% sinalizam que piora no mundo "o aumento do individualismo e a fragmentação do tecido social"; 20,9% apontam "a crise de sentido da vida e o vazio existencial" e 19,4% indicam "o distanciamento da religião e dos valores cristãos". A percentagem que se segue é de 16%, apontando "o crescimento do relativismo, falta de ética, de limites". É interessante observar o conjunto das outras opções em que recebem menores percentuais de adesão: "a agressão à natureza e a situação do planeta" 9%; "a corrupção e o desleixo com o bem comum" 3%; "as condições de vida dos pobres, migrantes, favelados", "a política, os partidos e os políticos", ambas as opções recebem 1,5%; já a temática: "a tendência à legalização do aborto, da eutanásia, de uniões homossexuais", o silêncio se expressa com 0%.

O conjunto de opções pode ser visualizado como uma compreensão de mundo em que as questões da construção da subjetividade dos sujeitos são referidas principalmente aos valores éticos, morais, comportamentos, usos e costumes. Por isso, o individualismo, crise de sentido, valores cristãos, relativismo, poderiam ser, para efeitos de classificação didática, alinhados a uma esfera cultural e social. Enquanto a sociabilidade reporta-se a temáticas como condições de pobreza, favelização (essa última tida como o fenômeno histórico decorrente dos processos de industrialização) e fluxos migratórios, todas interagem com a esfera política. Se como se disse acima, a subjetividade se constitui na interação com as dimensões culturais, sociais e políticas, note-se que os "padres novos" tendem a enfatizar em sua visão de mundo a esfera cultural. Dessa visão de mundo não fica claro, pelo silêncio (0%), em que esfera poderia ser localizada sua visão sobre questões de direitos reprodutivos, diversidade e orientação sexual, temática nevrálgica nas interações da religião no campo religioso, político e cultural no Brasil contemporâneo (Carranza & Vital-Cunha, 2018; Machado, 2018; Sales & Mariano, 2019).

A segunda pergunta: *o que está melhorando no mundo de hoje?* Os "padres novos" fazem suas três escolhas: "o acesso à educação, moradia, saúde, trabalho" (28,8%); "a preocupação e o cuidado com a ecologia" (19,7%); "o acesso da população à internet, telefone celular" (16,7%). Nas restantes opções registra-se: "mais espaço para a liberdade pessoal, a subjetividade, menos controle social" (13,6%), "a busca de um outro mundo possível" (10,6%), "fortalecimento da sociedade civil" (4,5%), "a volta da religião às tradições, aos valores cristãos" (3%), "a ascensão de governos populares na América Latina" e "mais conforto e bem-estar para as pessoas", ambas com 1,5%. O silêncio recai sobre: "menos preconceitos e maior liberdade no campo da sexualidade" (0%).

Ao se fazer uma leitura contrastiva entre as respostas do que piora e o que melhora no mundo, nota-se uma coerência interna nas questões relativas à sociabilidade no quesito à denominada democracia sexual (que inclui as discussões sobre preconceitos e direitos sexuais [2012, p. 50]). Em ambas as respostas, o silenciamento à sexualidade novamente sobressai. Na dimensão subjetiva constata-se uma coerência nas respostas entre a baixa percepção do retorno do religioso e dos valores cristãos (3%) e a preocupação com o distanciamento, tanto dos valores cristãos quanto da religião no mundo (19,4%). Se o que piora tem alta adesão, ela se complementa com o baixo índice do que melhora.

Aparece como dissonante na visão de mundo dos "padres novos" a escolha de que o que melhora no mundo é o acesso à educação, moradia, saúde, trabalho (28,8%). Isso porque o próprio IBGE registra que os indicadores sociais, que analisam a qualidade de vida e os níveis de bem-estar das pessoas, famílias e grupos populacionais, apontam para a não efetivação dos direitos humanos e sociais da sociedade brasileira. Os dados do IBGE também confirmam o aprofundamento da desigualdade social no país, no acesso a diferentes serviços, bens e oportunidades[11]. Os dados são ratificados pelo relatório do Programa das Nações Unidas para o Desenvolvimento (PNUD)[12]. Tal dissonância talvez tenha várias explicações, entre elas, a compreensão de que o acesso a esses bens é um ganho civilizatório para a humanidade, devido aos processos de modernização e urbanização. Mesmo assim, no contexto brasileiro as evidências mostram que há uma conta social em aberto. Ainda que a percepção seja referida ao plano mundial, essa positivização estaria orientada para os países tidos desenvolvidos. Portanto, será que o referencial dos "padres novos" é o Primeiro Mundo? A outra explicação seria que "padres novos" percebem o avanço democrático no mundo como bom e nele contabiliza-se o acesso a moradia, educação e saúde. Nesse caso, essa visão estaria mais colada a uma consideração valorativa do que real.

---

11. https://nacoesunidas.org/pnud-miseria-priva-38-dos-brasileiros-de-condicoes-basicas-vida/. Acesso: 07/mar/2020.

12. https://www.ibge.gov.br/estatisticas/sociais/educacao/9221-sintese-de-indicadores-sociais.html?=&t=o-que-e. Acesso: 07/mar/2020.

No entanto, a ecologia ganha na visão dos "padres novos" um lugar predominante. Essa adesão, talvez, se deva a um duplo motivo: o discurso ecológico estar incorporado na pauta cultural e do politicamente correto ou então o fato dos "padres novos" encontrarem-se afinados a essa vertente cultural. O outro motivo poderia ser o alinhamento com o pontificado de Francisco, por sua liderança mundial em temática ambiental e pela repercussão eclesial da sua encíclica *Laudato Si'*. No que se refere à percepção positiva do acesso à internet e ao celular, há também uma afinidade dos "padres novos" com a mídia, que celebra esse acesso como conquista de bem-estar social[13], afinidade também com pesquisas do PNAD/IBGE, que reconhecem como avanço cultural o acesso a esse bem de consumo tecnológico, embora registrem a desigualdade econômica como empecilho ao acesso[14].

Numa perspectiva mais local, a pergunta: *quais os maiores problemas de nosso povo, hoje?* A visão que os "padres novos" têm da sociedade brasileira registra em ordem de prioridade os seguintes resultados: "o isolamento, cada um por si, a solidão, o egoísmo e o individualismo" (27,9%); "o consumismo, o materialismo, a perda dos valores familiares e culturais" (22,1%); "a desintegração da família, separações, uniões livres" (16,2%). Após sinalizadas as três preferências vem: "a falta de Deus, de fé, de religião, o distanciamento da Igreja, da comunidade" (8,8%); "a violência, a pobreza, a falta de acesso à saúde e à educação" (8,8%); "a falta de oportunidade de trabalho, especialmente para os jovens" (7,4%); "o sistema capitalista, os interesses das grandes empresas e dos países ricos" (4,4%); "o narcotráfico, as drogas" (4,4%); "o endividamento interno e externo e as dificuldades dos países pobres" (0%); "a corrupção da classe política e no Poder Judiciário" (0%).

Os "padres novos" consideram, entre as opções prioritárias, que os nós sociais da realidade brasileira estão ligados ao isolamento in-

---

13. https://g1.globo.com/economia/tecnologia/noticia/2018/12/20/numero-de-internautas-cresce-em-cerca-de-10-milhoes-em-um-ano-no-brasil-aponta-ibge.ghtml. Acesso: 03/mar/2020.

14. https://agenciadenoticias.ibge.gov.br/agencia-sala-de-imprensa/2013-agencia-de-noticias/releases/20073-pnad-continua-tic-2016-94-2-das-pessoas-que-utilizaram-a-internet-o-fizeram-para-trocar-mensagens. Acesso: 03/mar/2020.

dividual, ao individualismo, ao egoísmo, ao consumismo, à perda de valores familiares. A isso se somam os 8,8% com a preocupação da falta de Deus, de religião, o distanciamento da Igreja e da comunidade. Com isso, o peso maior da visão dos conflitos sociais recai na esfera da subjetividade. De outra parte, tanto a corrupção endêmica do sistema político como a incidência da economia internacional encontram-se silenciadas. É um dado que coloca a esfera política distante das preocupações dos "padres novos". Segue-se com baixa menção (8,8%) o narcotráfico, o capitalismo financeiro internacional, o desemprego na juventude. O mesmo índice vai para a violência associada à pobreza, à precariedade da saúde e da educação.

A priorização da esfera subjetiva como visão de mundo e da realidade social dos "padres novos" continua presente na quarta pergunta: *quais são os maiores desafios que o mundo nos coloca para a vivência da fé cristã?* As preferências dos pesquisados enveredaram por aqui: "viver comunitariamente, diante de tanto individualismo e egoísmo" (27,9%); "conservar a fé e os valores cristãos" (22,1%); "manter a moral familiar e ser exemplo para os filhos" (16,2%). Na mesma trilha, seguem as adesões para: "a oferta de grande número de opções religiosas, num mercado religioso" (8,8%); "a desintegração da família e as consequências na educação dos filhos" (4,4%); e "a tentação de uma vida cômoda, confortável, de muita liberdade pessoal" (4,4%). Uma tendência intermediária de desafios se aglutina em torno da reprodução dos quadros da Igreja com 7,4%, apontando "haver jovens que queiram viver a fé, ser padres e abraçar a vida religiosa".

Novamente uma dissonância emerge entre os dados: um 0% assinado à opção: "distanciamento dos jovens da Igreja e dos valores cristãos". Ora se o que piora no mundo e o que se considera como um problema na sociedade brasileira, hoje, é o distanciamento dos valores cristãos e da Igreja, o silenciamento no momento de assinalar os desafios parece não fazer sentido ou, talvez, por estar englobado na opção "conservar a fé e os valores cristãos", o que tornaria essa opção uma possibilidade de "resposta controle", que reafirma a segunda opção feita pelos "padres novos" no próprio elenco de respostas à pergunta. Mas, se na pergunta anterior a esfera política fica com baixa adesão, aqui, a percepção de que essa dimensão social pode ser um desafio para a vivência cristã sai completamente do escopo de integração na visão de mundo dos "padres novos". Ou seja, na única opção disponível – sistema liberal-capitalista, o consumismo e o hedonismo (mesmo atrelada a esferas valorativas) – a adesão registrada é de 0%. Com isso, a compreensão de vivência da fé cristã recai na esfera subjetiva, que em interação com a sociabilidade passa a ter mais ênfase a esfera cultural do que a esfera política. Dito de outra maneira, a visão de mundo dos "padres novos" no Brasil que os dados da pesquisa parecem sinalizar é que essa geração está mais acerca da esfera cultural do que da esfera política. Visão que tenderia a reforçar posições culturalistas de certos setores religiosos conservadores, que reagem com sentimento de ameaça ao cristianismo às mudanças culturais.

Consoante com esse sentimento, é interessante retomar a preocupação, como desafio, de viver comunitariamente, diante de tanto individualismo e egoísmo que o dos "padres novos" apontam (27,9%). No contexto das respostas, essa preocupação se soma ao desafio da manutenção e da perda dos valores morais e cristãos, que deverão ser resgatados na sociedade. Retornar à comunidade e fortalecer os vínculos comunitários, para os "padres novos", é o maior desafio para o cristão no mundo de hoje, pois, na visão deles, as mudanças culturais da sociedade moderna afetam diretamente o sistema de valores cristãos, que se vivenciam na comunidade e/ou podem ser fortalecidos por ela.

Do ponto de vista teológico, de acordo com Benedetti, a comunidade tenderia a proporcionar os meios para que seus membros encontrem o sentido de vida, canais concretos de diálogo profundo e sincero, no qual as pessoas podem expressar o que pensam e sentem. Espaço que, por facilitar os encontros face a face, deveria pelo menos, em termos utópicos, ser um lugar de vivência explícita da tolerância. Marcada pelo anonimato e a aceleração dos estilos de vida urbana, a comunidade é o local da descoberta de novas alternativas e modos de sobrevivência na sociedade contemporânea (2009, p. 19-22). Numa perspectiva antropológica, segundo Alain Touraine (2007), a comunidade será definida pela pertença de seus membros a um corpo de crenças e de práticas, o que a configura como o ambiente no qual se cultiva a empatia e os vínculos humanos (p. 88). Do ponto de vista sociológico, é na comunidade que seus membros compartilham valores e formas de ver o mundo, configurando-se, no sentido durkheimiano, como uma comunidade moral (Durkheim, 1989). Entretanto, as comunidades morais conservadoras se estruturam na crença binária do mundo – bem-mal, sagrado-profano –, clivagens simbólicas que as inclinam a perceber como mal-estar social o impacto que as mudanças culturais trazem e que elas não conseguem controlar. Comunidades essas que interpretam seus valores como o alicerce de sustentação social. Portanto, sua perda se constitui em ameaça, tanto para elas como para a sociedade. Consequentemente, as comunidades religiosas conservadoras se atribuem o direito de promover seus valores como os únicos válidos para toda sociedade, o que não se faz sem resistência dos grupos seculares, que não concordam com tais imperativos de socialização (Alonso, 2019, p. 52).

Nessa esteira, a reação da comunidade conservadora cristã será colocar no escopo dos males trazidos pela sociedade moderna o individualismo e o egoísmo. Portanto, há de se frisar a necessidade de resgatar os laços familiares, porém, laços de determinados modelos de família e a adoção de padrões definidos de conduta moral (Lipovetsky, 2004, p. 21). Por sua vez, será reforçada uma cosmovisão na qual o cristianismo deve reivindicar sua hegemonia sobre a cultura, o que se traduz numa superioridade moral que orienta e domina o mundo. Com isso, se advoga a missão de influenciar e defender a esfera cultural como uma cultura cristã. A partir dessa visão, a tendência é dar resposta religiosa aos conflitos sociais mais do que soluções políticas, que acionem mecanismos democráticos. Esta tendência, nas sociedades democráticas regidas por concepções seculares e de pluralismo religioso, provoca resistência por parte dos diversos grupos presentes na esfera pública (Kahhat, 2019, p. 53-54).

Contudo, as perguntas respondidas pelos "padres novos", enquanto geração, permitem aproximar-se a uma visão que, nos termos de Gilles Lipovetsky (2004), revela-se como a coexistência dos contrários, que se expressa no paradoxo democrático. Ao mesmo tempo, num viés diferente ao de Gilberto Velho citado páginas atrás, o autor retoma a correlação entre subjetividade e sociabilidade, trazidas pelo exercício da democracia, afetando as concepções de mundo dos indivíduos e as relações entre si. Para Lipovetsky, a democracia liberal sustenta a valorização do indivíduo na sua dimensão pessoal do direito à livre expressão e vê como avanço o acesso aos bens de consumo, mas sem desagregar o coletivo. Muito pelo contrário, esse coletivo será recomposto na esfera moral e cultural. No entanto, segundo o autor, na sociedade contemporânea, caracterizada pelos avanços tecnológicos, a socialização em ambientes digitais e uma sociedade de consumo, fica muito mais difícil a vivência da liberdade, sem custos altos como a depressão crônica, com a consequente perda de sentido da vida. Emerge desse processo de construção subjetiva o indivíduo como sofredor de uma liberdade sem parâmetros, sem capacidade de poder estruturar-se a partir de inúmeras possibilidades de dar sentido e orientação à vida, entre elas, o consumo e a cultura midiática. Segundo o autor, um indivíduo fragilizado será um dos maiores frutos desse processo (2004, p. 20)[15].

O outro lado do paradoxo democrático, apontado por Lipovetsky, encontra-se na construção do coletivo, onde a figura dominante de um individualismo triunfante e empreendedor encontra sérias barreiras econômicas de mobilidade. O acesso aos bens e serviços, inclusive digitais, não se dá de igual maneira, pois a estrutura social não permite esse trânsito, o que origina o descompasso entre os ensejos pessoais de justiça social e o abismo de desigualdade estrutural, cada vez mais aprofundada (2004, p. 22). Porém, esse indivíduo, que partilha ideais democráticos, fica perplexo perante situações de miserabilidade, e, ao mesmo tempo, se encontra sem saber como tornar realidade o "outro mundo possível" e a sociedade justa que almeja.

Não obstante, para alcançar seus ideais esse indivíduo tem que se adentrar na esfera política. Ainda assim, como parte desse paradoxo democrático, os indivíduos que apreciam a democracia ficam cada

---

15. Numa análise sobre a formação presbiteral, Nentwing (2019) faz uma série de observações sobre o que ele considera como fragilização do indivíduo nos candidatos ao presbiterato e discorre acerca das repercussões que traz para os seminários e o que isso representa na formação do clero brasileiro.

vez mais longe da participação nos processos políticos que a fazem possível e dos mecanismos disponíveis para viabilizá-la, restringindo sua participação a acionar os dispositivos estritamente representativos. Isso reduz sua visão política da democracia e, consequentemente, sua noção de coletivo deságua na dificuldade de promovê-lo e de concretizar os valores democráticos que tanto aprecia. Assim, o indivíduo contemporâneo fica cindido entre o individual-coletivo, privado-público, cultural-político, se debatendo no vaivém dos contrários desse paradoxo democrático.

Enfim, de acordo com o que até aqui foi apresentado a partir dos dados disponíveis, os "padres novos" têm uma visão que valoriza a liberdade do indivíduo, as comunidades religiosas como comunidades morais e como ilhas de sentido de vida, e percebem ameaçados os valores cristãos. Concomitante, também valorizam o sentido do coletivo, por isso buscam recompor o legado ético cristão-católico. Tudo indica que, na balança, os "padres novos" pendem para uma visão cultural do mundo social, apostando numa solução religiosa aos conflitos sociais. Com isso, sua visão de mundo é próxima da cultura e distante da política, sobretudo quando se trata dessa recomposição coletiva, à qual almeja em nome de sua identidade eclesial e missão evangelizadora.

Referências

ALONSO, Ângela. "A comunidade moral bolsonarista". In: *Democracia em risco*: 22 ensaios sobre o Brasil de hoje. 1. ed. São Paulo: Companhia das Letras, 2019, p. 52-71.

BENEDETTI, Luiz Roberto. Comunidade: aspectos socioantropológicos. In: *Igreja, Comunidade de comunidades*: experiências e avanços. Agenor Brighenti e Brenda Carranza (orgs.). Brasília: Edições CNBB, 2009, p.16-26.

CARRANZA, Brenda & VITAL-CUNHA, Christina. *Conservative religious activism in the Brazilian Congress*: Sexual agendas in focus. In: Social Compass, vol 3. Série 1, 2018, p. 287-30.

DURKHEIM, Émile. *As formas elementares da vida religiosa*. São Paulo: Paulinas, 1989.

KAHHAT, Farid. *El eterno retorno*: la derecha radical en el mundo contemporáneo. Lima, Perú: Editorial Planeta, 2019.

LIPOVETSKY, Gilles. *Metamorfoses da cultura liberal*: ética, mídia, empresa. Tradução Juremir Machado da Silva. Porto Alegre: Sulina, 2004.

MACHADO, Maria das Dores. "Religião, direitos humanos e conservadorismo moral no Brasil contemporâneo". In: *Saberes plurais*: produção acadêmica em sociedade, cultura e serviço social. Rosemere Maia e Verônica Cruz (orgs.). Rio de Janeiro: Universidade Federal do Rio de Janeiro, PPGSS, 2018. Coleção Carlos Coutinho, v. 6, p. 177-204.

NENTWING, Roberto. Formação de vocações adultas e algumas questões em torno do processo formativo convencional. In: *Revista Eclesiástica Brasileira*, v. 79, n. 312 (2019): 159-188. Disponível: http://reb.itf.edu.br/reb/article/view/1818 – Acesso: 20/ago/2019.

SALES, Lilian & MARIANO, Ricardo. Ativismo político de grupos religiosos e luta por direitos. In: *Religião e Sociedade*, Rio de Janeiro, 39 (2): 1-225, 2019, p. 10-27.

TOURAINE, Alain. *Um novo paradigma*: para compreender o mundo de hoje. Petrópolis: Editora Vozes, 2007.

VAGGIONE, Juan Marco. Introducción. In: *Sexualidades, desigualdades y derechos*: reflexiones en torno a los derechos sexualesy reproductivos. José Manuel Morán Faúndes et al. (editores); 1. ed. Córdoba: Ciencia, Derecho y Sociedad Editorial, 2012, p. 13-55.

VITAL-CUNHA, Christina & LOPES, Paulo Victor Leite; LUI, Janayna. *Religião e política*: Medos sociais, extremismo religioso e eleições 2014. Rio de Janeiro: Gráfica Stamppa, 2017.

2. VALORES, ANTIVALORES E REALIDADES POSITIVAS E NEGATIVAS DO MUNDO DE HOJE

Em busca de *O novo rosto do clero – Perfil dos "padres novos" no Brasil*, com relação à visão do mundo de hoje, seguem quatro outras questões do primeiro bloco de perguntas do questionário aplicado na pesquisa de campo. Perguntou-se às sete categorias de amostras de cada uma das duas perspectivas sociopastorais em questão quais os principais antivalores e valores que emanam de uma sociedade em mudança e que novas realidades considera como positivas e negativas no mundo de hoje. Tal como na secção anterior, também aqui, primeiro veremos os dados das duas perspectivas – a perspectiva "institucional/carismática" e a perspectiva "evangelização/libertação", depois dados por categorias de agentes ou amostras das duas perspectivas juntas, desembocando na visão dos presbíteros. Ao final do relatório dos dados relativos a estas quatro questões há uma breve análise sobre a visão dos padres novos a respeito, feita por Andréa Damacena Martins.

Questão 5. Quais os principais antivalores reinantes na sociedade atual? (Tabela 10)

1ª citação	Visão da totalidade das amostras	Visão por perspectiva sociopastoral		Visão por categoria de agentes das duas perspectivas juntas				
		Institucional / Carismática	Evangelização / Libertação	Padres	Leigos(as)	Jovens	Seminaristas	Religiosas
Base:	743	324	419	157	210	127	122	126
Cada um achar que pode fazer o que bem entender de sua vida	31,3%	38,8%	25,5%	27,4%	34,2%	22,9%	37,8%	32,4%
Valorizar as pessoas pelo que têm e pelo que podem consumir	17,4%	14,0%	20,0%	11,6%	27,2%	16,1%	11,0%	15,2%
Cada um pensar por si, na própria felicidade e bem-estar	10,5%	8,7%	11,9%	6,7%	11,0%	14,4%	4,7%	16,2%
Achar que a religião é para pessoas atrasadas ou pobres	9,0%	9,3%	8,8%	6,1%	7,5%	17,8%	12,6%	3,8%
Colocar como meta da vida acumular bens, ser importante, ser rico	7,9%	7,1%	8,6%	7,9%	6,6%	7,6%	10,2%	7,6%
Ter poder, prestígio, ser reconhecido pelos outros	6,4%	4,7%	7,9%	10,4%	7,9%	4,2%	3,9%	2,9%
A supervalorização da estética, do corpo, da beleza	5,7%	4,3%	6,7%	6,7%	2,2%	7,6%	7,9%	6,7%
Evitar todo tipo de sofrimento, de dificuldades e obstáculos	4,9%	5,6%	4,3%	12,2%	2,2%	0,8%	5,5%	2,9%
Valorizar tanto o prazeroso, o que é mais agradável	3,7%	3,7%	3,8%	5,5%	0,9%	3,4%	3,9%	7,6%
Dar tanta ênfase ao bem-estar, a uma vida cômoda, confortável	2,2%	2,8%	1,7%	4,9%		2,5%	0,8%	4,8%
Outro	0,2%	0,3%					0,8%	
Não respondeu	0,8%	0,6%	1,0%	0,6%	0,4%	2,5%	0,8%	
Total	100,0%	100,0%	100,0%	100,0%	100,0%	100,0%	100,0%	100,0%

A visão da totalidade das amostras. Com relação aos principais antivalores reinantes na sociedade de hoje, na visão da totalidade das amostras aparecem estas três alternativas em ordem de importância: *cada um achar que pode fazer o que bem entender de sua vida* (31,3%), *valorizar as pessoas pelo que têm e pelo que podem consumir* (17,4%) e *cada um pensar por si, na própria felicidade pessoal* (10,5%). Para os católicos no Brasil, são antivalores menores buscar vida cômoda, prazerosa, evitar o sofrimento ou valorizar a estética, demonstrando alinhamento com a sociedade de consumo.

A visão por perspectiva sociopastoral. Quando separamos as categorias de amostras por perspectivas sociopastorais, com relação aos principais antivalores reinantes na sociedade de hoje, da primeira citação entre as dez alternativas apresentadas pelo questionário, ambas as perspectivas nomeiam em primeiro lugar *cada um achar que pode fazer o que bem entender de sua vida* – perspectiva "institucional/carismática" (38,8%) e perspectiva "evangelização/libertação" (25,5%). Também em coincidência com a totalidade das amostras, em segundo lugar, ambas as perspectivas nomeiam *cada um achar que pode fazer o que bem entender de sua vida* – perspectiva "institucional/carismática" (14,0%) e perspectiva "evangelização/libertação" (20,0%). Em terceiro lugar, a perspectiva "institucional/carismática" nomeia *achar que religião é para pessoas atrasadas ou pobres* (9,3%) e a perspectiva "evangelização/libertação" (20,0%) indica cada um pensar por si, na própria felicidade e bem-estar (11,9%).

A visão por categoria de agentes eclesiais. Quando olhamos para cada categoria de amostras das duas perspectivas juntas, com relação aos principais antivalores reinantes na sociedade de hoje, há unanimidade de todas as categorias de consultados em apontar, em primeiro lugar, *cada um achar que pode fazer o que bem entender de sua vida* – padres (27,4%), leigos/as (34,2%), jovens (22,9%), seminaristas (37,8%) e religiosas (32,4%). Em segundo lugar aparece *valorizar as pessoas pelo que têm e pelo que podem consumir* – para padres (11,6%), leigos/as (27,2%) e religiosas (15,2%), ao passo que nomeiam *achar que religião é para pessoas atrasadas ou pobres* – jovens (17,8%) e seminaristas (12,6%). Em terceiro lugar, as indicações se dispersam ainda mais: padres nomeiam *ter poder, prestígio, ser reconhecido pelos outros* (10,4%), ao passo que os leigos/as assinalam *cada um pensar por si, na própria felicidade pessoal* (11,0%) e *valorizar as pessoas pelo que têm e pelo que podem consumir* – jovens (16,1%), seminaristas (11,0%) e religiosas (15,2%).

A visão dos presbíteros

Gráfico 5
P.5 - Quais os principais antivalores reinantes na sociedade atual?

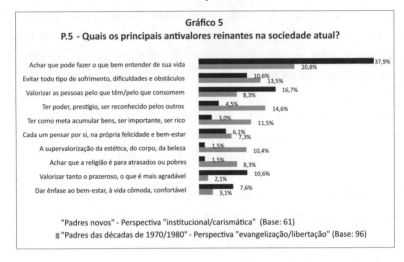

Achar que pode fazer o que bem entender de sua vida — 37,9% / 20,8%
Evitar todo tipo de sofrimento, dificuldades e obstáculos — 10,6% / 13,5%
Valorizar as pessoas pelo que têm/pelo que consomem — 16,7% / 8,3%
Ter poder, prestígio, ser reconhecido pelos outros — 4,5% / 14,6%
Ter como meta acumular bens, ser importante, ser rico — 3,0% / 11,5%
Cada um pensar por si, na própria felicidade e bem-estar — 6,1% / 7,3%
A supervalorização da estética, do corpo, da beleza — 1,5% / 10,4%
Achar que a religião é para atrasados ou pobres — 1,5% / 8,3%
Valorizar tanto o prazeroso, o que é mais agradável — 10,6% / 2,1%
Dar ênfase ao bem-estar, à vida cômoda, confortável — 7,6% / 3,1%

"Padres novos" - Perspectiva "institucional/carismática" (Base: 61)
■ "Padres das décadas de 1970/1980" - Perspectiva "evangelização/libertação" (Base: 96)

Ao olhar unicamente para os presbíteros por perspectiva sociopastoral, com relação aos principais antivalores reinantes na sociedade de hoje, em primeiro lugar aparece *achar que pode fazer o que bem entender de sua vida*, tanto para os "padres novos" (37,9%) como para os "padres das décadas de 1970/1980" (20,8%). Em segundo lugar, os "padres novos" nomeiam *valorizar as pessoas pelo que têm e pelo que podem consumir* (16,7%) e os "padres das décadas de 1970/1980" indicam *ter poder, prestígio, ser reconhecido pelos outros* (14,6%). Em terceiro lugar, ambas as perspectivas de padres convergem em indicar *ter poder, prestígio, ser reconhecido pelos outros* – "padres novos' (10,6%) e "padres das décadas de 1970/1980" (13,5%), seguido, para estes, *ter como meta acumular bens, ser importante e ser rico* (11,5%). Ressaltam que a busca de *status*, poder social e econômico vêm se tornando fundamentos para as pessoas. Os "padres novos" nas demais alternativas assinalam *valorizar o mais prazeroso, o que é mais agradável, cada um pensar na própria felicidade*, bem como *dar ênfase ao bem-estar, a uma vida cômoda*.

Questão 6. Quais são os principais valores que emanam na sociedade atual? (Tabela 11)

1ª citação	Visão da totalidade das amostras	Visão por perspectiva sociopastoral		Visão por categoria de agentes das duas perspectivas juntas				
		Institucional / Carismática	Evangelizção / Libertação	Padres	Leigos(as)	Jovens	Seminaristas	Religiosas
Base:	743	324	419	157	210	127	122	126
A afirmação da dignidade pessoal, da liberdade e da subjetividade	22,5%	16,1%	27,5%	24,5%	22,7%	12,6%	27,8%	24,3%
A busca de Deus, de sentido para a vida, de religião	15,6%	15,2%	15,9%	16,6%	14,4%	28,6%	11,1%	7,5%
A sensibilidade diante dos que sofrem, dos esquecidos e excluídos	10,3%	11,8%	9,2%	14,7%	8,3%	10,1%	5,6%	14,0%
Ter acesso a muita informação, quase em tempo real, pela mídia e internet	10,2%	14,6%	6,9%	6,7%	7,4%	12,6%	17,5%	10,3%
Viver em harmonia com a natureza e saber cuidar dela	9,8%	9,6%	10,0%	9,8%	14,8%	4,2%	6,3%	10,3%
Maior liberdade para escolher, decidir e optar	8,4%	8,7%	8,3%	8,0%	6,1%	16,0%	7,1%	7,5%
Menos discriminação, mais respeito às diferenças e ao pluralismo	7,1%	5,6%	8,1%	6,7%	6,6%	8,4%	4,0%	11,2%
A importância do presente e do momentâneo	7,0%	6,2%	7,6%	4,3%	10,5%	1,7%	7,9%	8,4%
A importância da felicidade pessoal, de cuidar mais de si mesmo	6,4%	8,4%	5,0%	7,4%	6,1%	3,4%	9,5%	3,7%
A valorização da gratuidade, da festa, do tempo livre	2,1%	3,4%	1,2%	1,2%	2,6%	1,7%	2,4%	1,9%
Outro	0,0%							
Não respondeu	0,5%	0,6%	0,5%		0,4%	0,8%	0,8%	0,9%
Total	100,0%	100,0%	100,0%	100,0%	100,0%	100,0%	100,0%	100,0%

A visão da totalidade das amostras. Com relação aos principais valores que emanam da sociedade de hoje, na visão da totalidade das amostras aparecem estas três alternativas em ordem de importância: *a afirmação da dignidade pessoal, da liberdade e da subjetividade* (22,5%), *a busca de Deus, de sentido para a vida, de religião* (15,6%) e *a sensibilidade diante dos que sofrem, dos esquecidos e excluídos* (10,3%). Chama a atenção a sensibilidade diante dos que sofrem, menos os seminaristas (5,6%), que nomeiam em segundo lugar a mídia e a internet (17,5%). Também que os jovens coloquem a busca de Deus em primeiro lugar (28,6%).

A visão por perspectiva sociopastoral. Quando separamos as categorias de amostras por perspectivas sociopastorais, com relação aos principais valores que emanam da sociedade de hoje, ambas as perspectivas sociopastorais convergem com a totalidade das amostras ao indicar, em primeiro lugar, *a afirmação da dignidade pessoal, da liberdade e da subjetividade* – a perspectiva "institucional/carismática" (16,1%) e a perspectiva "evangelização/libertação" (27,5%). Em segundo lugar, também há convergência entre as perspectivas e a totalidade das amostras ao indicar *a busca de Deus, de sentido para a vida, de religião* – a perspectiva "institucional/carismática" (15,7%) e a perspectiva "evangelização/libertação" (15,9%). Em terceiro lugar, a perspectiva "institucional/carismática" nomeia *ter acesso a muita informação pela mídia e internet* (14,6%) e a perspectiva "evangelização/libertação" indica *viver em harmonia com a natureza, saber cuidar dela* (10,0%).

A visão por categoria de agentes eclesiais. Quando olhamos para o agrupamento de todas as categorias de agentes eclesiais, das duas perspectivas juntas, com relação aos principais valores que emanam da sociedade de hoje, em primeiro lugar aparece *a afirmação da dignidade pessoal, da liberdade e da subjetividade* – padres (24,5%), leigos/as (22,7%), seminaristas (27,8%) e religiosas (24,3%), enquanto apenas os jovens nomeiam *a busca de Deus, de sentido para a vida, de religião* (28,6%). Em segundo lugar, os padres assinalam *a busca de Deus, do sentido da vida* (16,6%); os leigos/as, *viver em harmonia com a natureza, saber cuidar dela* (14,8%), os jovens, *maior liberdade para escolher, decidir e optar* (16,0%); os seminaristas, *ter acesso a muita informação pela mídia e internet* (17,5%); e as religiosas assinalam *a sensibilidade diante dos que sofrem, dos esquecidos e excluídos* (14,0%). Interessante que são elas que mostram maior sensibilidade social. Em terceiro lugar, os padres nomeiam *a sensibilidade diante dos que sofrem, dos esquecidos e excluídos* (14,7%), enquanto que *a busca de Deus, do sentido da vida* é indicada por leigos/as (14,4%) e seminaristas (11,1%), os jovens indicam *a afirmação da dignidade pessoal, da liberdade e da subjetividade* e *ter acesso a muita informação pela mídia e internet* (ambas as alternativas com 12,6%) e as religiosas nomeiam *menos discriminação, mais respeito às diferenças e ao pluralismo* (11,2%).

A visão dos presbíteros

Gráfico 6
P.6 - Quais os principais valores que emanam de uma sociedade em mudança, hoje?

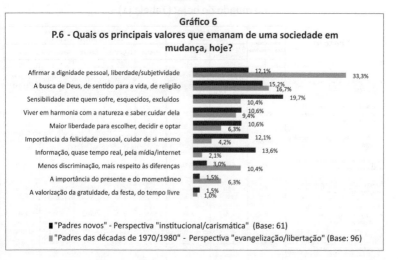

■ "Padres novos" - Perspectiva "institucional/carismática" (Base: 61)
■ "Padres das décadas de 1970/1980" - Perspectiva "evangelização/libertação" (Base: 96)

Ao olhar exclusivamente para os presbíteros por perspectiva sociopastoral, com relação aos principais valores que emanam da sociedade de hoje, é interessante notar que, em primeiro lugar, para os "padres novos" aparece *a sensibilidade ante quem sofre, esquecidos, excluídos* (19,7%), enquanto os "padres das décadas de 1970/1980" indicam *afirmar a dignidade pessoal, liberdade e subjetividade* das pessoas (33,3%). Em segundo lugar aparece a *busca de Deus, de sentido para a vida, de religião,* tanto os "padres novos" (15,2%) como os "padres das décadas de 1970/1980" (16,7%). Em terceiro lugar, os "padres novos" assinalam *informação, quase tempo real, pela mídia/internet* (13,6%) *e* dar *importância à felicidade pessoal, cuidar de si mesmo* (12,1%), enquanto que os "padres das décadas de 1970/1980" indicam *menos discriminação e mais respeito às diferenças e sensibilidade ante quem sofre, esquecidos e excluídos* (ambas as alternativas com 10,4%).

Questão 7. Que novas realidades positivas estão emergindo no mundo de hoje? (Tabela 12)

1ª citação	Visão da totalidade das amostras	Visão por perspectiva sociopastoral		Visão por categoria de agentes das duas perspectivas juntas				
		Institucional / Carismática	Evangelização / Libertação	Padres	Leigos(as)	Jovens	Seminaristas	Religiosas
Base:	743	324	419	157	210	127	122	126
A internet e os novos meios de comunicação virtual	32,1%	32,2%	32,1%	26,2%	34,2%	32,5%	35,4%	31,7%
A sensibilidade com a ecologia, o cuidado da natureza e defesa da biodiversidade	19,9%	16,7%	22,3%	23,8%	20,6%	12,5%	17,3%	24,0%
A volta do religioso, de procura por espiritualidade	16,3%	20,7%	12,8%	17,7%	14,5%	17,5%	20,5%	11,5%
O fortalecimento da sociedade civil e da consciência cidadã	9,0%	5,0%	12,1%	12,8%	9,2%	4,2%	4,7%	13,5%
Menos racismo, discriminação, preconceito	5,8%	6,5%	5,2%	1,2%	6,1%	11,7%	4,7%	6,7%
Mais acesso aos cuidados da saúde, educação, moradia, alimentação	4,0%	5,9%	2,6%	5,5%	0,9%	10,0%	3,1%	2,9%
Os pobres ficando menos pobres e o aumento da classe média no Brasil	3,3%	3,7%	2,9%	3,7%	4,8%		3,9%	2,9%
Maior aceitação do divórcio e da homossexualidade por parte da sociedade em geral	3,1%	1,5%	4,3%	0,6%	6,1%	2,5%	1,6%	2,9%
A ascensão na América Latina, em especial do Brasil, no cenário mundial	1,5%	1,2%	1,7%	0,6%	0,9%	1,7%	1,6%	2,9%
O enfraquecimento de países poderosos como os Estados Unidos	0,4%	0,6%	0,5%		0,4%	0,8%	0,8%	
Outro	0,8%	1,5%			0,4%	4,2%		
Não respondeu	3,9%	4,3%	3,6%	7,9%	1,8%	2,5%	6,3%	1,0%
Total	100,0%	100,0%	100,0%	100,0%	100,0%	100,0%	100,0%	100,0%

A visão da totalidade das amostras. Com relação às novas realidades positivas estão emergindo no mundo de hoje que aparecem estas três alternativas em ordem de importância: *a internet e os novos meios de comunicação virtual* (32,1%), *a sensibilidade para com a ecologia, o cuidado da natureza e a defesa da biodiversidade* (19,9%) e *a volta do religioso, de procura por espiritualidade* (16,3%). Não se valora muito o que aconteceu em parte na década de 2000, que foi a melhoria das condições de vida dos pobres no continente com os governos populares, a maior liberdade no campo da moral sexual, a diminuição da pobreza por programas de inclusão social e a melhoria no sistema de saúde.

A visão por perspectiva sociopastoral. Quando separamos as categorias de amostras por perspectiva sociopastoral, com relação às novas realidades positivas que estão emergindo no mundo de hoje, ambas as perspectivas sociopastorais, convergindo com a totalidade das amostras, indicam *a internet e os novos meios de comunicação virtual* – a perspectiva "institucional/carismática" (32,2%) e a perspectiva "evangelização/libertação" (32,1%). Em segundo lugar, a perspectiva "institucional/carismática" nomeia *a volta do religioso, de procura por espiritualidade* (20,7%), enquanto que a perspectiva "evangelização/libertação" assinala *a sensibilidade para com a ecologia, o cuidado da natureza e a defesa da biodiversidade* (22,3%). Em terceiro lugar, a perspectiva "institucional/carismática" indica *a sensibilidade para com a ecologia, o cuidado da natureza e a defesa da biodiversidade* (16,7%) e a perspectiva "evangelização/libertação" nomeia *a volta do religioso, de procura por espiritualidade* (12,8%).

A visão por categoria de agentes eclesiais. Quando olhamos para cada categoria de amostras das duas perspectivas juntas, com relação às novas realidades positivas estão emergindo no mundo de hoje, convergindo com a totalidade das amostras e com as duas perspectivas sociopastorais, todas as categorias de agentes eclesiais indicam *a internet e os novos meios de comunicação virtual* – padres (26,2%), leigos/as (34,2), jovens (32,5%), seminaristas (35,4%) e religiosas (31,7%). Em segundo lugar, nomeiam *a sensibilidade para com a ecologia, o cuidado da natureza e a defesa da biodiversidade* – padres (23,8%), leigos/as (20,6%) e religiosas (24,0%), enquanto que *a volta do religioso, de procura por espiritualidade,* é indicada por jovens (17,5%) e seminaristas (20,5%). Em terceiro lugar, *a volta do religioso, de procura por espiritualidade,* é indicada por padres (17,7%) e leigos/as (14,5%), enquanto que *a sensibilidade para com a ecologia, o cuidado da natureza e a defesa da biodiversidade* é nomeada por jovens (12,5%) e seminaristas (17,3%) e, por sua parte, as religiosas indicam *o fortalecimento da sociedade civil e da consciência cidadã* (13,5%).

A visão dos presbíteros

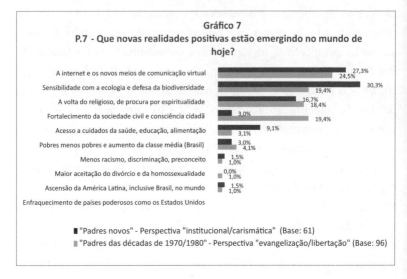

Direcionando o olhar somente para os presbíteros conforme sua perspectiva sociopastoral, com relação às novas realidades positivas que estão emergindo no mundo de hoje, em primeiro lugar os "padres novos" indicam *a sensibilidade com a ecologia e defesa da biodiversidade* (30,3%), enquanto que os "padres das décadas de 1970/1980" assinalam *a internet e os novos meios de comunicação social* (24,5%). Em segundo lugar, as posições se invertem; os "padres novos" nomeiam *a internet e os novos meios de comunicação social* (27,3%) e os "padres das décadas de 1970/1980" *a sensibilidade com a ecologia e defesa da biodiversidade,* juntamente com o *fortalecimento da sociedade civil e consciência cidadã* (ambas as alternativas com 19,4%). Em terceiro lugar, ambos os grupos de padres coincidem em indicar *a volta do religioso, de procura por espiritualidade* (16,7% e 18,4%, respectivamente). Chama a atenção que enquanto o reconhecimento do *fortalecimento da sociedade civil e consciência cidadã* nos "padres das décadas de 1970/1980" tem índice de 19,4%, na visão dos "padres novos" chega apenas a 3%.

Questão 8. Que novas realidades considera como negativas no mundo de hoje? (Tabela 13)

1ª citação	Visão da totalidade das amostras	Visão por perspectiva sociopastoral		Visão por categoria de agentes das duas perspectivas juntas				
		Institucional / Carismática	Evangelização / Libertação	Padres	Leigos(as)	Jovens	Seminaristas	Religiosas
Base:	743	324	419	157	210	127	122	126
Viver a vida sem religião, sem fé, sem Deus	26,5%	33,7%	20,9%	20,6%	23,8%	36,4%	32,8%	23,3%
Achar que cada um pode fazer da sua vida o que bem entender	14,6%	14,9%	14,5%	15,8%	16,9%	11,9%	9,6%	16,5%
A falta de sentido para a vida, angústias e depressões	12,5%	12,4%	12,6%	15,2%	8,2%	15,3%	14,4%	12,6%
A violência, que banaliza a vida, e a falta de segurança	12,1%	8,0%	15,2%	18,8%	10,8%	9,3%	9,6%	10,7%
A crescente corrupção do poder público e a impunidade dos ricos	7,5%	5,3%	9,3%	8,5%	10,0%	6,8%	6,4%	2,9%
A legalização do aborto, das uniões homossexuais, da eutanásia	6,9%	11,8%	3,3%	1,8%	11,3%	4,2%	8,8%	6,8%
A falta de controle dos conteúdos veiculados na internet	5,0%	4,0%	5,7%	6,7%	3,9%	0,8%	0,8%	13,6%
Busca para si de uma vida burguesa, cômoda, prazerosa	4,8%	4,3%	5,2%	0,6%	7,4%	5,9%	4,0%	4,9%
O aquecimento global, a destruição da biodiversidade e a manipulação genética	4,5%	2,2%	6,2%	3,6%	1,7%	5,9%	9,6%	4,9%
A falta de preocupação com os pobres, insignificantes e descartáveis	2,9%	0,6%	4,5%	3,6%	3,9%	0,8%	2,4%	2,9%
Outro	0,0%							
Não respondeu	2,6%	2,8%	2,6%	4,8%	2,2%	2,5%	1,6%	1,0%
Total	100,0%	100,0%	100,0%	100,0%	100,0%	100,0%	100,0%	100,0%

A visão da totalidade das amostras. Com relação às novas realidades negativas emergentes no mundo de hoje, na visão da totalidade das amostras aparecem estas três alternativas em ordem de importância: *viver a vida sem religião, sem fé, sem Deus* (26,5%), *achar que cada um pode fazer da sua vida o que bem entender* (14,6%) e *falta de sentido para a vida, angústia e depressões* (12,5%). São realidades menos negativas a falta de preocupação com os pobres (2,9%), o desrespeito à ecologia (4,5%), o consumismo (4,8%), a falta de controle na internet (5,0%) e a legalização do aborto (6,9%). Há uma visão religiosa do social, ou seja, não se vê o social socialmente e, portanto, se aposta em medidas morais, que podem apontar para causas últimas, mas não para as mediações para implementá-las.

A visão por perspectiva sociopastoral. Quando separamos as categorias de amostras por perspectivas sociopastorais, com relação às novas realidades negativas emergentes no mundo de hoje, ambas as perspectivas sociopastorais convergem com a totalidade das amostras em apontar, em primeiro lugar, *viver a vida sem religião, sem fé, sem Deus* – a perspectiva "institucional/carismática" (33,7%) e a perspectiva "institucional/carismática" (20,9%). Em segundo lugar, a perspectiva "institucional/carismática" indica *achar que cada um pode fazer da sua vida o que bem entender* (14,9%) e a perspectiva "evangelização/libertação" indica *a violência, que banaliza a vida, e a falta de segurança* (15,2%). Em terceiro lugar, a perspectiva "institucional/carismática" nomeia a *falta de sentido para a vida, angústia e depressões* (12,4%) e a perspectiva "evangelização/libertação" *achar que cada um pode fazer da sua vida o que bem entender* (14,5%).

A visão por categoria de agentes eclesiais. Quando olhamos para cada categoria de amostras das duas perspectivas juntas, com relação às novas realidades negativas emergentes no mundo de hoje, todas as categorias de amostras convergem com a totalidade das amostras e as duas perspectivas sociopastorais, indicando em primeiro lugar *viver a vida sem religião, sem fé, sem Deus* – padres (20,6%), leigos/as (23,8), jovens (36,4%), seminaristas (32,8%) e religiosas (23,3%). O dado confirma a centralidade do sagrado, da religião e a rejeição ao pensamento secularizado. O sentido é a afirmação dessa dimensão para que haja uma qualidade maior na experiência de vida pessoal e social. Cabe, no entanto, ressaltar que os jovens dão maior destaque para esse aspecto (36,4%), seguidos dos "padres novos" (33,7%) das respostas. O dado é expressão de uma avaliação negativa do avanço e liberalização da pauta moral e de costumes, em curso na sociedade brasileira.

Em segundo lugar, os padres nomeiam *a violência, que banaliza a vida, e a falta de segurança* (18,8%) e *achar que cada um pode fazer da sua vida o que bem entender* é apontado por leigos/as (16,9%) e religiosas (16,55), enquanto que *falta de sentido para a vida, angústia e depressões* é indicada por jovens (15,3%) e seminaristas (14,4%). Tais problemas relacionados à vida psicoafetiva revelam efeitos contemporâneos do individualismo. Em terceiro lugar, aparece *achar que cada um pode fazer da sua vida o que bem entender* – para padres (15,8%), jovens (11,9%) e seminaristas (9,6%), enquanto que os leigos/as nomeiam *a legalização do aborto, das uniões homossexuais e da eutanásia* (11,3%) e as religiosas citam *a falta de controle dos conteúdos veiculados na internet* (13,6%).

A visão dos presbíteros

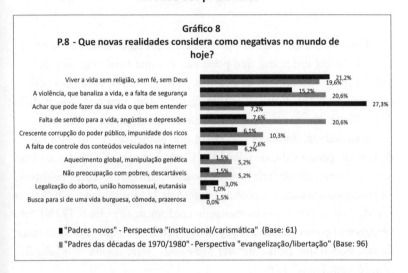

Ao olhar somente para os presbíteros por perspectiva sociopastoral, com relação às novas realidades negativas emergentes no mundo de hoje, em primeiro lugar, os "padres novos" apontam *achar que cada um pode fazer da sua vida o que bem entender* (27,3%), enquanto que os "padres das décadas de 1970/1980" indicam a *falta de sentido para a vida, angústias e depressões* e a *violência, que banaliza a vida, e a falta de segurança* (ambas as alternativas com 20,6%). Na sequência, em segundo lugar, aparece *viver a vida sem religião, sem fé, sem Deus,* tanto para os "padres novos" (21,2%) como para os "padres das décadas de 1970/1980" (19,6%). Em terceiro lugar, os "padres novos" nomeiam *violência, que banaliza a vida, e a falta de segurança* (15,2%) *e os* "padres das décadas de 1970/1980" indicam a *crescente corrupção do poder público e a impunidade dos ricos* (10,3%).

Análise preliminar
A visão dos "padres novos" a respeito de valores e realidades do mundo de hoje

Andréa Damacena Martins

Em resumo, os "padres novos" destacam como antivalores na sociedade "cada um achar que pode fazer o que bem entender de sua vida" (38%) e "valorizar as pessoas pelo que têm e pelo que podem consumir" (17%). Entre os valores positivos, acham que "a sensibilidade diante dos que sofrem, dos esquecidos e excluídos" (20%) cresce na sociedade. Também percebem que aumenta "a busca de Deus, de sentido para a vida, de religião" (17%). Faz parte ainda desse olhar sobre a sociedade de hoje, o destaque para duas realidades positivas: "a sensibilidade com a ecologia e defesa da biodiversidade" (30%) e o uso da "internet e os novos meios de comunicação virtual" (27%). Inventarizam como realidades negativas "achar que cada um pode fazer de sua vida o que bem entender" (27%) e "viver a vida sem religião, sem fé, sem Deus" (21%).

As tendências presentes nos discursos dos "padres novos" assinalam uma aceitação e rejeição da mudança de valores em curso na sociedade. De um lado, verificamos que valoram positivamente as inovações tecnológicas de comunicação, a consciência crescente da necessidade de criar uma sustentabilidade ecológica do planeta e a busca de Deus, de sentido para a vida, da religião. Essa composição de valores revela que os "padres novos" percebem as transformações principalmente do ponto de vista dos indivíduos, em detrimento de um olhar a partir de categorias sociais ou econômicas. Outra ideia significativa é que os temas assinalados tornam visível, como o discurso local (dos padres novos) está conectado e faz parte de uma globalização religiosa mundial, que é a principal responsável por acelerar o processo de subjetivação de crenças (Pace, 1997, p. 39). Nesse sentido, os padres novos demonstram sua sintonia com ideias e valores que circulam no mundo contemporâneo. As respostas destacadas revelam que eles têm profunda familiaridade e sintonia com a cultura contemporânea. Encontram-se situados e socializados no "tempo real", o tempo das transformações. De outro lado, chama a atenção que os "padres novos" fazem um movimento contrário aos princípios do individualismo moderno. Para eles, constituem-se como antivalores "cada um achar que pode fazer o que bem entender de sua vida" e apontam como negativo "viver a vida sem religião, sem fé, sem Deus". Esses princípios próprios de uma visão na qual prevalecem o exercício da liberdade individual ou da liberdade de não crer apontam para uma afirmação da modernidade que os "padres novos" parece não estarem de acordo. Nas entrelinhas, podemos ver que se expressa uma força de combate, de rejeição a esses valores modernos e, por isso, indicaria certa intenção de retorno à autoridade da Igreja sobre o mundo e ao resgate do papel mediador do clero. Como Carranza (2011) aponta, uma das principais orientações da Igreja Católica atual é a sua sintonia com um modelo midiático que impõe um discurso teológico de volta à doutrina e à recatolização.

Portanto, o que se poderia analisar como paradoxo configura-se principalmente como uma combinação de ideias sobre mudanças na sociedade, na qual os "padres novos" valorizam a individualização da sociedade moderna, mas ao mesmo tempo querem reafirmar o discurso religioso católico como predominante. Esse último aspecto torna-se ainda mais evidente quando acompanhamos o conjunto de informações recolhido na pesquisa.

É marcante ainda nos discursos dos "padres novos" a crítica ao reducionismo da pessoa humana às suas condições de consumo e a avaliação que apresentam de que cresce na sociedade uma "sensibilidade diante dos que sofrem, dos esquecidos, dos excluídos". Essas concepções também revelam que os "padres novos" percebem os riscos da sociedade de mercado de que tudo se torne objeto de lucro e ao mesmo tempo provoque maior exclusão social. Acham que a sociedade brasileira evolui na tomada de consciência da situação dos pobres. No entanto, fica aberta a pergunta para outras pesquisas em que medida os "padres novos" consideram que poderiam desempenhar um papel sociotransformador através de suas ações pastorais na questão de desigualdades sociais ou de melhoria das condições de vida dos pobres. É papel do clero se envolver nessas questões hoje?

Portanto, considerando desse modo a visão que os "padres novos" têm da sociedade brasileira hoje, a partir do exposto – valores, antivalores e realidades positivas e negativas – entendemos que essas representações estão ligadas a práticas e crenças que circulam num determinado tempo e espaço. Levitt (2013, p. 160) assinala que a religião não é expressão de um espaço contido em si mesmo, ou seja, marcada apenas pelas fronteiras de suas tradições, instituições ou uma ideia de nação. Ela está imersa, embrulhada ou sofre contingências das relações sociais e processos em circulação em âmbito local, nacional e global, aos quais devemos voltar nossa atenção e procurar esclarecer suas configurações e associações (*assemblages*). Portanto, podemos aqui apontar certos conjuntos valorativos mobilizados pelos "padres novos".

Essa concepção evoca a ideia de mobilidade, mudanças no campo das ideias, linguagem, valores e práticas, que vão circulando fora e dentro do campo religioso ou em instituições religiosas. Porém, quando se acomodam institucionalmente, dentro da Igreja, refletem-se num arranjo que não se coaduna completamente com as propostas de renovação da Igreja a partir do Concílio Vaticano II. A categoria analítica de *assemblages* usada por Levitt (2013) chama a atenção para a convergência de que a mentalidade dos presbíteros passa a ser mais influenciada pela sociedade de consumo. Ela dá ênfase ao surgimento dessas relações com características mercadológicas e de resgate do papel da religião. São essas ideias que estão presentes nos discursos e práticas do grupo de presbíteros estudado. Portanto, pelos dados explorados, a visão dos "padres novos" incorpora percepções e preocupações da sociedade brasileira e da globalização atual, numa nova narrativa católica moderno-conservadora.

Referências

CARRANZA, Brenda. *Catolicismo midiático*. Aparecida: Santuário/Ideias & Letras, 2011.

LEVITT, Peggy. Religion on the Move: Mapping Global Cultural Production and Consumption. In: BENDER, Courtney; CADGE, Wendy; LEVITT, Peggy & SMILDE, David. *Religion on the Edge*: De-Centering and Re-Centering the Sociology of Religion. Oxford/UK: Oxford University Press, 2013.

PACE, Enzo. Religião e globalização. In: ORO, Ari Pedro e STEIL, Carlos Alberto (orgs.). *Religião e globalização*. Petrópolis: Vozes, 1997.

3. COMO A IGREJA VÊ E COMO ELA É VISTA PELA SOCIEDADE

Em busca de *O novo rosto do clero – Perfil dos "padres novos" no Brasil*, com relação à visão do mundo de hoje, as duas últimas perguntas do primeiro bloco de questões do questionário aplicado na pesquisa de campo dizem respeito à Igreja frente ao mundo de hoje. Perguntou-se às cinco categorias de amostras de cada uma das duas perspectivas sociopastorais qual deve ser a posição da Igreja frente ao mundo de hoje e como a sociedade em geral vê a Igreja hoje. Vejamos os dados. Ao final há uma breve reflexão sobre a visão dos padres novos a respeito.

Questão 9. Qual deve ser a posição da Igreja frente o mundo de hoje? (Tabela 14)

1ª citação	Visão da totalidade das amostras	Visão por perspectiva sociopastoral		Visão por categoria de agentes das duas perspectivas juntas				
		Institucional / Carismática	Evangelização / Libertação	Padres	Leigos(as)	Jovens	Seminaristas	Religiosas
Base:	743	324	419	157	210	127	122	126
Inserir-se no mundo, em uma postura de diálogo e serviço	34,6%	27,2%	40,1%	50,6%	27,1%	25,6%	33,9%	35,6%
Dar seu exemplo e testemunho, sendo mais missionária e presente no mundo	16,2%	17,6%	15,0%	20,1%	15,3%	20,5%	11,8%	12,5%
Sem confrontações, exercer o profetismo, anunciando e denunciando	14,5%	15,2%	14,0%	14,0%	15,3%	7,7%	15,0%	20,2%
A missão da Igreja é espiritual; não importa o que o mundo pensa da igreja	8,9%	10,2%	7,8%	0,6%	13,5%	17,1%	7,1%	4,8%
O mundo conspira contra a Igreja, é preciso reagir com força e coragem	5,5%	7,7%	3,8%	1,2%	6,6%	12,0%	3,1%	5,8%
Fortalecer a pastoral social e preparar leigos para sua missão no mundo	5,5%	1,9%	8,3%	2,4%	7,9%	1,7%	7,1%	6,7%
Evangelizar os centros de poder, os governantes, os intelectuais	3,7%	3,4%	3,8%	0,6%	4,8%	6,0%	4,7%	2,9%
Evangelizar, utilizando sobretudo os meios de comunicação social	3,4%	6,8%	0,7%	3,0%	1,3%	0,9%	11,0%	1,9%

Mais espiritualidade e oração, catequese, do que busca de inserção social	3,4%	5,6%	1,7%	1,2%	3,5%	5,1%	2,4%	5,8%
Atrair os católicos afastados que migram para as igrejas pentecostais	1,4%	0,9%	1,9%		3,1%	0,9%	0,8%	1,9%
Outro	0,1%		0,2%	0,6%				
Não respondeu	2,8%	3,4%	2,6%	5,5%	1,7%	2,6%	3,1%	1,9%
Total	100,0%	100,0%	100,0%	100,0%	100,0%	100,0%	100,0%	100,0%

A visão da totalidade das amostras. Com relação à posição da Igreja frente ao mundo de hoje, na visão da totalidade das amostras aparecem estas três alternativas em ordem de importância: *inserir-se no mundo, numa postura de diálogo e serviço* (34,6%), *a dar exemplo e testemunho, sendo mais missionária e presente no mundo* (16,2%) e *sem confrontações, exercer o profetismo, anunciando e denunciando* (14,5%). Chama a atenção a porcentagem dos católicos no Brasil que acham que a Igreja deva buscar os católicos afastados (1,4%), evangelizar usando os meios de comunicação (3,4%) ou evangelizar os centros de poder, os governantes e os intelectuais (3,7%). Não está em pauta uma postura apologética frente ao mundo; mesmo o profetismo precisa ser feito sem confrontações.

A visão por perspectiva sociopastoral. Quando separamos as categorias de amostras por perspectivas sociopastorais, com relação à posição da Igreja frente ao mundo de hoje, as duas perspectivas sociopastorais convergem com a totalidade das amostas, apontando em primeiro lugar *inserir-se no mundo, numa postura de diálogo e serviço* – a perspectiva "institucional/carismática" (27,2%) e a perspectiva "evangelização/libertação" (40,1%). Em segundo lugar, é nomeado *dar exemplo e testemunho, sendo mais missionária e presente no mundo* – a perspectiva "institucional/carismática" (17,6%) e a perspectiva "evangelização/libertação" (15,0%). E, em terceiro lugar, se assinala *sem confrontações, exercer o profetismo, anunciando e denunciando* – a perspectiva "institucional/carismática" (15,2%) e a perspectiva "evangelização/libertação" (14,0%).

A visão por categoria de agentes eclesiais. Quando olhamos para cada categoria de entrevistados das duas perspectivas juntas, com relação à posição da Igreja frente ao mundo de hoje, convergente com a totalidade das amostras, bem como com as duas perspectivas sociopastorais, todas as categorias de amostras indicam *inserir-se* *no mundo, numa postura de diálogo e serviço* – padres (50,6%), leigos/as (27,1%), jovens (25,6%), seminaristas (33,9%) e religiosas (35,6%). É preponderante a ênfase de que a Igreja deve se situar no seio da sociedade em diálogo e serviço. O índice maior é o dos presbíteros. Em segundo lugar, aparece *dar exemplo e testemunho, sendo mais missionária e presente no mundo* para padres (20,1%), jovens (20,5%) e leigos/as, que somam a esta com o mesmo índice *sem confrontações, exercer o profetismo, anunciando e denunciando* (20,5%), alternativa esta também indicada por seminaristas (15,0%) e religiosas (20,2%). Na sequência, chama a atenção que seja uma ênfase dada que *a missão da Igreja é espiritual, pouco importando o que o mundo pensa da Igreja* por parte dos leigos/as (13,5%) e pelos jovens (17,1%). Também a ênfase dos jovens de que *o mundo conspira contra a Igreja, é preciso reagir com força e coragem* (12,0%). Que a missão da Igreja é exercer o profetismo, anunciando e denunciando, o índice maior é das religiosas (20,2%). O dado é interessante, pois apontam que os jovens veem a relação Igreja e mundo como se a Igreja estivesse desencarnada, acima da realidade, fechada em seu próprio universo. Já as religiosas propõem um papel ativo de inserção na realidade.

A visão dos presbíteros

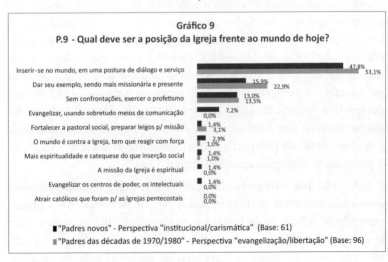

Gráfico 9
P.9 - Qual deve ser a posição da Igreja frente ao mundo de hoje?

Já os presbíteros por perspectiva sociopastoral, com relação à posição da Igreja frente ao mundo de hoje, tanto os "padres novos" como os "padres das décadas de 1970/1980", convergem com a totalidade das amostras nas três alternativas indicadas. Em primeiro lugar, se nomeia que a Igreja deve *inserir-se, em postura de diálogo e serviço* – "padres novos" (47,8%) e "padres das décadas de 1970/1980" (53,1%). Em segundo lugar, aparece que a Igreja deve *dar seu exemplo, sendo mais missionária e presente* – "padres novos" (15,9%) e "padres das décadas de 1970/1980" (22,9%). Em terceiro lugar, também convergem em apontar que a posição da Igreja deve ser *sem confrontações, exercendo o profetismo* – "padres novos" (13,0%) e "padres das décadas de 1970/1980" (13,5%). Chama a atenção, na sequência, que somente os "padres novos" se refiram *a evangelizar usando sobretudo os meios de comunicação* (7,2%).

Questão 10. Como a sociedade em geral vê a Igreja, hoje? (Tabela 15)

1ª citação	Visão da totalidade das amostras	Visão por perspectiva sociopastoral		Visão por categoria de agentes das duas perspectivas juntas				
		Institucional / Carismática	Evangelização / Libertação	Padres	Leigos(as)	Jovens	Seminaristas	Religiosas
Base:	743	324	419	157	210	127	122	126
Uma instituição com credibilidade e influência na sociedade	21,9%	20,1%	23,1%	28,2%	21,3%	12,7%	18,3%	26,4%
Uma prestadora de serviços religiosos, como tantas outras Igrejas e religiões	17,8%	18,3%	17,6%	12,9%	25,7%	12,7%	15,9%	17,0%
Uma instituição atrasada, defendendo coisas ultrapassadas	14,7%	17,0%	12,9%	11,0%	9,6%	27,1%	19,0%	13,2%
Uma instância ética, defensora da vida e dos direitos humanos	10,5%	10,8%	10,5%	19,0%	7,8%	4,2%	9,5%	11,3%
Uma instituição rica, defendendo seus próprios interesses	10,4%	9,6%	11,0%	6,1%	9,1%	20,3%	10,3%	9,4%
Entre religiões e Igrejas, a que tem maior credibilidade	7,8%	8,7%	7,1%	5,5%	7,0%	8,5%	13,5%	5,7%
Que teve grandes bispos e padres, mas que agora se enfraqueceu	5,0%	5,3%	4,8%	3,1%	7,4%	6,8%	4,0%	2,8%
Manchada pelo escândalo da pedofilia	3,7%	2,5%	4,8%	1,8%	5,7%	0,8%	4,0%	3,8%
Metendo-se em questões que não lhe compete: indígenas, ecológicas e políticas	2,7%	2,2%	3,1%	4,3%	2,2%	1,7%	1,6%	2,8%
Defendendo o celibato obrigatório para os padres, que poderia ser opcional	2,3%	1,9%	2,6%	3,1%	2,6%	1,7%		4,7%
Outro	0,3%	0,3%	0,2%			0,8%	0,8%	0,9%
Não respondeu	2,8%	3,4%	2,4%	4,9%	1,7%	2,5%	3,2%	1,9%
Total	100,0%	100,0%	100,0%	100,0%	100,0%	100,0%	100,0%	100,0%

A visão da totalidade das amostras. Com relação a como a sociedade em geral vê a Igreja, na visão da totalidade das amostras aparecem estas três alternativas em ordem de importância: *uma instituição com credibilidade e influência na sociedade* (21,9%), *uma prestadora de serviços religiosos, como tantas outras Igrejas e religiões* (17,8%) *e uma instituição atrasada, defendendo coisas ultrapassadas* (14,7%). Apesar de muitos verem a Igreja como uma instituição com credibilidade e influência, a maioria dos católicos no Brasil julga que a Igreja é vista como uma instituição atrasada e uma prestadora de serviço como outras Igrejas e religiões. Jovens e seminaristas colocam em primeiro lugar uma Igreja atrasada e, os padres, uma prestadora de serviços. Vista como uma instituição rica tem alta porcentagem entre os jovens (20,3%), em segundo lugar.

A visão por perspectiva sociopastoral. Quando separamos as categorias de amostras por perspectivas sociopastorais, com relação a como a sociedade em geral vê a Igreja, ambas convergem com a totalidade das amostras na indicação das três alternativas assinaladas. Em primeiro lugar, ambas as perspectivas indicam *uma instituição com credibilidade e influência na sociedade* – a perspectiva "institucional/carismática" (20,1%) e a perspectiva "evangelização/libertação" (23,1%). Em segundo lugar, nomeiam *uma prestadora de serviços religiosos, como tantas outras Igrejas e religiões* – a perspectiva "institucional/carismática" (18,3%) e a perspectiva "evangelização/libertação" (17,6%). Em terceiro lugar, também ambas indicam *uma instituição atrasada, defendendo coisas ultrapassadas* – a perspectiva "institucional/carismática" (17,0%) e a perspectiva "evangelização/libertação" (12,9%).

A visão por categoria de agentes eclesiais. Quando olhamos para cada uma das categorias de amostras das duas perspectivas juntas, com relação a como sociedade em geral vê a Igreja há uma diversificação nas indicações. Em primeiro lugar, aparece *uma instituição com credibilidade e influência na sociedade* – padres (28,2%) e religiosas (26,4%), enquanto que os leigos/as apontam *uma prestadora de serviços religiosos, como tantas outras Igrejas e religiões* (25,7%) e *uma instituição atrasada, defendendo coisas ultrapassadas* para jovens

(27,1%) e seminaristas (19,0%). Em segundo lugar, os padres nomeiam *uma instância ética, defensora da vida e dos direitos humanos* (19,0%), enquanto que indicam *uma instituição com credibilidade e influência na sociedade* – leigos/as (21,3%) e seminaristas (18,3%), os jovens nomeiam *uma instituição rica, defendendo seus próprios interesses* (20,3%) e as religiosas *uma prestadora de serviços religiosos, como tantas outras Igrejas e religiões* (17,0%). Em terceiro lugar, aparece *uma prestadora de serviços religiosos, como tantas outras Igrejas e religiões* para padres (12,9%), seminaristas (15,9%) e jovens, que nomeiam com o mesmo índice *uma instituição com credibilidade e influência na sociedade* (12,7%), enquanto que *uma instituição atrasada, defendendo coisas ultrapassadas* é nomeado pelos leigos/as (9,6%) e as religiosas (13,2%).

A visão dos presbíteros

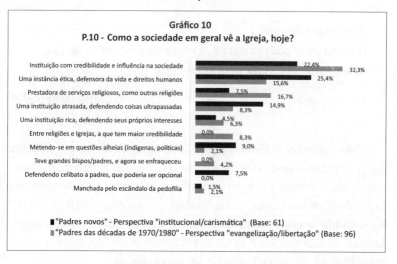

Gráfico 10
P.10 - Como a sociedade em geral vê a Igreja, hoje?

A visão dos presbíteros por perspectiva sociopastoral, com relação a como a sociedade em geral vê a Igreja, em primeiro lugar, os "padres novos" nomeiam *uma instância ética, defensora da vida e dos direitos humanos* (25,4%) e os "padres das décadas de 1970/1980" indicam *uma instituição com credibilidade e influência na sociedade* (32,3%). Em segundo lugar, os "padres novos" assinalam *uma instituição com credibilidade e influência na sociedade* (22,4% e os "padres das décadas de 1970/1980" indicam *uma prestadora de serviços religiosos, como outras religiões* (16,7%). Em terceiro lugar, os "padres novos" assinalam *uma instituição atrasada, defendendo coisas ultrapassadas* (14,9%) e os "padres das décadas de 1970/1980" indicam *uma instância ética, defensora da vida e direitos humanos* (15,6%).

Chama a atenção que os "padres jovens" mencionem a visão de *uma Igreja que está se metendo em questões alheias – indígenas, políticas* (8,3%), bem como *defendendo o celibato obrigatório para os padres, quando deveria ser opcional* (7,5%). Os "padres das décadas de 1970/1980" não se referem a estas alternativas. Como também chama a atenção que a imagem de uma Igreja manchada pelo escândalo da pedofilia tenha índice tão baixo, ainda que os "padres das décadas de 1970/1980" deem uma ênfase maior.

Análise preliminar
A visão dos "padres novos" a respeito de como a Igreja vê e como ela é vista pela sociedade

João Décio Passos

Duas questões estão em análise, aqui: qual deve ser a posição da Igreja frente ao mundo de hoje e como a sociedade em geral vê a Igreja hoje. Com relação à primeira questão, vamos nos focar somente nos dados dos "padres novos" e dos "padres das décadas de 1970/1980". Na segunda questão, vamos inter-relacionar os padres com a totalidade das amostras, com as duas perspectivas sociopastorais, assim como com as cinco categorias de agentes eclesiais.

A posição da Igreja frente ao mundo de hoje

Com relação à questão 9, sobre qual deve ser a posição da Igreja frente ao mundo de hoje, as respostas manifestam de modo visível convergências e divergências entre os dois grupos pesquisados, no franco contraste dos percentuais que compõem as barras visualizadas no gráfico 9. As três primeiras afirmações capturam o interesse dos entrevistados; os índices elevados mostram não somente a concentração dos dois grupos de presbíteros nas questões eclesiais ali presentes, como também um suposto consenso. As temáticas enunciadas das afirmações 5ª a 9ª revelam em seus percentuais baixos uma suposta subvalorização dos dois grupos, mas, de fato, grandes contrastes numéricos, o que por si expressa as divergências de posição entre os mesmos. A afirmação 10ª reforça a visão de consenso, como o percentual 0,0% de ambos os grupos. As três primeiras temáticas se apresentariam, portanto, como consenso quantitativo (os percentuais altos revelariam um acordo sobre a natureza e missão da Igreja) enquanto as divergências revelam posições opostas dos dois grupos de presbíteros, atingido uma diferença que ultrapassa os 100%, ou seja, mais que o dobro de um grupo em relação ao outro. Curiosamente, a afirmação 4ª, referente ao uso dos meios de comunicação, demarca numericamente uma espécie de passagem visível entre os altos índices das três primeiras e os baixos índices das demais, onde se sobressai de modo contrastante o percentual de 7,2 dos "padres novos" para 0,0% dos "padres das décadas de 1970/1980".

A reflexão sobre esses dados será focada nesses contrastes percentuais, problematizando seus significados no interior do conjunto das respostas à pergunta geral de como *deve ser a posição da Igreja frente ao mundo de hoje* e será encaminhada em três momentos. O primeiro descreve a presença de um suposto consenso eclesial, o segundo ressalta as divergências e o terceiro interroga e encaminha uma hipótese explicativa para o conjunto das respostas convergentes-divergentes.

1. As convergências. As respostas oferecem a um primeiro olhar um relativo consenso entre as visões eclesiais dos "padres novos" e dos "padres das décadas de 1970/1980" presentes nas três primeiras afirmações, assim como na última. Próximos do 50%, ambos os grupos (47,8 = "padres novos" e 53,1 = "padres das décadas de 1970/1980") afirmam que a Igreja deve *"inserir-se no mundo, em uma postura de diálogo e serviço"*. Na ponta extrema dos índices aparece outro consenso nítido, quando 0,0% dos dois grupos concordam que a Igreja não deve *"atrair católicos que foram para as igrejas pentecostais"*. Segue com índices expressivos a 2ª resposta (15,9 = "padres novos" e 22,9 = "padres das décadas de 1970/1980") afirmando que a Igreja deve *"dar seu exemplo, sendo mais missionária e presente"*. Um quarto consenso se mostra na afirmação de que a Igreja deve *"sem confrontações exercer o profetismo"* (13% = "padres novos" e 13,5 = "padres das décadas de 1970/1980"). Outra afirmação (resposta 5) faz ao menos pensar no significado do baixo índice das respostas. Apenas 1,4% dos "padres novos" e 3,1% dos "padres das décadas de 1970/1980" afirmaram ser necessário *"fortalecer a pastoral social, preparar leigos para a missão"*. Embora a diferença percentual entre os dois grupos ultrapasse os 100%, parece haver um indicativo sobre a pouca relevância dada a essa postura e a essa estratégia pastoral.

Esses índices induzem a pensar que os dois grupos investigados então basicamente de acordo com uma visão eclesiológica fundamental na qual deve ser incluída a convicção comum de que não se deve atrair católicos convertidos ao pentecostalismo (resposta 10). O proselitismo seria anacrônico sob todos os aspectos e ninguém ousaria defendê-lo abertamente como estratégia de evangelização.

As divergências. As respostas 5, 6, 7, 8 e 9, não obstante os seus baixos índices em relação às 3 primeiras – o que indicaria a pouca relevância para os dois universos investigados – revelam, no entanto, uma curiosa (previsível?) divergência de posições entre os dois grupos de presbíteros, divergência que ultrapassa a casa dos 100% em cada resposta. A primeira delas já mencionada acima mostra que mais do dobro dos "padres das décadas de 1970/1980" em relação aos "padres novos" afirma ser necessário *"fortalecer a pastoral social, preparar leigos para a missão"*. A segunda se refere à afirmação *"o mundo é contra a Igreja, tem que reagir com força"*, a que segue a concordância de 2,9% dos "padres novos" contra 1,0% dos "padres das décadas de 1970/1980". As afirmações de que *"a missão da Igreja é espiritual"* e de que a Igreja deve *"evangelizar os centros de poder, os intelectuais"*, obtêm cada qual 1,4% de confirmação dos "padres novos" contra 0,0% dos "padres das décadas de 1970/1980", contraste que ultrapassa os 100%. Mas a divergência mais expressiva diz respeito ao uso dos meios de comunicação. Enquanto 7,2% dos "padres novos" concordam que a

Igreja deve "*evangelizar, usando sobretudo meios de comunicação*", os "padres das décadas de 1970/1980" ficaram na casa do 0,0%. Nessas 5 respostas fica, portanto, patente que os dois grupos possuem visões muito distintas de Igreja e de estratégias de evangelização e pastoral. O conjunto das respostas mostra, assim, um paradoxo visível entre acordos e desacordos dos dois grupos entrevistados.

Como relacionar as convergências com as divergências? O olhar unicamente quantitativo focado na maior frequência das respostas pode levar à conclusão de que predomina um consenso sobre a missão da Igreja no mundo na linha eclesiológica do Vaticano II. As posturas de *diálogo e serviço* despontam como grande consenso, seguidas da *missionariedade* e do *profetismo*. No tocante às divergências, contrapondo (contradizendo) à tendência consensual majoritária, diferentes projetos de Igreja podem ser inferidos: Igreja clericalizada que dá pouco valor aos leigos (X povo de Deus), Igreja contra o mundo e espiritualizada (X Igreja inserida social e politicamente), Igreja preocupada com a evangelização dos centros de poder e dos intelectuais (X Igreja dos pobres), Igreja presente nos meios de comunicação (X Igrejas localizadas nas pequenas comunidades). Como conciliar as posturas consensuais com essas divergências? Não estaríamos diante de duas fotografias bem distintas de uma mesma Igreja? O fato é que a primeira fotografia revela uma Igreja em coerência com a eclesiologia em vigor desde o Vaticano II e a segunda uma eclesiologia que recua para modelos anteriores ao Concílio e se afirma como natureza distinta do mundo e em oposição a ele, como poder espiritual que deve atingir as massas pelos meios de comunicação e chegar ao centro do poder e aos intelectuais, exercendo a missão de evangelizar as elites. A foto é numericamente discreta, mas é reveladora das diferentes posturas eclesiais que persistem nos dois grupos.

Uma hipótese explicativa. As respostas obtidas resultam de questionário fechado e, por conseguinte, de "posicionamentos obrigatórios" por parte do inquirido em cada questão induzida. E nunca é muito lembrar que metodologicamente o entrevistado traz consigo inevitavelmente uma compreensão da formulação apresentada, assim como a posição defensiva de oferecer respostas politicamente corretas.

Nesse sentido, pode ser útil pensar no conteúdo das questões e o que elas provocam nos entrevistados. Questões podem despertar respostas sinceras e diretas ou respostas previsíveis ou, no caso, teologicamente (politicamente) corretas, de acordo com as prenoções dos entrevistados. No caso católico (ou mesmo de outras confissões), perguntas que se situem no âmbito doutrinal tendem a produzir respostas doutrinalmente previsíveis, enquanto perguntas de ordem prática podem revelar as percepções pessoais com maior liberdade e autenticidade. Nesse sentido, o conteúdo expresso nas três questões que indicam um consenso que diz respeito, precisamente, a questões eclesiológicas. Elas estariam localizadas mais no âmbito do capital doutrinal dos entrevistados, ou seja, dos princípios e dos objetivos gerais da missão da Igreja do que propriamente no âmbito das opções pastorais concretas dos entrevistados; comporiam, assim, uma generalidade capaz de abrigar em sua verdade doutrinal as duas tendências eclesiais e uma normatividade a ser reproduzida. Não parece haver dúvidas para os presbíteros que estão na ativa (salvo os tradicionalistas assumidos) de que a Igreja deve dialogar e servir, ser missionaria e ser profética. Nesse sentido é de se esperar um consenso doutrinal (de princípio, de teoria eclesial) em relação ao que "deve ser a Igreja". Esse consenso abstrato, teórico ou doutrinal não somente reproduz um sistema eclesiológico aprendido por ambos os grupos entrevistados e um imaginário eclesial consolidado que se reproduz quando solicitado, mas também um parâmetro de respostas teologicamente legítimas que revela, antes de tudo, correção teológica, domínio das regras do jogo da linguagem e postura eclesialmente correta. Ademais, restaria perguntar o que se entende concretamente pelo conteúdo teológico e pela decorrência pastoral dessas afirmações referentes ao serviço ao diálogo, à missionariedade e à profecia da Igreja. A resposta a essa questão se mostra precisamente nas divergências. As questões 5 a 9 revelariam, portanto, aquilo que ocultaria as 3 primeiras em suas generalidades.

As respostas divergentes resultariam, segundo essa hipótese, precisamente de conteúdos mais práticos contidos nas afirmações do questionário, conteúdos referentes a projetos eclesiais, estratégias e sujeitos concretos que solicitam e possibilitam a manifestação direta dos dois grupos, quando, então, as distintas posturas se mostram sem maquiagens e sem eventuais defesas de fachada. Embora essas afirmações sejam de baixa frequência, poder-se-ia afirmar, entretanto, que revelam as verdadeiras interpretações de ambos os grupos sobre as suas compreensões em relação ao conteúdo concreto das categorias serviço, diálogo, missão e profecia da Igreja. Para os "padres das décadas de 1970/1980" significariam, portanto: a Igreja povo de Deus sacramento do Reino no mundo, missão evangelizadora libertadora, serviço aos mais pobres etc. Para os "padres novos" significariam serviço a todos os fiéis, diálogo com as elites, missão de comunicação pelas mídias, missão centrada no clero etc. A questão 4, sobre o uso dos meios de comunicação na evangelização, pode ser interpretada nessa mesma linha como indicativa de uma divergência fundamental de visão e estratégica eclesial quando revela a maior discrepância entre os dois grupos, com a diferença de 7,2% ("padres novos") e 0,0% ("padres das décadas de 1970/1980"). O uso dos meios de comunicação parece apontar para uma real mudança de projetos eclesiais, desde a consolidação das televisões católicas e, hoje, com as redes sociais cada vez mais ativas. Uma Igreja mais individualizada, desterritorializada, ritualizada e clericalizada se apresenta como modelo prático nos discursos e gestos que veiculam em suas programações. Há que ressaltar que a resposta 5 parece indicar em seu baixo percentual geral certo cansaço ou descrédito em relação à pastoral social e ao protagonismo do laicato por ambos os grupos, embora revelando grande contraste entre eles.

A lógica clássica repete o princípio do "quanto maior a extensão menor a compreensão e quanto menor a extensão maior a compreensão". As questões gerais agregam os entrevistados precisamente por suas amplas extensões conceituais, enquanto as questões práticas (5 a 9) indicam as posturas contrastantes dos dois grupos. A sociologia do cotidiano nos ensina, por sua vez, que é na rotina que encontramos as verdadeiras dinâmicas sociais, para além dos espaços públicos politicamente legítimos. É de fato nas questões práticas da rotina pastoral expressa nesses posicionamentos que estariam revelados os distintos perfis eclesiais dos dois grupos de padres. A prática revela o que esconde o discurso teórico. Em termos eclesiais, a doutrina quase consensuada e reproduzida nos discursos nem sempre revela a verdadeira prática eclesial. Com precisão repete o povo que "uma coisa é a prática e outra a gramática". Um projeto de igreja autorreferenciada se consolida a partir dos "padres novos" no interior do conjunto da Igreja e tende a ser hegemônico na medida em que o carisma renovador do Vaticano II cultivado no Brasil vai sendo rotinizado.

Como a sociedade em geral vê a Igreja

Nessa questão vale a pena situar os "padres novos" e os "padres das décadas de 1970/1980" com a totalidade das amostras, as duas perspectivas sociopastorais, assim como com cada uma das categorias de agentes eclesiais. A questão – como a sociedade em geral vê a Igreja, hoje – merece uma ponderação inicial por revelar, antes de tudo, uma suposição: como a sociedade veria a Igreja hoje. A resposta pressupõe, assim, a visão de sociedade que tem cada um dos grupos entrevistados e, no seio destes, os "padres novos" e os "padres das décadas de 1970/1980". Evidentemente, a possibilidade da projeção da visão pessoal de Igreja na visão da sociedade é inevitável, o que, de fato, parece indicar o resultado das respostas. Os segmentos eclesialmente mais inseridos (e, em princípio, com consciência teologicamente mais definida) revelam uma visão mais positiva sobre a questão proposta, enquanto os que se localizam em lugares eclesiais mais periféricos tendem a afirmar uma visão menos positiva.

No topo das respostas da totalidade das amostras (21,9%) apareceu a que afirma ser a Igreja *uma instituição com credibilidade e influência na sociedade*. Na base, com os menores percentuais, vem a afirmação *defendendo o celibato obrigatório para os padres, que poderia ser opcional* (2,3%). Merece destacar, nas categorias de agentes eclesiais, os seminaristas, que não se posicionaram em relação a essa afirmação. A resposta com índice mais elevado parece revelar exatamente a autoconsciência eclesial dos entrevistados projetada na visão imaginada de sociedade (o que a sociedade pensa da Igreja), enquanto a resposta de menor destaque uma temática específica relacionada à disciplina consolidada na Igreja Católica, questão interna que a sociedade daria menos valor. Em outros termos, a sociedade estaria mais focada na presença social da Igreja do que na disciplina interna do celibato.

Portanto, os segmentos eclesiais entrevistados parecem revelar em suas respostas seus lugares eclesiais – mais ou menos inseridos no corpo eclesial – e, por conseguinte, como portadores de uma visão positiva sobre o que a sociedade pensaria da Igreja. E, no caso dos que ocupam um lugar institucional exercendo ministério eclesial, a resposta pode indicar, na verdade, o que a sociedade pensaria deles próprios. Os percentuais decrescentes das respostas indicam precisamente uma imagem que pode ser visualizada em círculos concêntricos: vai do ministério "mais oficial" ao menos oficial no corpo eclesial, no caso, dos padres até os jovens. Assim se desenha: padres 28,2% ("padres novos" 22,4% e "padres das décadas de 1970/1980" 32,3%), religiosas 26,4%, leigos/as 21,3%, seminaristas 18,3% e jovens 12,7%. Os que estão inseridos na Igreja como ministros oficiais imaginam uma visão mais positiva da sociedade sobre a Igreja (sobre si mesmos), enquanto os que estão na periferia, os jovens, têm uma imaginação menos positiva. A resposta sobre a temática do celibato revela dois posicionamentos de certo modo previsíveis: a ausência de resposta dos seminaristas (dúvida ou defesa de fachada sobre a temática polêmica?) e percentual elevado das religiosas em relação aos demais (perspectiva da mulher, mas também de uma problemática, em princípio, alheia à vida religiosa?). Neste particular, nos "padres novos" o índice 7,5% e nos "padres das décadas de 1970/1980", 0,0%. Outras duas respostas confirmam a hipótese da projeção. A questão da pedofilia é subvalorizada pelos padres (1,8%) ("padres novos" 1,5% e "padres das décadas de 1970/1980", 2,1%) e mais valorizada pelos leigos (5,7%) e a afirmação de que a Igreja é *"uma instituição atrasada, defendendo coisas ultrapassadas"* mereceu 27,1% da atenção dos jovens.

Os lugares institucionais condicionam, portanto, a visão sobre o que pensaria a sociedade sobre a Igreja. Cada grupo percebe a sociedade a partir do lugar em que se posiciona na Igreja. O déficit de autocrítica se mostraria na percepção dos mais inseridos, enquanto os menos inseridos poderiam ser vistos como mais críticos e mais próximos da real visão que a sociedade tem da Igreja.

Considerações finais

A visão dos "padres novos" sobre o mundo de hoje: ambiguidades de um tempo de travessia

Agenor Brighenti

A caracterização da visão de mundo foi feita a partir de indicadores sobre o que está melhorando e piorando no mundo de hoje, os maiores problemas e desafios, os valores e antivalores emergentes, as novas realidades positivas e negativas, terminando com qual deve ser a posição da Igreja frente ao mundo de hoje e como ela é vista pela sociedade. Os três analistas desta primeira parte da pesquisa já fizeram uma análise mais específica das respostas às dez questões do questionário aplicado no levantamento dos dados. Ainda no intuito de apresentar elementos para uma análise mais profunda dos dados, convém terminar esta secção com algumas considerações mais gerais. Pelo menos cinco aspectos emergem da visão de mundo dos "padres novos": por um lado, um mundo que se afasta de Deus e, por outro, marcado pela volta do religioso; o individualismo, que dificulta viver a fé em comunidade, mas que ensaia novas formas de sociabilidade; o pluralismo e a diversificação da sociedade que suscita o instinto da autodefesa pela intolerância; e a crítica à cultura racionalista e objetivante pela afirmação do simbólico, em muitos casos, pelo viés do mágico e do esotérico.

Tudo o que é humano está marcado pela positividade e pela negatividade, pela acolhida e pela recusa às interpelações do Espírito, que se manifestam nos acontecimentos. O grande desafio é identificar estes "sinais dos tempos", em meio à ambiguidade da história. Sem o devido discernimento e abertura ao novo, facilmente se pode satanizar a obra de Deus, que nos chega muitas vezes na contramão, onde e quando jamais se esperava. Como advertiu o Papa João XXIII na convocação do Concílio Vaticano II: "Em nosso tempo, abundam profetas de calamidades, para os quais não há nada de bom no mundo de hoje; no fundo, eles não aceitam a história; eles não assumem a radical ambiguidade da história".

O refúgio em uma "subcultura eclesiástica"

Na base da visão de mundo dos "padres novos" está um parco apreço pelas "realidades terrestres", expressado na tendência a certo distanciamento do social enquanto realidade da vida do povo, em especial dos que a têm mais dura e minguada. Em sua visão, sobressaem menos as luzes do que sombras como o materialismo, o consumismo, o individualismo, o distanciamento da religião e dos valores cristãos e a violência que banaliza a vida. E o que poderia ser motivo para uma inserção no mundo por contraste gera mais uma espécie de *fuga mundi* pós-moderna à esfera do "sagrado", tal como atesta a expressão estética da linguagem, a indumentária e a moradia, mas sem abdicar das comodidades da modernidade, de uma vida confortável, do tempo de lazer e das benesses das novas tecnologias. Há um discurso com traços pré-modernos, mas vivido com meios modernos. Em certos espaços e grupos, como aqueles de determinadas "comunidades de vida e aliança", institutos de vida consagrada e associações de fiéis de corte tradicionalista, não só há um distanciamento do mundo, como a tendência a refugiar-se em uma espécie de "subcultura eclesiástica", criando um mundo dentro do mundo. Em casos mais extremos, chega-se literalmente a construir e habitar castelos medievais, nostálgicos de um passado sem retorno, mas que o reproduzem interna e externamente nos dias atuais.

Trata-se de uma postura na contramão da renovação do Concílio Vaticano II, particularmente da *Gaudium et Spes*, que ajudou os cristãos a tomar consciência de que a Igreja está no mundo e que ela existe para a salvação do mundo. A relação não é Igreja "e" mundo, típica da Cristandade, mas Igreja "no" mundo, inserida na história. Como frisou a *Lumen Gentium*, o Povo de Deus peregrina na história, no seio de uma humanidade peregrinante, e o destino do Povo de

Deus não é diferente do destino de toda a humanidade. Por isso "as alegrias e as esperanças, as tristezas e as angústias dos homens de hoje, sobretudo dos pobres e de todos os que sofrem, são também as alegrias e as esperanças, as tristezas e as angústias dos discípulos de Cristo" (*GS* 1). Nada do que é humano é alheio ao divino e, em consequência, ao ser e ao fazer da Igreja. Tirando consequência do mistério da Encanação do Verbo, a Igreja não propõe nada mais à humanidade do que sermos plenamente humanos. Evangelizar é humanizar, como afirma o Papa Francisco. Quanto mais humano, mais divino e vice-versa. No Corpo Cósmico do Ressuscitado, tudo no mundo é sagrado, nada mais é profano, perdido, corrompido, que justifique distanciamento ou separação.

Consequentemente, a Igreja, ao incidir no mundo por sua presença e serviço, é também afetada por ele, para bem e para mal, pois está nele e faz parte dele. Embora divina, a Igreja não deixa de ser também humana e, portanto, fator cultural. Buscar sair do mundo ou tomar distância dele é continuar dentro dele de forma alienada. Dado que Igreja é portadora de uma diferença que precisa fazer diferença na sociedade, o normal seria que quando o mundo se distancia dos valores cristãos, que são valores autenticamente humanos, os cristãos provocassem crise no mundo, assumissem diante dele um posicionamento profético. E da mesma forma, sempre que a sociedade entrasse em crise, dado que o mundo é constitutivo da Igreja, que também ela entrasse em crise. Entretanto, hoje, a sociedade está em crise, mas alguns segmentos da Igreja e da sociedade se mostram plenos de certezas, refugiados em um enrijecimento institucional e entrincheiramento identitário, assumindo uma postura apologética frente a um mundo, que supostamente atentaria contra Deus e a Igreja.

Em torno à convocação do Concílio Vaticano II, o Papa João XXIII chamou a atenção que nas fileiras da Igreja abundam "profetas de calamidades", para os quais não há nada de bom no mundo de hoje; no fundo, afirma o papa, eles não aceitam a história, eles não acolhem a radical ambiguidade da história. Ora, é em meio à ambiguidade ou às contradições da história, também nos dias atuais, entre luzes e sombras, que o Espírito interpela e age. Para discernir sua presença, implica saber ler os "novos sinais dos tempos", tarefa impossível sem o recurso às ciências, a um discernimento analítico e a escuta e a acolhida dos diferentes e das diferenças, para além de uma visão culturalista, muitas vezes empírica e superficial. O que era prática corrente nos meios eclesiais inseridos profeticamente na sociedade, como a análise de conjuntura ou o apoio de institutos de pesquisa na apreensão da realidade, hoje praticamente se age a partir de diretrizes, fruto de uma ortodoxia previamente estabelecida. Perde-se de vista, cada vez mais, o real da realidade, condição para uma "pastoral de encarnação", dado que "o que não é assumido não é redimido" (Irineu de Lion).

Individualismo e novas formas de sociabilidade

Uma das ambiguidades de nosso tempo nomeada pelos "padres novos", em primeira opção, a respeito do que está piorando no mundo de hoje, é o crescente individualismo, que atomiza e fragmenta o tecido social, assim como o tecido eclesial. Daí, segundo eles, o maior problema é a dificuldade de viver a fé em comunidade. Convergente com este diagnóstico, o Papa Francisco, na *Evangelii Gaudium*, fala da "crise do compromisso comunitário". Em seguida, os "padres novos" apontam como outro grande problema o isolamento e a solidão. Há quem afirme que o legítimo processo de individuação desencadeado pela modernidade teria levado ao triunfo do indivíduo solitário. Nunca o ser humano foi tão livre e tão só, só e condenado a salvar-se sozinho, em meio a milhões de concorrentes. É a emergência do indivíduo hipernarcisista, hiperindividualista e hiperconsumista, como apontaram os teóricos da denominada "pós-modernidade".

O individualismo, inegavelmente, é um fato, como também é um fato irreversível a afirmação da "consciência individual", da singularidade pessoal, da liberdade de consciência, a afirmação do indivíduo frente ao coletivo que massifica, a afirmação dos direitos individuais, do "livre-arbítrio" na religião, da liberdade religiosa etc. Entretanto, no aparente mero individualismo estão também pessoas que tomaram distância do controle das instituições e das formas totalizantes de convívio social. Tanto que as pessoas continuam se encontrando e interagindo, ainda que não nos espaços tradicionais e nem nas formas costumeiras. A geração "Y" está longe de levar uma vida isolada e solitária. Da mesma forma os "padres novos" em seu distanciamento do mundo. As "redes sociais" no espaço cibernético, entre outros, fazem a ponte entre o "virtual" e o "real", assegurado encontro marcado em novos "points", em novas formas de inter-relação. Sobretudo no meio urbano, desfrutando de maior liberdade e autonomia, se, por um lado, nos espaços comunitários tradicionais minguou a frequência de pessoas, por outro, multiplicaram-se os grupos de amigos, que assumem comportamentos similares, segundo suas escolhas. São grupos pequenos e homogêneos, que substituem as comunidades ou espaços coletivos tradicionais. Surgem estratégias de defesa, como a busca dos "afins", numa diversidade de "tribos urbanas", que ao mesmo tempo dão visibilidade e marcam presença. Através de novas formas de sociabilidade, nascem grupos que criam novos valores, novos padrões de comportamento e modos de vida, que questionam e interpelam as formas tradicionais de convívio social.

A emergência de novas formas de sociabilidade desafia a sociedade a reinventar a participação cidadã, assim como a Igreja a criar novos perfis de comunidade. O "trinfo do indivíduo solitário" é portador de uma severa crítica a formas de convívio comunitário ou social com pouco espaço para a liberdade pessoal, a autonomia, a subjetividade e as singularidades. A "crise do compromisso comunitário", atestada também pelos "padres novos", desafia a Igreja a criar novas mediações para a vivência da fé cristã, que é essencialmente inter-relação com Deus e com os demais, na proximidade e na acolhida dos diferentes e das diferenças.

Crise das instituições e passagem da sociedade à multidão

Para os "padres novos", uma realidade nova, julgada por eles como a mais negativa hoje, é o fato das pessoas acharem poder viver como bem entender. Em estreita relação com isso, entre o que está piorando no mundo de hoje, indicam o distanciamento da religião e pensar que se pode viver sem Deus. Daí indicarem, na sequência, a desintegração da família e as separações, dada a dificuldade de conservar a fé e os valores cristãos. São fatores que têm relação com a crise das instituições que, por sua vez, tudo parece indicar que têm relação com a crise da modernidade, que atinge todas as esferas: crise da família, das Igrejas, das religiões, crise das tradições, da escola, do Estado, das organizações. Constata-se que, com exceção dos segmentos mais tradicionalistas que se agarram a velhas estruturas, cada vez mais as pessoas tomam distância das instituições e, sem muito protesto ou alarde, silenciosamente, elas vão sendo esvaziadas, perdendo o controle da normatização das pessoas e da sociedade. De par com esse distanciamento está o ocaso dos sujeitos sociais, bem como a crise dos corpos intermediários da sociedade como os sindicatos, da democracia, dos partidos políticos, dos poderes executivo, judiciário e legislativo etc. Cabe a pergunta se isso estaria apontando para o fim das instituições ou seria um contraponto a tradicionalismos e fundamentalismos, que reafirmam desesperadamente os referenciais tradicionais de valores. Qual seria a crítica subjacente ao murmúrio dos adeptos da "religião sem religião" ou dos "cristãos sem Igreja", por exemplo, bem como dos que se sentem órfãos de sociedade? Seria a negação da instituição enquanto tal ou um questionamento a institucionalismos instrumentalizadores e dominadores da subjetividade, da autonomia dos sujeitos e da liberdade?

A resposta é complexa, mas a realidade parece mostrar que sempre que elas não respondem às legítimas aspirações e necessidades das pessoas, são abandonadas. O mesmo se pode dizer das tradições. Sempre que elas não se renovam, perdem sua força orientadora e normativa. Hoje, dificilmente alguém aceita se anular, renunciar à própria singularidade e autonomia ou a seus direitos, em prol de uma instituição ou mesmo de um ideal. O fato é que em uma sociedade mercantilizada, via de regra, as instituições e até as religiões tornaram-se instrumentalizadoras, colonizadoras, domesticadoras. E a reação é a internalização das decisões na esfera da subjetividade, esvaziando as instituições, escapando a seu controle.

O esvaziamento das instituições é a prova mais contundente de que estamos passando por grandes mudanças. No século XVI, com o advento da modernidade, no contexto da "primeira ilustração", deu-se a passagem do religioso ao político, com o surgimento dos conceitos de Estado, soberania, nação, povo etc. No século XIX, no contexto da "segunda ilustração", deu-se a passagem do político ao social, com o surgimento dos conceitos de classe, movimentos sociais, direitos sociais, sujeitos sociais etc. Hoje dá-se a passagem do social ao cultural, com a emergência do indivíduo, para além das instituições. Na sociedade pós-social há a passagem da sociedade à "multidão", que substitui o conceito "povo", entendido os sujeitos autônomos, dispersos, constituindo como que "comunidades invisíveis". Sujeitos autônomos e dispersos, mas não isolados, ao contrário, sujeitos muito bem conectados na era do "acesso". É a falência do contrato social, na medida em que entra em xeque o conceito tradicional de organização. A passagem da sociedade à multidão marca o fim dos sujeitos sociais organizados em torno a um líder, com sérias consequências também para a configuração eclesial.

Crise de sentido e volta do religioso

Perguntados sobre o que está piorando no mundo de hoje, em segunda opção, os "padres novos" indicam a crise de sentido e o vazio existencial. Como novos valores emergentes nomeiam a busca de Deus e, entre as novas realidades positivas, a volta do religioso e a procura por espiritualidade. Sede de Deus e volta do religioso escondem também uma ambiguidade, nem sempre percebida, tal como acenam analistas na atualidade. A sede de Deus se deve à anemia espiritual de nosso tempo, fruto de um projeto civilizacional economicista, que deixou em segundo plano e sem resposta as questões ligadas à vida e à realização das pessoas. Já a volta do religioso, embora seja resposta à demanda por uma instância de sentido para a aventura humana, não significa necessariamente a volta do sagrado ou a "revanche de Deus", expulso por um projeto civilizacional imanentista. A experiência religiosa, hoje, é caracterizada por um imanentismo pagão, intra-transcendente, na medida em que tende a confundir salvação com prosperidade material, saúde física e realização afetiva, uma espécie de "religião do corpo". Como Deus quer a salvação a partir do corpo, "religião do corpo" pode ser a porta de entrada para a religião, mas também sua porta de saída, uma secularização da secularização.

Diante de um projeto civilizacional edificado sem referência a uma instância de sentido, ainda na década de 1950 André Malraux havia diagnosticado que o século XXI seria religioso ou não seria. Instâncias capazes de dar um sentido ao conjunto da realidade que nos cerca, como a cultura e a religião, com a crise da modernidade foram se diluindo – "tudo o que é sólido se desmancha no ar" (Baudrillard, parafraseando K. Marx). E, com isso, em lugar de critérios globais, passou-se a dispor apenas de critérios parciais e múltiplos frente à vida, levando as pessoas a se sentirem frustradas, ansiosas e angustiadas. A vida aparece cada vez mais como uma série de novos começos e se transforma numa experimentação contínua de novas opções, estilos a provar e oportunidades inexploradas. Sobretudo os jovens se veem afetados por uma espécie de "consumismo de oportunidades fugazes". Critérios tidos universais como lealdade já não são um valor, nem a responsabilidade baseada em convicções. Prima uma espécie de "ética do depende" ou do gosto pessoal.

A reação à crise de sentido se dá na sede de Deus, mas não necessariamente do Deus das religiões institucionais, tanto que aumenta o número dos que têm práticas religiosas, sem que cresçam as religiões. Há a emergência de uma experiência religiosa, cada vez mais fundada em escolhas pessoais. Da mesma forma como acontece com as instituições em geral, também na religião dá-se uma autonomia dos sujeitos em relação à tradição ou à instituição, deslocando as decisões, também em matéria religiosa, para a esfera da subjetividade.

Estudos atuais mostram que entre a crise de sentido e a sede de Deus está a irrupção de uma religiosidade eclética e difusa. É a religião a *la carte*: Deus como objeto de desejos pessoais, solo fértil para os mercadores da boa-fé, no próspero mercado do religioso. Irrompem religiosidades, em generosa oferta de crenças, numa espécie de "mercado do religioso". Hoje, a experiência religiosa é cada vez menos fator de "sentido" do mundo, de identidade ou de enraizamento e cada vez mais resposta à angústia existencial e porto de certezas. O individualismo e a busca do bem-estar imediato colocam a religião a serviço da demanda dos indivíduos. É essa religiosidade difusa, invisível, implícita e diluída, que hoje se tornou o produto mais rentável do capitalismo.

Como muitos estudiosos já chamaram a atenção, o retorno do religioso não é necessariamente a volta do sagrado, da transcendência. A efervescência religiosa no interior de uma modernidade em crise se mostra cada vez mais como uma radicalização da secularização por duas razões básicas. Por um lado, a experiência religiosa entrou no circuito do mercado, transformando-se num bem de consumo, rentável. Por outro, dada a exclusão crescente de amplos segmentos da população, a religião colou-se de tal modo às condições materiais da vida ou da existência que se transformou em puro "reflexo" da "materialidade" das condições de sobrevivência. A religião, hoje, adquire um senso imediato e pragmático, ligada à magia, à cura, ao exorcismo, à bênção etc., pouco exigente do ponto de vista ético, mas muito eficiente no nível místico em termos de júbilo, êxtase, catarse e emoção.

É o ser humano sentindo-se impotente no seio de uma sociedade fragmentada, frente a tantos obstáculos a vencer e apelando para saídas providencialistas, entre a magia e o esoterismo. A religião tem uma dimensão terapêutica, mas ao lado do terapêutico é preciso colocar o profético, assim como ao lado do estético deve estar sempre o ético.

A afirmação do simbólico e o escapismo do esotérico

Relativa à visão de mundo, no contexto das profundas transformações em curso no contexto atual, está a questão da linguagem e das mediações culturais do sagrado, na configuração da experiência religiosa. Os "padres novos" são muito sensíveis ao estético na esfera religiosa, tanto no trajar-se como na liturgia como um todo. Ainda que resgatem uma simbólica do passado, de corte tradicional, seus paramentos, sacramentais litúrgicos e práticas devocionais, não deixam de pôr em evidência o esgotamento de uma determinada linguagem, bem como de uma experiência de fé marcada mais pelo militantismo e menos pela mística, mais pela razão e menos pelo coração e o sentimento.

A busca por uma experiência do sagrado, mais mística e menos racionalista, mais pessoal e menos institucional, menos discursiva e mais afetiva e emocional, entretanto, não deixa de estar também perpassada pela ambiguidade. É o resultado do esgotamento de um projeto civilizacional fundado no denominado modelo "racionalista dedutivo", em seus três traços característicos: objetivação, causalismo lógico e generalização abstrata. Em outras palavras, trata-se do predomínio de uma sociedade cientificista, com a pretensão de tudo compreender e explicar, de elucidar todo mistério supostamente relegado a uma etapa infantil da humanidade. O que se ignora hoje, a ciência explicaria amanhã. O que não se domina hoje, o conhecimento e as novas tecnologias dominariam num futuro próximo. Entretanto, o tempo se encarregou de reduzir a escombros a onipotência do sujeito moderno, pretensioso do absoluto na contingência da história. E em contraposição à trilogia objetivação, causalismo lógico e generalização abstrata, erige-se na cultura pós-moderna outra mais comedida – subjetivação, singularização e participação. Em lugar das respostas prontas, respaldadas em referenciais preconcebidos, trata-se de levar a sério as pessoas, enquanto indivíduos, sua maneira de pensar, seus sentimentos, suas opiniões e seus desejos reprimidos. Em lugar da submissão a regras preestabelecidas, voz e vez no seio das instituições, desafiadas a se flexibilizarem, sob pena de serem esvaziadas e tornarem-se obsoletas.

No campo da religião, também a experiência de fé foi instrumentalizada por uma razão fria e discursiva, que desconhece as razões do coração. O próprio cristianismo perdeu muito da mística do símbolo, da contemplação e da gratuidade, distante de sua matriz semita e oriental. Além da mensagem, também a liturgia tendeu a esvaziar-se do simbólico. O rito foi afogado pelo discurso, o símbolo opacado pelo raciocínio lógico e o coração foi endurecido pela pretensão de posse do mistério. É a religião presa ao institucionalismo de tradições rígidas e monolíticas, que não deixam Deus ser Deus e nem as pessoas serem sujeitos em sua experiência de fé. A consequência é o distanciamento das religiões institucionais, tidas como contaminadas por esta modernidade eficientista e quantificadora, que mercantiliza todas as relações. O que a religião oferece, enquanto instância de sentido de uma vida que encontra sua plenitude e se consuma na escatologia, são basicamente bens simbólicos. Bens que não se consumam ou se esgotam em conquistas históricas, por mais libertadoras que sejam. O simbólico dá a verdadeira dimensão do mistério, do qual toda religião precisa ser mediação. Por isso, volta a linguagem simbólica, ritual, narrativa, estética e poética, também na esfera do religioso.

Mas, como em tudo o que é humano, o resgate do simbólico não irrompe sem ambiguidades. O símbolo na religião é como que uma janela para a transcendência, é sua mediação. Entretanto, quando se torna um fim, o simbólico se converte em esotérico e a liturgia em magia. É o que vemos ao nosso redor. Uma das principais características da religiosidade contemporânea é seu caráter esotérico, fruto do impacto da "sociedade da imagem" sobre a linguagem simbólica e a cultura oral. Só é o que é visualisável. A realidade das imagens – a realidade virtual – tende a substituir o real da realidade. Não se respeita a dimensão "interior", o oculto ou o ausente, a realidade de Deus, que só pode ser evocada mediante o símbolo. Na sociedade midiática, a imagem devora o símbolo, torna irrelevante a cultura oral e a tradição transmitida "ex auditu" e a mídia acaba contribuindo para a banalização da religião, não só reduzindo-a à esfera privada, como a um espetáculo para entreter o público. Trata-se de uma "estetização presentista", que substitui a religião através de sensações "in-transcendentes", espelho das imagens da imanência. Também a religião passa a ser consumista, centrada no indivíduo e na degustação do sagrado. E Deus, um objeto de desejos pessoais, a serem realizados aqui e agora.

A irrupção do pluralismo e o contraponto da intolerância

Entre as grandes conquistas da sociedade moderna e contemporânea está o reconhecimento e a legitimação da diversidade. A razão é individual e subjetiva, portanto, há diversidade no pensar; os povos têm culturas diferentes e constroem suas civilizações; e a religião, como alma da cultura, se insere num contexto plurirreligioso. Embora sejam realidades que sempre tenham existido, nem sempre foram reconhecidas. Foi com o advento da modernidade no século XVI que começou um gradativo processo de individuação no campo da antropologia e da psicologia; de liberdade de consciência, com a admissão do livre-arbítrio em matéria religiosa, pela Reforma protestante; de autonomia da razão em relação à fé e o surgimento das ciências metodologicamente a-religiosas; de uma coletividade gerida por todos, através de um poder democrático; enfim, foi desencadeado um gradativo processo de reconhecimento de direitos humanos universais e invioláveis, independente de cultura, raça ou religião.

Não foram conquistas fáceis e nem isentas de toda sorte de mal-entendidos e de repressão, às vezes, violenta. E nem o processo está terminado. Basta ver as tensões ainda presentes entre religiões, países desenvolvidos e em desenvolvimento, entre etnias, tensões em relação aos direitos das mulheres, dos homossexuais, de negros e índios, em relação à migração, a diferentes estilos de vida etc. No mundo de hoje não somente está presente a diversidade como a sociedade atual é o espaço no qual se estimula a diversificação crescente. Há uma espécie de "cultura copulativa", onde coexistem diversos estilos e formas de vida. Com isso abre-se um leque de novos padrões de comportamento e de ofertas de todo tipo, sejam elas culturais como religiosas, numa espécie de grande mercado, onde cada um se sente no direito de escolher o que mais lhe apraz.

A diversificação crescente, esta cultura pluralista, entretanto, gera instabilidade e medo. O crescente processo de diferenciação dá a sensação de perda da identidade e desenraizamento, de solidão no meio da multidão, levando muitos a querer orientação e segurança existencial. Por isso a sociedade pluralista é também a sociedade do tradicionalismo e do fundamentalismo; a sociedade da tolerância é também a sociedade da intolerância, da xenofobia e dos exclusivismos. Prova disso são o neofascismo, a repressão à migração, os feminicídios, a discriminação dos homossexuais, os regionalismos e nacionalismos, a ascensão de governos defensores do Estado mínimo e o fim do Estado de bem-estar social, promotor de políticas de reconhecimento e inclusão dos discriminados de toda sorte. Em lugar do diálogo e o debate, da abertura ao diferente ou de deixar-se enriquecer com as diferenças, irrompem posicionamentos polarizados, dogmatizados, sem o devido distanciamento e senso crítico, tão necessários para um discernimento sereno e tanto quanto possível objetivo.

O contraponto da intolerância está presente também na esfera religiosa, incluída a Igreja Católica. Também nos meios eclesiais há o recrudescimento de conservadorismos, tradicionalismos e fundamentalismos, sobretudo, presentes na espiritualidade, na eclesiologia e na volta do clericalismo. Há segmentos importantes da Igreja fazendo do passado um refúgio, o que redunda em enrijecimento institucional e em entrincheiramento identitário. São segmentos da Igreja incapazes de dialogar com uma sociedade grávida de novos sinais dos tempos, vistos, entretanto, como ameaça à fé que professam.

Isso explica a involução eclesial das últimas três décadas em relação à renovação do Vaticano II, bem como a ascensão de movimentos elitistas e tradicionalistas, com o refúgio numa espécie de "subcultura eclesiástica", em divórcio com o mundo. Como explica também a oposição aberta e descarada de alguns segmentos da Igreja ao Papa Francisco, que está fazendo nada mais do que resgatar o Vaticano II, um concílio que tentam desqualificar ou mesmo negar sua legitimidade. Na realida de, o que lhes incomoda é que o Concílio inseriu a Igreja no seio da sociedade autônoma, numa atitude de diálogo e de serviço, especialmente a partir dos mais pobres. Para isso, impõe-se o respeito à liberdade, a acolhida dos diferentes e das diferenças, deixando-se enriquecer por aquilo que o Espírito suscita, para além das fronteiras da Igreja. Antes do missionário, sempre chega o Espírito Santo.

PARTE II

A VISÃO DE IGREJA DOS CATÓLICOS NO BRASIL E O PERFIL DOS "PADRES NOVOS"

INTRODUÇÃO

Nessa segunda parte apresentaremos os dados levantados pelas dez perguntas do segundo bloco do questionário aplicado na pesquisa de campo, acompanhados de uma breve análise. Neste bloco, as questões tinham por finalidade identificar o "perfil dos padres novos" em relação à visão sobre a Igreja no mundo de hoje. Concretamente, se perguntou se a renovação do Vaticano II e da tradição libertadora da Igreja na América Latina estão avançando, estacada ou retrocedendo e como se valora a Teologia da Libertação; que ações do modelo de pastoral dos "padres das décadas de 1970/1980" já não respondem mais às necessidades de hoje e quais continuam válidas; quais as maiores lacunas ou vazios na ação pastoral na atualidade e como a ação da Igreja tem contribuído para uma sociedade mais justa e fraterna. Este bloco de questões termina perguntando que serviços de pastoral urgem ser criados, que novas frentes pastorais precisam ser abertas e que mudanças na estrutura da Igreja são mais urgentes para ela poder desempenhar melhor sua missão.

A visão de Igreja é um bom indicador para caracterizar o perfil de seus membros, neste caso, os "padres novos" e os "padres das décadas de 1970/1980", assim como dos leigos/as, religiosas, jovens e seminaristas, que conformam as categorias de amostras desta pesquisa. Além de estar estreitamente relacionada com a visão de mundo, a visão de Igreja revela, por exemplo, o posicionamento em relação à renovação do Vaticano II, um concílio basicamente sobre a Igreja. É muito revelador constatar como os segmentos conservadores no campo sociopolítico são também conservadores no campo religioso e vice-versa. No cristianismo, incluído o catolicismo, em geral os que têm dificuldades para caminhar em sintonia com as mudanças e transformações do mundo moderno e contemporâneo se alinham a tradicionalismos, fundamentalismos, devocionismos medievais e providencialismos. Entre evangélicos pentecostais, assim como no pentecostalismo católico, manifestam-se criacionistas e terraplanistas, à revelia das conquistas irreversíveis das ciências, das quais se toma distância pautando-se por uma postura de pós-verdade, ignorando fatos ou interpretando ingenuamente acontecimentos. Assim, a adesão ou distanciamento da eclesiologia do Vaticano II, que reconcilia a Igreja com o mundo moderno e a situa no seio da sociedade pluralista, deixando para trás uma Igreja autorreferencial como frisa o Papa Francisco, são reveladores de identidade ou perfil de um cristão ou mais propriamente de um católico na situação contemporânea.

Nessa Parte II, como nas demais, ainda que se remeta às características da visão de Igreja da totalidade das amostras das duas perspectivas sociopastorais, assim como das categorias de amostras das duas perspectivas juntas, daremos ênfase à caracterização da visão dos "padres novos", objeto central desta pesquisa. Por isso, depois da apresentação dos dados relativos a três perguntas do questionário aplicado na pesquisa de campo, um analista faz uma breve análise da visão dos "padres novos" a respeito. O mesmo enfoque está presente também nas considerações finais desta parte.

Concretamente, nesta parte, em base a um relatório global dos dados relativos à "visão dos 'padres novos' sobre a Igreja hoje", redigido por Andréa Damacena Martins e Agenor Brighenti, este faz uma análise dos dados relativos às questões 1, 2 e 3; Alzirinha Rocha de Souza das questões 4, 5, 6 e 8; e Antônio Manzatto das questões 7, 8 e 10. A abordagem dos dados desta segunda parte termina com algumas considerações gerais feitas por Agenor Brighenti.

I. A RENOVAÇÃO DO VATICANO II E A TRADIÇÃO LIBERTADORA LATINO-AMERICANA

Em busca de *O novo rosto do clero – Perfil dos "padres novos" no Brasil*, com relação à visão da Igreja no mundo de hoje, comecemos com as três primeiras questões do segundo bloco de perguntas do questionário aplicado na pesquisa de campo. Perguntou-se às cinco categorias de amostras de cada uma das perspectivas de padres em questão se a renovação do Vaticano II e da tradição libertadora da Igreja na América Latina está avançando, estancada ou retrocedendo, assim como se valora a Teologia da Libertação. Ao final do relatório dos dados relativos a estas três questões, há um breve comentário analítico sobre a visão dos "padres novos" a respeito.

Questão 1. A renovação do Vaticano II está avançando, estancada ou retrocedendo? (Tabela 16)

	Visão da totalidade das amostras	Visão por perspectiva sociopastoral		Visão por categoria de agentes das duas perspectivas juntas				
		Institucional / Carismática	Evangelização / Libertação	Padres	Leigos(as)	Jovens	Seminaristas	Religiosas
Base:	743	324	419	157	210	127	122	126
Avançando, ainda que muito devagar, pois foi preciso corrigir abusos	66,2%	74,1%	60,1%	59,5%	68,0%	66,4%	78,0%	58,1%
Retrocedendo, com a volta de tradicionalismos e devocionismos preconciliares	12,7%	7,4%	16,7%	16,6%	11,8%	5,9%	11,0%	18,1%
Estancada, pois a reforma do Concílio está emperrada, sobretudo na Cúria Romana	12,3%	9,3%	14,8%	10,4%	13,2%	16,0%	3,9%	21,0%
Outro	3,3%	3,1%	3,6%	7,4%	1,8%	1,7%	5,5%	
Não respondeu	5,4%	6,2%	4,8%	6,1%	5,3%	10,1%	1,6%	2,9%
Total	100,0%	100,0%	100,0%	100,0%	100,0%	100,0%	100,0%	100,0%

A visão da totalidade das amostras. O primeiro tópico levantado é uma avaliação do compasso da renovação conciliar. No rol de apreciação apresentado no questionário verificamos que, em primeiro lugar, para 66,2% da totalidade das amostras as ideias e práticas pastorais propostas pelo Concílio *estão avançando, embora ainda muito devagar, pois foi preciso corrigir abusos.* Em segundo lugar, para 12,7% dos consultados, na atualidade, o que se percebe é um passo atrás, um retorno a visões e práticas preconciliares. Em terceiro lugar, 12,3% acreditam que o processo de renovação conciliar estancou, está emperrado sobretudo pela Cúria romana, leia-se o período dos pontificados de João Paulo II e Bento XVI. Quem mais acentua o retrocesso são as religiosas (18,1%), seguidas dos padres (16,6%). Quem menos acha que esteja estancada são os seminaristas (3,9%).

A visão por perspectiva sociopastoral. Quando desmembramos as categorias de agentes eclesiais por perspectivas sociopastorais, o diagnóstico permanece, mas com nuanças. Para os alinhados à perspectiva "institucional/carismática", à qual se alinham os "padres novos", em primeiro lugar, 74,1% afirmam que está avançando, 9,3% que está estancada e 7,4% que está retrocedendo. Em segundo lugar, para os alinhados à perspectiva "evangelização/libertação", à qual se alinham os "padres das décadas de 1970/1980", o diagnóstico é ainda mais pessimista – 60,1% afirmam que está avançando, 14,8% que está estancada e 16,7% que está retrocedendo. Ou seja, para esta perspectiva em relação à outra, a renovação do Vaticano II está avançando menos e está mais estancada e retrocedendo mais.

A visão por categoria de agentes eclesiais. Quando olhamos para cada categoria de amostras das duas perspectivas juntas, embora todas sejam unânimes em afirmar que a renovação do Vaticano II está avançando, há outros matizes a considerar. Está avançando mais para os seminaristas (78,0%), seguidos dos leigos/as (68,0%), dos jovens (66,4%), dos padres (59,5%) e das religiosas (58,1%). Ou seja, padres e religiosas são os que percebem que está avançando menos. Que a renovação do Vaticano II está estancada, sobretudo pela Cúria romana, são as religiosas (21,0%) e os jovens (16,0%) que assim o valoram, mais do que os leigos/as, os padres e os seminaristas, pela ordem. Quem enxerga retrocedendo mais são as religiosas (18,1%), seguidas por ordem dos padres (16,6%), dos leigos/as (11,8%), dos seminaristas (11,0%) e dos jovens (5,9%).

A visão dos presbíteros

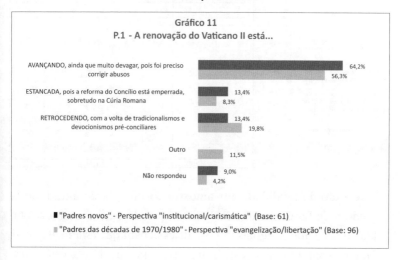

Gráfico 11
P.1 - A renovação do Vaticano II está...

- AVANÇANDO, ainda que muito devagar, pois foi preciso corrigir abusos: 64,2% / 56,3%
- ESTANCADA, pois a reforma do Concílio está emperrada, sobretudo na Cúria Romana: 13,4% / 8,3%
- RETROCEDENDO, com a volta de tradicionalismos e devocionismos pré-conciliares: 13,4% / 19,8%
- Outro: 11,5%
- Não respondeu: 9,0% / 4,2%

■ "Padres novos" - Perspectiva "institucional/carismática" (Base: 61)
■ "Padres das décadas de 1970/1980" - Perspectiva "evangelização/libertação" (Base: 96)

Sobre a renovação do Vaticano II, quando focamos unicamente os presbíteros por perspectiva sociopastoral, aparece em primeiro lugar, tanto para os "padres novos" (64,2%) como para os "padres das décadas de 1970/1980" (56,3%), que *está avançando, ainda que muito devagar, pois foi preciso corrigir abusos*, ou seja, para estes está avançando menos do que para os "padres novos". Em segundo lugar, para os "padres novos" aparece estancada (13,4%) e retrocedendo (13,4%), ou seja, com o mesmo índice, quando para os "padres das décadas de 1970/1980", em segundo lugar aparece retrocedendo (19,8%) e, em terceiro, estancada (8,3%).

Em resumo, para os "padres das décadas de 1970/1980" a renovação do Vaticano II está avançando menos e retrocedendo mais do que para os "padres novos". Chama a atenção que 9,0% dos "padres novos" não responderam a esta questão, o que sinaliza uma postura de silêncio, que revela no m*í*nimo não querer se expor e evita adotar um posicionamento diante da pergunta. Em relação à outra opinião, o índice alcançou 11,5%.

Questão 2. Na prática, a tradição latino-americana (Medellín, Puebla, Santo Domingo, Aparecida) está avançando, estancada ou retrocedendo? (Tabela 17)

	Visão da totalidade das amostras	Visão por perspectiva sociopastoral		Visão por categoria de agentes das duas perspectivas juntas				
		Institucional / Carismática	Evangelização / Libertação	Padres	Leigos(as)	Jovens	Seminaristas	Religiosas
Base:	743	324	419	157	210	127	122	126
Avançando, sobretudo com a Conferência de Aparecida	53,8%	61,3%	47,9%	59,1%	55,9%	44,1%	60,0%	44,3%
Estancada, sobretudo com a nomeação de novos bispos e o fortalecimento dos movimentos	16,8%	13,6%	19,3%	17,7%	18,8%	14,4%	10,4%	21,7%
Retrocedendo, com a desqualificação da teologia latino-americana, dos mártires e das CEBs	14,7%	5,3%	22,1%	11,6%	13,5%	9,3%	16,8%	25,5%
Outro – defasagem entre teoria e prática	2,6%	4,3%	1,2%	4,9%			4,8%	4,7%
Não respondeu	12,1%	15,5%	9,5%	6,7%	11,8%	32,2%	8,0%	3,8%
Total	100,0%	100,0%	100,0%	100,0%	100,0%	100,0%	100,0%	100,0%

A visão da totalidade das amostras. Com relação à tradição libertadora da Igreja na América Latina, quando olhamos para a totalidade dos agentes eclesiais, 53,8% deles acham que *está avançando, sobretudo com a Conferência de Aparecida*. Já para 16,8% está *estancada, sobretudo com a nomeação de novos bispos e o fortalecimento dos movimentos* e para 14,7% que está *retrocedendo, com a desqualificação da teologia latino-americana, dos mártires e das CEBs*. Para os católicos no Brasil, a tradição libertadora está avançando menos, está mais estancada e retrocedendo mais do que a renovação do Vaticano II, o que guarda uma coerência, pois trata-se de um processo que fez do Concílio um ponto de partida, quando hoje para muitos segmentos da Igreja é um difícil ponto de chegada. Quem mais vê avançando e menos estancada são os seminaristas.

A visão por perspectiva sociopastoral. Quando separamos as categorias de amostras por perspectivas sociopastorais, o diagnóstico permanece, mas com nuanças. Para os alinhados à perspectiva "institucional/carismática", à qual se alinham os "padres novos", 61,3% afirmam que está avançando, 13,6% que está estancada e 5,3% que está retrocedendo. Para os alinhados à perspectiva "evangelização/libertação", à qual se alinham os "padres das décadas de 1970/1980", o diagnóstico é ainda mais pessimista – 47,9% afirmam que está avan-

130

çando, 19,3% que está estancada e 22,1% que está retrocedendo. Ou seja, para esta perspectiva em relação à outra, a renovação do Vaticano II está avançando menos e está mais estancada e retrocedendo mais, inclusive mais do que em relação à renovação do Vaticano II.

A visão por categoria de agentes eclesiais. Quando olhamos para cada categoria de amostras das duas perspectivas juntas, embora todas sejam unânimes em afirmar que a tradição libertadora da Igreja na América Latina está avançando, há outros matizes a considerar, algo muito parecido com o diagnóstico relativo à renovação do Vaticano II. Está avançando mais para os seminaristas (60,0%), seguidos dos padres (59,1%), dos leigos/as (55,9%), das religiosas (44,3%) e dos jovens (44,1%). Ou seja, para jovens e religiosas está avançando menos e para os seminaristas está avançando mais.

Que a tradição libertadora da Igreja na América Latina está estancada, sobretudo, com a nomeação de novos bispos e o fortalecimento dos movimentos, são as religiosas (21,7%) e os leigos/as (18,8%) que valoram assim mais do que os padres, os jovens e os seminaristas, pela ordem. Quem enxerga retrocedendo mais são as religiosas (25,5%), seguidas por ordem decrescente dos seminaristas (16,8%), dos leigos/as (13,5%), dos padres (11,6%) e dos jovens (9,3%).

A visão dos presbíteros

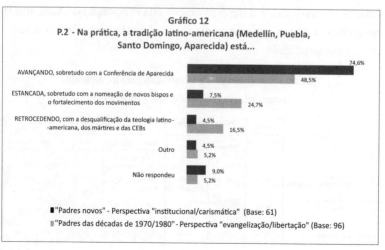

Sobre a tradição libertadora da Igreja na América Latina, quando focamos somente os presbíteros por perspectiva sociopastoral, aparece em primeiro lugar, tanto para os "padres novos" (74,6%) como para os "padres das décadas de 1970/1980" (48,5%), que *está avançando, sobretudo com a Conferência de Aparecida*, ou seja, para estes está avançando muito menos do que para os "padres novos". Em segundo lugar, para os "padres novos" aparece o índice "não respondeu" (9,0%), o que não deixa de chamar atenção, enquanto para os "padres das décadas de 1970/1980" aparece que está *estancada, sobretudo com a nomeação de bispos e o fortalecimento dos movimentos* (24,7%). Que ela está *retrocedendo, com a desqualificação da teologia latino-americana, dos mártires e das CEBs*, para os "padres novos" aparece com 4,5%, enquanto para "padres das décadas de 1970/1980" aparece com 16,5%.

Em resumo, para os "padres das décadas de 1970/1980" a tradição libertadora da Igreja na América Latina está avançando muito menos e retrocedendo muito mais do que para os "padres novos". Não é uma surpresa quando se olha para o pensamento e as práticas de uma e outra perspectiva de presbíteros na Igreja do Brasil. Para os "padres novos", a involução eclesial das últimas três décadas é uma perda menor do que para os "padres das décadas de 1970/1980", que acreditaram e continuam acreditando e apostando mais nesta tradição, um desdobramento da renovação do Vaticano II no contexto de um subcontinente marcado pela exclusão e a injustiça institucionalizada.

Questão 3. A Teologia da Libertação está avançando, estancada ou retrocedendo? (Tabela 18)

1ª citação	Visão da totalidade das amostras	Visão por perspectiva sociopastoral		Visão por categoria de agentes das duas perspectivas juntas				
		Institucional / Carismática	Evangelização / Libertação	Padres	Leigos(as)	Jovens	Seminaristas	Religiosas
Base:	743	324	419	157	210	127	122	126
Explicita a dimensão sociotransformadora do Evangelho	24,0%	16,1%	30,2%	36,6%	18,8%	19,5%	12,8%	35,2%
Politiza a fé, colocando o pobre como fundamento e não Jesus Cristo	16,9%	22,6%	12,4%	9,1%	15,7%	21,2%	32,8%	7,6%
Precisa corrigir certos desvios, mas continua "útil, oportuna e necessária'"	13,3%	13,9%	12,8%	17,1%	11,4%	11,0%	15,2%	12,4%

Ajuda os cristãos a contribuir com uma sociedade mais justa e solidária	13,1%	12,4%	13,8%	10,4%	12,2%	20,3%	7,2%	18,1%
É expressão da opção pelos pobres, a qual "radica na fé cristológica"	9,5%	8,0%	10,7%	15,2%	5,2%	6,8%	13,6%	8,6%
Reduz Jesus Cristo a um ativista político e revolucionário	4,5%	6,5%	3,1%	1,8%	1,7%	8,5%	6,4%	7,6%
Leva a um militantismo social, sem mística e espiritualidade	4,4%	4,3%	4,5%	1,2%	9,2%	3,4%	4,0%	1,0%
Continua válida não só para a América Latina, como para toda a Igreja	3,6%	1,9%	4,8%	3,0%	3,1%	0,8%	3,2%	8,6%
É uma das expressões do marximo, que faliu	1,0%	2,2%	0,2%		2,6%		1,6%	
Caiu com o "muro de Berlim", acabou, é coisa do passado	0,4%	0,9%		0,6%			0,8%	
Outro	0,2%		0,5%		0,4%	0,8%		
Não respondeu	9,0%	11,1%	7,1%	4,9%	19,7%	7,6%	2,4%	1,0%
Total	100,0%	100,0%	100,0%	100,0%	100,0%	100,0%	100,0%	100,0%

A visão da totalidade das amostras. Com relação à Teologia da Libertação, quando olhamos para a globalidade dos agentes eclesiais, assim como para as duas perspectivas e para cada categoria de amostras, constata-se uma maior diversidade de posicionamentos em relação às duas perguntas anteriores. Para 24,0% a Teologia da Libertação *explicita a dimensão sociotransformadora do Evangelho*; para 16,9% ela *politiza a fé, colocando o pobre como fundamento e não Jesus Cristo*; para 13,3% ela *precisa corrigir certos desvios, mas continua "útil, oportuna e necessária"*; para 13,1% ela *ajuda os cristãos a contribuir com uma sociedade mais justa e solidária*; para 9,5% ela é expressão da opção pelos pobres que radica na fé *cristológica* etc. Chama a atenção que, apesar dos debates e embates em torno à Teologia da Libertação, há uma valoração mais positiva que negativa. Os que expressam em primeiro lugar uma visão negativa são os jovens e os seminaristas, da mesma forma que a perspectiva "institucional/ carismática" em relação à perspectiva "evangelização/libertação".

A visão por perspectiva sociopastoral. Quando separamos os entrevistados por perspectivas sociopastorais, o diagnóstico fica mais claro. Para os alinhados à perspectiva "institucional/carismática", à qual se alinham os "padres novos", em primeiro lugar aparece que ela *politiza a fé, colocando o pobre como fundamento e não Jesus Cristo*

(22,6%), enquanto para a perspectiva "evangelização/libertação" ela *explicita a dimensão sociotransformadora do Evangelho* (30,2%). Na sequência, para a perspectiva "institucional/carismática", em segundo lugar aparece que ela *explicita a dimensão sociotransformadora do Evangelho* (16,1%), enquanto para a perspectiva "evangelização/libertação" ela *ajuda os cristãos a contribuir com uma sociedade mais justa e solidária* (13,8%). Em terceiro lugar, a perspectiva "institucional/carismática" nomeia que ela *precisa corrigir certos desvios, mas continua "útil, oportuna e necessária"* (13,9%), assim como *a* perspectiva "evangelização/libertação" (12,8%). Como se pode perceber, há uma valorização da Teologia da Libertação muito mais positiva pela perspectiva "evangelização/libertação" do que pela perspectiva "institucional/carismática".

A visão por categoria de agentes eclesiais. Quando olhamos para cada categoria de amostras das duas perspectivas juntas, o juízo sobre a Teologia da Libertação tem matizes que chamam a atenção. Em primeiro lugar, assinalando que ela *explicita a dimensão sociotransformadora do Evangelho*, aparece pela ordem nos padres (36,6%), nas religiosas (35,2%) e nos leigos/as (18,8%), enquanto citam que *ela politiza a fé, colocando o pobre como fundamento e não Jesus Cristo* os seminaristas (32,8%) e os jovens (21,2%). Em segundo lugar, para os padres ela *precisa corrigir certos desvios, mas continua "útil, oportuna e necessária"* (17,1%); para os leigos/as que *ela politiza a fé, colocando o pobre como fundamento e não Jesus Cristo* (15,7%); para os jovens que ela *ajuda os cristãos a contribuir com uma sociedade mais justa e solidária* (20,3%); para os seminaristas que ela *precisa corrigir certos desvios, mas continua "útil, oportuna e necessária"* (15,2%); e para as religiosas que ela *ajuda os cristãos a contribuir com uma sociedade mais justa e solidária* (18,1%). Portanto, quem menos a aprecia são os jovens e os seminaristas e quem mais a aprecia são os presbíteros e as religiosas.

A visão dos presbíteros

Gráfico 13
P.3 - Na sua opinião a Teologia da Libertação...

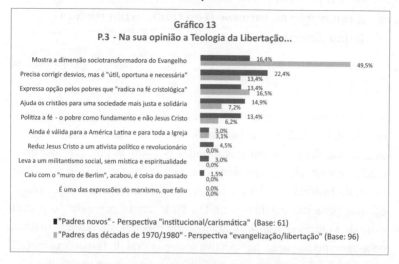

- Mostra a dimensão sociotransformadora do Evangelho: 16,4% / 49,5%
- Precisa corrigir desvios, mas é "útil, oportuna e necessária": 22,4% / 13,4%
- Expressa opção pelos pobres que "radica na fé cristológica": 13,4% / 16,5%
- Ajuda os cristãos para uma sociedade mais justa e solidária: 14,9% / 7,2%
- Politiza a fé - o pobre como fundamento e não Jesus Cristo: 13,4% / 6,2%
- Ainda é válida para a América Latina e para toda a Igreja: 3,0% / 3,1%
- Reduz Jesus Cristo a um ativista político e revolucionário: 4,5% / 0,0%
- Leva a um militantismo social, sem mística e espiritualidade: 3,0% / 0,0%
- Caiu com o "muro de Berlim", acabou, é coisa do passado: 1,5% / 0,0%
- É uma das expressões do marxismo, que faliu: 0,0% / 0,0%

■ "Padres novos" - Perspectiva "institucional/carismática" (Base: 61)
■ "Padres das décadas de 1970/1980" - Perspectiva "evangelização/libertação" (Base: 96)

Com relação à Teologia da Libertação, quando focamos somente os presbíteros por perspectiva sociopastoral, em primeiro lugar os "padres das décadas de 1970/1980" assinalam que ela *mostra a dimensão sociotransformadora do evangelho* (49,5%), enquanto que os "padres novos" citam que ela *precisa corrigir desvios, mas continua "útil, oportuna e necessária"* (22,4%). Em segundo lugar, os "padres novos" indicam que *mostra a dimensão sociotransformadora do evangelho* (16,4%) e os "padres das décadas de 1970/1980" que ela *expressa a opção pelos pobres, a qual "radica na fé cristológica*" (16,5%). Em terceiro lugar, os "padres novos" citam que ela e *ajuda os cristãos a contribuir com uma sociedade mais justa e solidária* (14,9%) e os "padres das décadas de 1970/1980" frisam que ela *precisa corrigir desvios, mas continua "útil, oportuna e necessária"* (13,4%). Na sequência, chama a atenção que para os "padres novos" a Teologia da Libertação *politiza a fé, colocando o pobre como fundamento e não Jesus Cristo* (13,4%), enquanto este índice nos "padres das décadas de 1970/1980" é de 6,2%.

Como se pode constatar, os "padres das décadas de 1970/1980" têm uma valoração muito mais positiva (73,1%) da Teologia da Libertação que os "padres novos" (40,0%).

Análise preliminar
A renovação do Vaticano II e a tradição libertadora latino-americana

Agenor Brighenti

Renovação do Vaticano II, tradição libertadora da Igreja na América Latina e Teologia da Libertação, além do estreito vínculo que as une, constituem também três grandes desafios e, por que não dizer, igualmente obstáculos no ajuste dos passos dos católicos com o compasso da história. Até há pouco, depois de três décadas de involução eclesial, pareciam batalhas perdidas. Hoje, com Aparecida e o pontificado de Francisco, transformaram-se em esperança renovada, mas não necessariamente para a perspectiva sociopastoral da Igreja "instituição/carismática", bem como para os "padres novos", a ela vinculados.

A renovação do Vaticano II

Retomando os dados apresentados anteriormente para uma breve análise, na Questão 1, relativa à renovação do Vaticano II, a visão dos "padres novos" é menos otimista e apreciada do que para os "padres das décadas de 1970/1980". Para estes, ela está avançando menos (64,2%) do que para os "padres novos" (56,3%) e, para parte deles, inclusive retrocedendo mais (19,8%) do que para os "padres novos" (13,4%). Para parte dos "padres novos", ela está mais estancada (13,4%) do que para os presbíteros das décadas de 1970/1980 (8,3%). Na justificativa porque avança devagar se frisa que se teve que corrigir abusos e a razão porque está retrocedendo é a volta de tradicionalismos e devocionismos pré-conciliares. Quando se alude ao estancamento da renovação do Vaticano II, nos "padres das décadas de 1970/1980" aparece em grau menor do que para os "padres novos", demonstrando, com isso, mais otimismo e esperança e, portanto, mais convencimento de tratar-se de uma renovação que deve ser retomada e avançar mais rápido do que pensam os "padres novos". Vai na linha de *Aparecida*, que reconhece: "...tem nos faltado coragem, persistência e docilidade à graça para levar adiante a renovação iniciada pelo Concílio Vaticano II e impulsionada pelas anteriores Conferências Gerais, para assegurar o rosto latino-americano e caribenho de nossa Igreja" (*DAp* 100h). Prova disso, diz o Documento, são "...algumas tentativas de voltar a uma eclesiologia e espiritualidade anteriores à renovação do Vaticano II" (*DAp* 100b), uma volta com a anuência de grande parte dos "padres novos", da qual o clericalismo é uma de suas expressões.

Como explicar o maior distanciamento dos "padres novos" da renovação conciliar do que dos "padres das décadas de 1970/1980"? A mudança de contexto? Uma formação diferente? Sabemos que o Vaticano II é um divisor de águas na Igreja (Theobald, 2009, p. 697-699). Foi com o Concílio que se passou da Cristandade à Modernidade, ainda que 500 anos depois de sua irrupção. Pode-se dizer que na Igreja há um "antes" e um "depois" do Vaticano II, tamanhas foram as mudanças por ele operadas na teologia, na pastoral, na espiritualidade, na liturgia, na moral, na eclesiologia, na relação da Igreja com o mundo, inclusive nas estruturas da Igreja, ainda que neste particular, em grande medida, continue uma tarefa pendente. Mas também sabemos das dificuldades em sua implementação. Depois de duas décadas de otimismo e significativos avanços, sobretudo na América Latina em torno à Conferência de Medellín (1968), a partir de 1985, por ocasião da realização do Sínodo dos Bispos para celebrar os vinte anos do Concílio que mudou a Igreja, começou um gradativo processo de "involução eclesial" (cf. González Faus, 1999). Um determinado segmento da Igreja, com a anuência de segmentos da Cúria romana, levantou a acusação do Concílio ter rompido com a tradição da Igreja, fruto de uma falsa hermenêutica ou correta interpretação dos seus documentos. Minimizando a profundidade e abrangência da renovação conciliar, alegaram a existência de duas hermenêuticas do Vaticano II: uma equivocada, segundo eles – a hermenêutica "da descontinuidade e da ruptura" –, e, outra, a supostamente correta – a hermenêutica "da renovação na continuidade" (cf. Huenermann, 2012). Na realidade, por "renovação na continuidade" entendem mais continuidade do que renovação. Segundo eles, só a continuidade asseguraria a continuidade da Tradição. Entretanto, se tudo é continuidade, então não há mudança e, na realidade, o Concílio mudou a Igreja. Com isso, teria mesmo rompido com a Tradição? Ora, mudanças implicam também descontinuidade, o que não significa necessariamente ruptura com a Tradição (cf. Alberigo, 2005). Ainda no pontificado de Paulo VI, atrelados ao Concílio de Trento, o bispo M. Lefebvre e os integristas católicos já haviam acusado o Vaticano II de ter rompido com a tradição da Igreja. E coerentes com seu ponto de vista romperam não só com o Vaticano II como também com a Igreja de Roma. Ao contrário de M. Lefebvre, este segmento da Igreja que evoca estas duas hermenêuticas continua na Igreja e não só não rompe com o Concílio como o interpreta na perspectiva tridentina, acusando os que mostram a distância entre Trento e o Vaticano II de estarem fazendo uma hermenêutica equivocada, de ruptura com a Tradição (cf. Melloni, 2005).

Entretanto, os que acolhem a renovação do Concílio argumentam que o Vaticano II não rompeu com a Tradição da Igreja, mas nem por isso deixou de tomar distância do modelo de cristandade, do eclesiocentrismo, da teocracia medieval, em resumo, da larga e esclerosada era constantiniana presente em Trento (Sobrino, 2012, p. 79). Dizem que os que advogam uma hermenêutica do Vaticano II como "renovação na continuidade", por suas atitudes e práticas, na realidade, embora se reivindiquem do Vaticano II, continuam atrelados à mentalidade e ao modelo de cristandade. Justificam que com o Concílio se fez uma "volta às fontes" bíblicas e patrísticas, das quais a tradição tridentina havia se distanciado e, com isso, superando os limites de uma postura de Igreja que precisava de um *aggiornamento* (cf. Theobald, 2005). Ora, como demonstram os dados da pesquisa, os "padres novos" em geral se alinham a este segmento da Igreja, também questionando a renovação conciliar e voltando a concepções e práticas pré-conciliares, visualizadas a começar no modo de se vestir.

A tradição eclesial libertadora

Na caracterização da visão dos "padres novos" sobre a Igreja hoje, a Questão 2 diz respeito à tradição libertadora da Igreja na América Latina, tecida em torno às Conferências de Medellín, Puebla, Santo

Domingo e Aparecida. Neste particular, a distância entre os "padres das décadas de 1970/1980" e os "padres novos" é ainda maior do que em relação à renovação do Vaticano II. O posicionamento guarda coerência, pois a tradição libertadora nada mais é que um desdobramento mais consequente da renovação conciliar, em um contexto marcado pela injustiça institucionalizada e a exclusão. Concretamente, para os "padres das décadas de 1970/1980" a tradição eclesial libertadora está avançando menos (48,5%) do que para os "padres novos" (74,6%), consequentemente, para eles está retrocedendo mais (16,5%) do que para estes (4,5%), pela desqualificação das CEBs e a da Teologia da Libertação. Além disso, para os "padres novos", a tradição libertadora da Igreja na América Latina está menos estancada (7,5%) do que para os "padres das décadas de 1970/1980" (24,7%). A principal razão é a nomeação de um novo perfil de bispo e o fortalecimento dos movimentos, que pesa mais para os presbíteros das décadas de 1970/1980 do que para os "padres novos", justamente por serem mais alinhados a estes segmentos, de onde são oriundos como vocacionados. Em resumo, a grande maioria dos "padres das décadas de 1970/1980" acha que a tradição libertadora latino-americana está avançando, enquanto que entre os "padres novos", menos da metade deles pensam assim. Em segunda opção, também quatro vezes mais os "padres das décadas de 1970/1980" acham que ela está estancada ou retrocedendo. Os dados revelam a distância dos dois segmentos de presbíteros, também em relação à tradição eclesial libertadora, atacada e desqualificada durante três décadas, entre Puebla e Aparecida.

Neste particular, a questão de fundo continua a recepção do Vaticano II, especialmente da *Gaudium et Spes*, que abriu a Igreja para o mundo, numa postura de diálogo e serviço, na perspectiva do sonho do Papa João XXIII – "uma Igreja pobre e para os pobres, para que seja uma Igreja de todos", bem como do "Pacto das Catacumbas", que teve em Dom Hélder Câmara um de seus articuladores (cf. Brighenti, 2015). Em *Medellín*, a Igreja na América Latina faz seu o sonho do papa, dando origem à tradição libertadora. Tanto que é na esteira de Medellín que vão surgir os frutos mais arrojados do Concílio Vaticano II, uma contribuição não só para o continente, como para a Igreja universal, entre outros: a opção preferencial pelos pobres, as

Comunidades Eclesiais de Base, a leitura popular da Bíblia, a Teologia da Libertação, a inserção da vida religiosa nos meios populares, a postura profética dos cristãos frente a uma situação de injustiça institucionalizada, a promoção de uma sociedade justa e solidária, com a consequente constelação de mártires das causas do evangelho social, dentre os quais Dom Oscar Romero foi o primeiro deles a ser canonizado. Trata-se de pilares de um modo de ser Igreja, que os segmentos reticentes à renovação conciliar tratam de qualificar como politização da fé, alinhamento ao marxismo ou mesmo a secularização da Igreja, o que acaba encontrando eco também no clero e no laicato das últimas gerações.

A Teologia da Libertação

O objeto da Questão 3 é a Teologia da Libertação, um dos principais frutos da tradição eclesial libertadora da Igreja na América Latina, que tematiza as questões postas pelos cristãos engajados profeticamente na sociedade e alimenta sua reflexão e espiritualidade. Neste particular, em primeira opção, para os "padres das décadas de 1970/1980" aparece que ela "explicita a dimensão sociotransformadora do Evangelho (49,5%), enquanto que para os "padres novos" "ela precisa corrigir certos desvios" (22,4%), ainda que continue útil, oportuna e necessária. Em segundo lugar, para os "padres das décadas de 1970/1980", "ela expressa a opção pelos pobres, que radica na fé cristológica" (16,5%), enquanto para os "padres novos", ainda que "ajude os cristãos a contribuir com uma sociedade mais justa e solidária" (14,9%), "ela politiza a fé, colocando o pobre como fundamento e não Jesus Cristo" (13,4%). Ficam explícitas as reticências dos "padres novos" à nova teologia, fruto de Medellín, para os quais, embora reconheçam seu valor, precisa corrigir desvios.

É uma postura que também faz eco dos ataques que a nova teologia sofreu, sobretudo, por três décadas, de Puebla a Aparecida. Por ter surgido como a primeira teologia diferente da única teologia do centro e, além disso, nascida na periferia, logo fizeram dela uma teologia mártir. Ela nasceu, cresceu e se desenvolveu, praticamente, em dez anos, entre Medellín e Puebla. Ao lado do apoio da maioria do episcopado do continente e de amplos segmentos de cristãos e agentes sociais engajados profeticamente na sociedade, em especial, na luta contra as ditaduras militares que se instalaram na maioria dos países do continente, desde a primeira hora, a Teologia da Libertação recebeu a oposição de bispos conservadores em torno ao CELAM, bem como a crítica severa da Congregação da Doutrina da Fé, que dedicou a ela duas Exortações – *Libertatis Nuntius* (1984) e *Libertatis Conscientia* (1986). Entretanto, tal como atestam "padres das décadas de 1970/1980" nesta pesquisa, passado meio século de sua trajetória, ainda que seus pioneiros estejam saindo de cena, a Teologia da Libertação guarda todo seu significado e importância. A "opção pelos pobres", coração do Evangelho e alma de nova teologia, dada a sensibilidade eclesial resgatada frente ao escandaloso "prolongamento da paixão de Jesus na paixão do mundo" nas palavras de L. Boff, colocou novamente a Teologia da Libertação em praça pública. Três acontecimentos principais propiciaram este novo momento eclesial: a Conferência de Aparecida (2007), que resgatou o Vaticano II e a tradição libertadora da Igreja na América Latina e Caribe; a renúncia de Bento XVI, em grande medida fruto do esgotamento de um projeto de evangelização atrelado à neocristandade, vigente desde o pontificado anterior; e a eleição do Papa Francisco, que retoma a renovação do Vaticano II na perspectiva de sua "recepção criativa" (J. Sobrino) na América Latina, de onde o novo papa é originário. É uma reviravolta inusitada, que deixa a maioria perplexa, outros entusiastas e segmentos conservadores e tradicionalistas em oposição aberta ou velada, como parte dos "padres novos".

Referências

ALBERIGO, G. O Vaticano II e sua história. In: *Concilium* 312 (2005/4) 07-19.

GONZÁLEZ FAUS, J. I. El meollo de la involución eclesial. *Razon y Fe* 220 (1989), 1089/90, 67-84.

BRIGHENTI, A. Pacto das Catacumbas e Tradição Eclesial Libertadora. In: PIKAZA, Xabier & ANTUNES DA SILVA, José (orgs.). *O pacto das catacumbas – A missão dos pobres na Igreja*. 1. ed. Lisboa: Paulinas, 2015, v. 01, p. 123-140.

HUENERMANN, Peter. Silêncio frente ao Concílio Vaticano II? *Concilium* 346 (2012/3) 283-296.

MELLONI, A. O que foi o Vaticano II? Breve guia para os juízos sobre o Concílio. *Concilium* 312 (2005/4) 34-59.

SOBRINO, J. "A Igreja dos pobres" não prosperou no Vaticano II. Promovida em Medellín, historicizou elementos essenciais do concílio. *Concilium* 346 (2012/3) 79-89.

THEOBALD, C. As opções teológicas do Concílio Vaticano II: em busca de um princípio "interno" de interpretação. *Concilium* 312 (2005/4) 115-138.

THEOBALD, C. *La réception du Concile Vatican II* – I. Accéder a la source. Paris: Ed. du Cerf, 2009.

2. MODELOS DE PASTORAL E CONTRIBUIÇÃO DA IGREJA À SOCIEDADE

Em busca de *O novo rosto do clero – Perfil dos "padres novos" no Brasil*, com relação à visão da Igreja no mundo de hoje, seguem quatro outras questões do segundo bloco de perguntas do questionário aplicado na pesquisa de campo. Perguntou-se às sete categorias de amostras (cinco delas apresentadas neste relatório) de cada uma das duas perspectivas sociopastorais – a perspectiva "institucional/carismática", à qual estão vinculados os "padres novos" e a perspectiva "evangelização/libertação", à qual estão vinculados os "padres das décadas de 1970/1980": que ações do modelo de pastoral dos "padres das décadas de 1970/1980" já não respondem mais ou continuam válidas, assim como quais as maiores lacunas ou vazios na ação pastoral hoje e como a ação da Igreja tem contribuído para uma sociedade mais justa e fraterna. Ao final do relatório dos dados das quatro questões, há um breve comentário analítico sobre a visão dos "padres novos" a respeito realizado por Alzirinha Rocha de Souza.

Questão 4. Que ações do "modelo de pastoral" dos anos de 1970-1980 já não respondem mais na ação da Igreja, hoje? (Tabela 19)

1ª citação	Visão da totalidade das amostras	Visão por perspectiva sociopastoral		Visão por categoria de agentes das duas perspectivas juntas				
		Institucional / Carismática	Evangelização / Libertação	Padres	Leigos(as)	Jovens	Seminaristas	Religiosas
Base:	743	324	419	157	210	127	122	126
Privilegiar as CEBs e pequenas comunidades em relação aos movimentos	20,2%	21,1%	19,8%	22,8%	19,7%	11,0%	34,9%	10,3%
Os preconceitos em relação à renovação carismática	18,8%	20,2%	17,9%	21,0%	11,4%	26,3%	20,6%	20,6%
Dar ênfase às pastorais sociais; as pessoas querem resolver seus problemas pessoais	10,3%	13,0%	8,1%	9,9%	10,0%	16,1%	5,6%	11,2%
Celebrações litúrgicas que acentuam o compromisso comunitário e social	8,8%	7,8%	9,5%	16,0%	3,1%	9,3%	5,6%	15,0%
Muitas pastorais, reuniões, eventos de formação	8,2%	4,3%	11,2%	8,6%	7,9%	4,2%	11,1%	9,3%
Fazer planejamento e agir com planos de pastoral	5,4%	5,0%	5,7%	1,2%	3,9%	11,0%	5,6%	8,4%
Formar comunidade e fazer funcionar a comunidade tornou-se impossível	4,7%	7,5%	2,6%	5,6%	7,9%	1,7%	1,6%	2,8%
Formar os leigos sobretudo para o compromisso social	4,7%	3,7%	5,5%	6,2%	5,7%	3,4%	0,8%	5,6%
Equipes de Coordenação, Conselhos e Assembleias de Pastoral nas comunidades	3,1%	2,8%	3,3%	0,6%	4,8%		0,8%	9,3%
Implantar grupos de reflexão ou de família	2,9%	3,4%	2,4%	0,6%	5,2%	3,4%	1,6%	3,7%
Outro	0,6%	0,9%	0,5%	1,9%			0,8%	
Não respondeu	12,1%	10,2%	13,6%	5,6%	20,5%	13,6%	11,1%	3,7%
Total	100,0%	100,0%	100,0%	100,0%	100,0%	100,0%	100,0%	100,0%

A visão da totalidade das amostras. Com relação a ações do modelo de pastoral dos padres das décadas de 1970/1980 que já não respondem mais, na visão da totalidade das amostras aparecem estas três alternativas em ordem de importância: *privilegiar as CEBs e pequenas comunidades em relação aos movimentos* (20,2%); *os preconceitos em relação à renovação carismática* (18,8%); e *dar ênfase às pastorais sociais, pois as pessoas querem resolver seus problemas pessoais* (10,3%). Isso significa que, no global, se privilegia os movimentos, não se tem preconceito da renovação carismática e se procura resolver os problemas pessoais em lugar de enfocar o social. Chama a atenção que os jovens e as religiosas sejam os que colocam em primeiro lugar que não se deve ter preconceito com relação à renovação carismática, enquanto que os leigos/as são os mais reticentes em relação às demais categorias de agentes.

A visão por perspectiva sociopastoral. Quando desmembramos esta visão por perspectivas sociopastorais, continua aparecendo em primeiro lugar *privilegiar as CEBs e pequenas comunidades em relação aos movimentos* – "institucional/carismática" (21,1%) e "evangelização/libertação" (19,8%), assim como em segundo lugar *os preconceitos em relação à renovação carismática* – 20,2% e 17,9%, respectivamente, mas em terceiro lugar para "institucional/carismática" aparece *dar ênfase às pastorais sociais, pois as pessoas querem resolver seus problemas pessoais* (13,0%) e para a perspectiva "evangelização/libertação" se nomeia *muitas pastorais, reuniões e eventos de formação* (11,2%).

A visão por categoria de agentes eclesiais. Quando olhamos para cada amostra das duas perspectivas juntas, surgem algumas peculiaridades interessantes. Entre as ações que já não respondem mais hoje, em primeiro lugar para padres (22,8%), leigos/as (19,7%) e seminaristas (34,9%), aparece *privilegiar as CEBs em relação aos movimentos*, enquanto que os jovens (26,3%) e as religiosas (20,6%) nomeiam *os preconceitos em relação à renovação carismática*. Em segundo lugar para padres (21,0%), leigos/as (11,4%) e seminaristas (20,6%) aparece *os preconceitos em relação à renovação carismática*, para os jovens se nomeia *dar ênfase às pastorais sociais, pois as pessoas querem resolver seus problemas pessoais* (16,1%) e para as religiosas (15,0%) *celebrações litúrgicas que acentuam o compromisso comunitário e social*, o que os padres também nomeiam em quarto lugar (16,0%).

A visão dos presbíteros

Gráfico 14
P.4 - Que ações do "modelo de pastoral" dos anos de 1970-1980 já não respondem mais na ação da Igreja, hoje?

Ao olhar unicamente para os presbíteros por perspectiva socio-pastoral, entre as ações que já não respondem mais hoje, em primeiro lugar para os "padres novos" aparece *privilegiar as CEBs em relação aos movimentos* (25,4%), já os "padres das décadas de 1970/1980" nomeiam *celebrações litúrgicas que acentuam o compromisso social* (22,3%). Em segundo lugar, para os "padres novos" são os *preconcei-tos em relação à renovação carismática* (23,9%), enquanto que para os "padres das décadas de 1970/1980" aparece *privilegiar as CEBs em relação aos movimentos* (20,2%).

Em terceiro lugar, para os "padres novos" entre as ações que já não respondem mais hoje aparece *enfatizar pastorais sociais* (13,4%), enquanto que para os "padres das décadas de 1970/1980" se nomeia *os preconceitos em relação à renovação carismática* (19,1%). Chama ainda a atenção os "padres novos" nomeando entre as ações que já não respondem mais hoje *formar comunidade e fazer funcionar a co-munidade* (9,0%, o outro grupo 3,2%) e os "padres das décadas de 1970/1980" assinalando *formar leigos, sobretudo para o compromisso social* (10,6%, os padres novos 1,5%).

Questão 5. Que ações do "modelo pastoral" dos anos de 1970-1980 continuam válidas na ação da Igreja, hoje? (Tabela 20)

1ª citação	Visão da totalidade das amostras	Visão por perspectiva sociopastoral		Visão por categoria de agentes das duas perspectivas juntas				
		Institucional / Carismática	Evangelização / Libertação	Padres	Leigos(as)	Jovens	Seminaristas	Religiosas
Base:	743	324	419	157	210	127	122	126
Formação bíblica, celebração e compromisso em grupos de reflexão ou de família	26,5%	27,2%	25,9%	28,2%	24,6%	28,2%	32,8%	18,3%
Escolas de formação de leigos e leigas, com cursos sistemáticos e longos	15,2%	17,6%	13,3%	14,7%	12,7%	14,5%	17,6%	20,2%
Uma pastoral social consistente e estruturada, expressão do Evangelho social	10,9%	11,4%	10,5%	8,0%	14,9%	13,7%	8,0%	6,7%
Comunidades eclesiais com planejamento, conselhos e assembleias de pastoral	8,4%	7,4%	9,0%	11,0%	4,8%	6,0%	13,6%	7,7%
Menos centralização na matriz e no padre e mais autonomia aos leigos e leigas	6,9%	8,0%	6,2%	16,0%	5,3%	2,6%	3,2%	6,7%
Presença pública da Igreja: Grito dos Excluídos, conselhos tutelares, Camp. da Fraternidade	6,1%	5,9%	6,4%	1,2%	8,3%	10,3%	1,6%	10,6%
Dar maior importância às pequenas comunidades eclesiais do que aos movimentos	5,3%	2,2%	7,8%	8,0%	2,6%	2,6%	2,4%	13,5%

Padres e leigos proféticos, críticos, inconformados diante das injustiças e da miséria	5,1%	4,6%	5,5%	5,5%	4,4%	3,4%	6,4%	5,8%
Celebrações litúrgicas que levam para o compromisso comunitário e social	4,1%	4,6%	3,8%	0,6%	4,4%	8,5%	2,4%	5,8%
Caminhadas e romarias em torno a questões ou problemas da atualidade	2,8%	2,5%	3,1%	1,2%	6,1%	0,9%	0,8%	1,9%
Outro	0,1%							
Não respondeu	8,5%	8,6%	8,6%	5,5%	11,8%	9,4%	11,2%	2,9%
Total	100,0%	100,0%	100,0%	100,0%	100,0%	100,0%	100,0%	100,0%

A visão da totalidade das amostras. Com relação a ações do modelo de pastoral dos padres das décadas de 1970/1980 que continuam válidas na ação da Igreja hoje, na visão da totalidade das amostras aparecem estas três alternativas em ordem de importância: *formação bíblica, celebração e compromisso em grupos de reflexão ou de família* (26,5%), *escolas de formação de leigos e leigas, com cursos sistemáticos e longos* (15,2%), e *uma pastoral social consistente e estruturada, expressão do Evangelho social* (10,9%). A formação bíblica aparece em primeiro lugar também para as duas perspectivas sociopastorais e demais categorias de agentes eclesiais consultados, menos para as religiosas que nomeiam as escolas de formação (20,2%). Chama a atenção que sejam os padres que acentuem mais haver menos centralização na matriz e no padre (16,0%), o que poderia ser um problema maior para os demais e não para eles.

A visão por perspectiva sociopastoral. Quando desmembramos esta visão por perspectivas sociopastorais, em primeiro lugar aparece como ação que continua válida hoje a *formação bíblica, celebração e compromisso em grupos de reflexão ou de família,* tanto para a perspectiva "institucional/carismática" (27,2%) como para a perspectiva "evangelização/libertação" (25,9%); as duas perspectivas coincidem também na ação em segundo lugar – *escolas de formação de leigos e leigas, com cursos sistemáticos e longos* (17,6% e 13,3%, respectivamente); e, em terceiro, *uma pastoral social consistente e estruturada, expressão do Evangelho social* (11,4% e 10,5%, respectivamente).

A visão por categoria de agentes eclesiais. Quando olhamos para cada amostra das duas perspectivas juntas, surgem matizes interessantes. Como ações do modelo de pastoral dos padres das décadas de 1970/1980 que continuam válidas na ação da Igreja hoje, aparece em primeiro lugar *formação bíblica, celebração e compromisso em grupos de reflexão ou de família* para padres (28,2%), leigos/as (24,6%), jovens (28,2%) e seminaristas (32,8%), enquanto que as religiosas nomeiam *escolas de formação de leigos e leigas, com cursos sistemáticos e longos* (20,2%). Em segundo lugar, chama a atenção os padres nomeando *menos centralização na matriz e no padre e mais autonomia aos leigos e leigas* (16%), enquanto para as demais amostras o índice é muito mais baixo, como se para elas isso não seja um problema. Outro dado que chama a atenção são as religiosas apontando a importância de se valorizar mais as pequenas comunidades do que os movimentos (13,5%), quando também para as demais amostras o índice é muito mais baixo.

A visão dos presbíteros

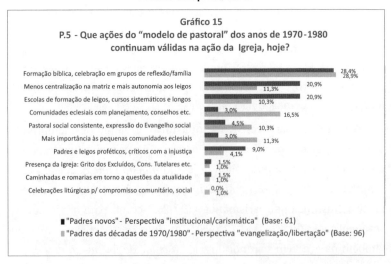

Ao olhar unicamente os presbíteros por perspectiva sociopastoral, entre ações do modelo de pastoral dos padres das décadas de 1970/1980 que continuam válidas na ação da Igreja hoje, em primeiro lugar aparece a *formação bíblica, celebração de reflexão em grupo ou família*, tanto para os "padres novos" (28,4%) como para os "padres das décadas de 1970/1980" (28,9%). Em segundo lugar há diferença entre eles, pois os "padres novos" nomeiam *menos centralização na matriz e mais autonomia aos leigos* e *escolas de formação de leigos, cursos sistemáticos e longos*, ambas as ações com 20,9%, enquanto que os "padres das décadas de 1970/1980" assinalam *comunidades eclesiais com planejamento, conselhos de pastoral e assembleias* (16,5%).

Em terceiro lugar, os "padres novos" nomeiam *padres e leigos proféticos, críticos com a injustiça* (9,0%), já os "padres das décadas de 1970/1980" assinalam *dar mais importância às pequenas comunidades eclesiais* (11,3%), seguida de uma pastoral social consistente, expressão do evangelho social (10,3%). Chama a atenção como a presença da Igreja no espaço público e celebrações que levem a um compromisso social sejam tão pouco valorizadas pelas duas perspectivas de padres, quando isso foi tão forte em décadas passadas.

Questão 6. Quais as maiores lacunas ou vazios na ação pastoral, hoje? (Tabela 21)

1ª citação	Visão da totalidade das amostras	Visão por perspectiva sociopastoral		Visão por categoria de agentes das duas perspectivas juntas				
		Institucional / Carismática	Evangelização / Libertação	Padres	Leigos(as)	Jovens	Seminaristas	Religiosas
Base:	743	324	419	157	210	127	122	126
A baixa do profetismo e o esfriamento da opção pelos pobres	23,6%	21,9%	24,8%	42,6%	20,1%	4,3%	19,0%	29,0%
A centralização na paróquia e no padre, burocracia e clericalismo	20,0%	14,5%	24,3%	22,2%	20,1%	24,8%	13,5%	17,8%
A falta de acolhida pessoal e desconhecimento da situação da pessoa	16,9%	22,8%	12,1%	9,3%	20,1%	15,4%	26,2%	12,1%
Liturgias frias, sem convencimento, sem valorização da afetividade	8,1%	9,6%	6,9%	3,1%	10,0%	12,0%	7,1%	8,4%
O esfriamento das pastorais sociais e da inserção profética na sociedade	6,9%	7,1%	6,7%	6,2%	4,8%	9,4%	11,1%	4,7%
Apostar numa Igreja de movimentos e novas comunidades de vida e aliança	5,7%	4,6%	6,4%	3,1%	6,6%	8,5%	2,4%	8,4%
A centralização da vida cristã na liturgia, festivas, com pouco compromisso	5,6%	5,6%	5,7%	3,1%	8,3%	7,7%	4,0%	4,7%
O deslocamento do profético para o terapêutico e do ético para o estético	3,9%	2,2%	5,2%	4,9%	1,3%	0,9%	2,4%	14,0%
Uma fé com pouca sensibilidade ecológica	2,1%	2,2%	2,1%	1,2%	0,9%	4,3%	5,6%	
Muita insistência no compromisso e pouco espaço para a gratuidade e a festa	1,6%	1,9%	1,4%			9,4%		
Outro	0,9%	2,2%			0,4%		4,0%	
Não respondeu	4,8%	5,6%	4,3%	4,3%	7,4%	3,4%	4,8%	0,9%
Total	100,0%	100,0%	100,0%	100,0%	100,0%	100,0%	100,0%	100,0%

A visão da totalidade das amostras. Perguntados sobre quais as maiores lacunas ou vazios na ação pastoral, hoje, a totalidade das amostras cita, em ordem decrescente: *a baixa do profetismo e o esfriamento da opção dos pobres* (23,6%), *a centralização na paróquia e no padre, burocracia e clericalismo* (20,0%) e *falta de acolhida pessoal e desconhecimento da situação da pessoa* (16,9%). Chama a atenção que profetismo e opção pelos pobres não apareça em primeiro lugar como um vazio para a perspectiva "institucional/carismática", assim como para os jovens e os seminaristas. Também que o clericalismo aparece em primeiro lugar para leigos/as e jovens. Já a acolhida pessoal e a situação da pessoa é colocada em primeiro lugar pela perspectiva "institucional/carismática", os leigos/as e seminaristas. Quem mais se queixa de liturgias frias são os leigos/as e os jovens.

A visão por perspectiva sociopastoral. Quando desmembramos a totalidade das amostras por perspectiva sociopastoral, a indicação das maiores lacunas ou vazios na ação pastoral, hoje, muda: a perspectiva "institucional/carismática" indica *a falta de acolhida pessoal e desconhecimento da situação da pessoa* (22,8%), enquanto que a perspectiva "evangelização/libertação" cita *a baixa do profetismo e o esfriamento da opção dos pobres* (24,8%). São duas lacunas que sinalizam que a ação pastoral existente é sustentada por um comportamento socialmente distante dos pobres e que dedica pouco tempo para um atendimento pessoal. Em segundo lugar, para a primeira perspectiva aparece *a baixa do profetismo e o esfriamento da opção dos pobres* (21,9%) e a segunda indica *a centralização na paróquia e no padre, burocracia e clericalismo* (24,3%). Em terceiro lugar, enquanto a perspectiva "institucional/carismática" indica *a centralização na paróquia e no padre, burocracia e clericalismo* (14,5%), a perspectiva "evangelização/libertação" cita *a falta de acolhida pessoal e desconhecimento da situação da pessoa* (12,1%). Em resumo, enquanto a primeira perspectiva põe em relevo a falta de acolhida pessoal, a segunda destaca a centralização na paróquia e no padre.

A visão por categoria de agentes eclesiais. Quando juntamos as amostras das duas perspectivas sociopastorais por categoria de entrevistados, as diferenças entre elas são ainda mais expressivas. Em primeiro lugar, aparece *a baixa do profetismo e o esfriamento da opção dos pobres* para padres (42,6%), leigos/as (20,1%) e religiosas (29,0%), enquanto para jovens aparece *a centralização na paróquia e no padre, burocracia e clericalismo* (24,8%) e para os seminaristas *a falta de acolhida pessoal e desconhecimento da situação da pessoa* (26,2%). Em segundo lugar, aparece *a centralização na paróquia e no padre, burocracia e clericalismo* para padres (22,2%) e religiosas (17,8%), enquanto que para as demais categorias de agentes, cada uma indica uma diferente. Cabe também destacar que as religiosas indicam em uma porcentagem muito mais elevada que as demais categorias o deslocamento do profético para o terapêutico e do ético para o estético (14,0%).

A visão dos presbíteros

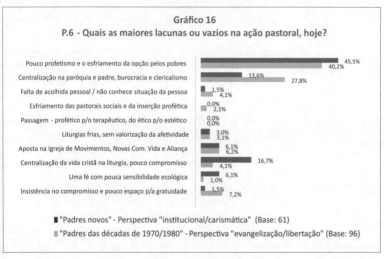

Quando focamos somente os presbíteros por perspectiva sociopastoral, estes declaram significativamente em primeiro lugar que a maior lacuna ou vazio pastoral é o *pouco profetismo e o esfriamento da opção dos pobres*, com 45,5% para os "padres novos" e 40,2% para os "padres das décadas de 1970/1980". Essa visão é confirmada pelos "padres novos" quando 16,5% assinalam em segundo lugar que outra lacuna é a *centralização na liturgia festiva, com pouco compromisso*

151

e os "padres das décadas de 1970/1980" com 27,8% expressam que a *centralização na paróquia e padre, burocracia e clericalismo* seja um vazio atualmente. Em terceiro lugar, os "padres das décadas de 1970/1980" assinalam a *insistência no compromisso e pouco espaço para a gratuidade* (7,2%), enquanto que os "padres novos" nomeiam *a aposta nos movimentos e uma fé com pouca sensibilidade ecológica*, ambas as lacunas com 6,1%.

Questão 7. Como a ação da Igreja tem contribuído para uma sociedade mais justa e fraterna? (Tabela 22)

1ª citação	Visão da totalidade das amostras	Visão por perspectiva sociopastoral		Visão por categoria de agentes das duas perspectivas juntas				
		Institucional / Carismática	Evangelização / Libertação	Padres	Leigos(as)	Jovens	Seminaristas	Religiosas
Base:	743	324	419	157	210	127	122	126
Educando para justiça, a partilha e o serviço aos pobres	22,8%	22,3%	23,2%	24,4%	27,2%	15,5%	19,4%	24,0%
Apoiando projetos de lei como o da anticorrupção eleitoral e da ficha limpa	15,6%	15,5%	15,8%	29,3%	17,1%	4,3%	10,5%	10,6%
Levantando sua voz profética diante de situações de injustiça e desrespeito de direitos	13,6%	13,0%	14,1%	7,9%	6,6%	11,2%	26,6%	26,0%
Promovendo as Campanhas da Fraternidade e consequente criação de projetos específicos	13,6%	11,8%	15,0%	11,0%	10,1%	36,2%	4,0%	11,5%
Através das Cáritas, das ações sociais e assistência regular aos pobres	8,7%	9,6%	8,1%	7,3%	7,0%	6,9%	18,5%	4,8%
Criando suas próprias obras sociais: escolas, hospitais, asilos, abrigos de menores etc.	6,9%	7,4%	6,4%	3,0%	10,5%	7,8%	4,8%	4,8%
Formando a consciência política e cidadã	6,4%	5,3%	7,4%	3,0%	7,9%	6,0%	0,8%	15,4%
Atuando em parceria com outras organizações da sociedade civil e outras igrejas	3,3%	5,6%	1,4%	9,1%	1,3%	0,9%	4,8%	
Realizando campanhas de agasalho e cestas básicas	2,5%	2,5%	2,4%		4,8%	3,4%	0,8%	1,0%
Rezando pelos governantes e as autoridades em geral	1,8%	1,9%	1,9%	1,2%	2,6%	0,9%	1,6%	1,9%
Outro	1,4%	1,5%	1,2%	3,0%		4,3%		
Não respondeu	3,4%	3,7%	3,1%	0,6%	4,8%	2,6%	8,1%	
Total	100,0%	100,0%	100,0%	100,0%	100,0%	100,0%	100,0%	100,0%

A visão da totalidade das amostras. Perguntados sobre como a ação da Igreja tem contribuído para uma sociedade mais justa e fraterna, a totalidade das amostras cita, em ordem decrescente: *educando para a justiça, a partilha e o serviço aos pobres* (22,8%), *apoiando* *projetos de lei como o da Anticorrupção Eleitoral e da Ficha Limpa* (15,6%) e *levantando sua voz profética diante de situações de injustiça e desrespeito de direitos* (13,6%). Os padres são os únicos a colocar em primeiro lugar os projetos de lei, assim como os leigos a educação para a justiça, os seminaristas e religiosas "levantando a voz profética" e os jovens os únicos a colocar a Campanha da Fraternidade. Os seminaristas são os que mais valorizam a assistência aos pobres.

A visão por perspectiva sociopastoral. Quando desmembramos a totalidade das amostras por perspectiva sociopastoral, a indicação sobre ações da Igreja que têm contribuído para uma sociedade mais justa e fraterna, as duas perspectivas sociopastorais – "instituição/ carismática" e "evangelização/libertação" – conservam as mesmas indicações que aparecem na totalidade das amostras, com exceção da perspectiva "evangelização/libertação" que, em terceiro lugar, assinala *levantando sua voz profética diante de situações de injustiça e desrespeito de direitos* cita *promovendo as campanhas da Fraternidade e a consequente criação de projetos específicos,* valorizando um símbolo do compromisso da Igreja no Brasil com o social.

A visão por categoria de agentes eclesiais. Quando juntamos as amostras das duas perspectivas sociopastorais por categoria de entrevistados, há uma grande variedade de indicações. Em primeiro lugar, aparece para os padres *apoiando projetos de lei como o da Anticorrupção Eleitoral e da Ficha Limpa* (29,3%); os leigos/as indicam *educando para a justiça, a partilha e o serviço aos pobres* (27,2%); os jovens nomeiam *promovendo as campanhas da Fraternidade e a consequente criação de projetos específicos* (36,6%); e os seminaristas e as religiosas indicam *levantando sua voz profética diante de situações de injustiça e desrespeito de direitos,* com 66,6% e 26,0%, respectivamente. Em segundo lugar, todos coincidem, menos os leigos/as, em indicar *educando para a justiça, a partilha e o serviço aos pobres –* padres (24,4%), jovens (15,5%), seminaristas (19,4%) e religiosas (24,0%). Já os leigos/as indicam *apoiando projetos de lei como o da Anticorrupção Eleitoral e da Ficha Limpa* (17,1%). Em terceiro lugar, chama a atenção as religiosas indicando *a formação da consciência* *política e cidadã* (15,4%), quando para as demais amostras não deram muita importância, talvez por grande segmento delas atuarem no campo da educação.

A visão dos presbíteros

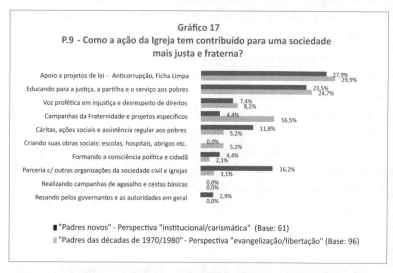

Quando focamos somente os presbíteros por perspectiva sociopastoral, perguntando que ações da Igreja têm contribuído para uma sociedade mais justa e fraterna, em primeiro lugar, tanto os "padres novos" (27,9%) como os "padres das décadas de 1970/1980" (29,9%) citam o *apoio a projetos de lei, como a lei Anticorrupção e da Ficha Limpa*. Há convergência também na segunda indicação – *educar para a justiça, a partilha e o serviço aos pobres*, com 23,5% para os "padres novos" e 24,7% para os "padres das décadas de 1970/1980". Em terceiro lugar, os "padres novos" citam *a parceria com outras organizações da sociedade civil e Igrejas* (16,2%), enquanto os "padres das décadas de 1970/1980" nomeiam *as Campanhas da Fraternidade e a consequente criação de projetos específicos* (16,5%). Em quarto lugar, os "padres novos" citam *Cáritas, Ações Sociais e assistência regular aos pobres* (11,5%), enquanto os "padres das décadas de 1970/1980" nomeiam *levantando a voz profética diante de situações de injustiça e desrespeito de direitos* (8,2%).

É interessante constatar como a Campanha da Fraternidade não tem muito apreço entre os "padres novos" e, por outro lado, como prezam a parceria com outras organizações da sociedade civil e Igrejas.

Análise preliminar

A visão dos "padres novos" a respeito de modelos de pastoral e a contribuição da Igreja à sociedade

Alzirinha Rocha de Souza

Depois de vermos os dados de quatro questões deste bloco, convém fazer algumas considerações. Perguntou-se às cinco categorias de agentes eclesiais das duas perspectivas sociopastorais que ações do modelo de pastoral dos "padres das décadas de 1970/1980" já não respondem mais ou continuam válidas, assim como quais as maiores lacunas ou vazios na ação pastoral hoje e como a ação da Igreja tem contribuído para uma sociedade mais justa e fraterna. Vamos nos restringir, aqui, aos dados relativos aos "padres novos", objeto particular desta pesquisa, mas sempre em analogia com os dados dos "padres das décadas de 1970/1980", uma vez que duas perspectivas sociopastorais estão detrás deles – a perspectiva "institucional/carismática", à qual estão vinculados os primeiros, e a perspectiva "evangelização/libertação", à qual se vinculam os segundos.

Ações do "modelo pastoral" dos anos de 1970-1980 que já não respondem mais, hoje

Vimos que em primeiro lugar para os "padres novos" não responde mais *privilegiar as CEBs em relação aos movimentos* (25,4%). Já os "padres das décadas de 1970/1980" nomeiam *celebrações litúrgicas que acentuam o compromisso social* (22,3%). Em segundo lugar, para os "padres novos" não responde mais os *preconceitos em relação à renovação carismática* (23,9%), enquanto que para os "padres das décadas de 1970/1980" aparece *privilegiar as CEBs em relação aos movimentos* (20,2%). Ou seja, os "padres novos" valorizam menos as CEBs do que os "padres das décadas de 1970/1980", assim como valorizam mais a renovação carismática, o que está em coerência às perspectivas sociopastorais a que eles pertencem. Na mesma linha vão as demais indicações: os "padres novos" valorizam menos do que os "padres das décadas de 1970/1980" enfatizar as pastorais sociais, formar comunidade, bem como equipes de coordenação, conselhos e assembleias de pastoral.

Como entender esta postura dos padres frente às CEBs, inclusive dos "padres das décadas de 1970/1980", os quais, embora as valorizem mais do que os "padres novos", têm um índice alto de descrédito. Sabemos que as CEBs foram, nas décadas de 1970/1980 e ainda hoje, o canal principal de aproximação de contextos concretos, de identificação de desafios e de proposição de soluções para e pelos membros das comunidades, indicando o protagonismo de mulheres e homens na base da Igreja. O desenvolvimento pastoral a partir das CEBs, expressado pela dinâmica *ver-julgar-agir*, denotava uma opção eclesiológica clara e em sintonia com Medellín e Puebla e, posteriormente, com Aparecida. Com relação aos "padres novos", que valorizam menos as CEBs do que os "padres das décadas de 1970/1980", cabe duas reflexões. A primeira é que sua formação presbiteral tenha sido realizada em momento posterior à importância e o protagonismo das CEBs. A segunda é que se verifica na formação atual, que muitos hoje "padres novos", originários dessas CEBs ou de pequenas comunidades, ao entrar na dinâmica da formação atual, rejeitam e renegam sua origem. Isso explica a sua maior valoração da renovação carismática, também pelo fato de grande parte deles serem oriundos desses movimentos. Agora, o fato de os "padres das décadas de 1970/1980", apesar de valorizarem menos a renovação carismática do que os "padres novos", devotarem a ela um índice tão alto pode-se explicar pelo fato de perceberem o movimento como estabelecido e com o qual não há como ser contra. De fato, o movimento está muito presente nas paróquias hoje e padres que por diferentes razões aderiram a ele ou mesmo não estando a ele vinculados, permitem em suas paróquias a realização de celebrações e grupos de oração com esse perfil.

Uma última consideração. O fato de os "padres das décadas de 1970/1980" nomearem em primeiro lugar que já não respondem mais *celebrações litúrgicas que acentuam o compromisso social* (22,3%) pode ser uma das influências das celebrações da renovação carismática, tão valorizadas pelos "padres novos" como aparece na pesquisa.

Ações do "modelo pastoral" dos anos de 1970/1980 que continuam válidas, hoje

Quanto às ações do modelo de pastoral dos padres das décadas de 1970/1980 que continuam válidas na ação da Igreja hoje, em primeiro lugar aparece a *formação bíblica, celebração em grupos de reflexão ou de família*, tanto para os "padres novos" (28,4%) como para os "padres das décadas de 1970/1980" (28,9%). Aqui cabem duas leituras a partir do que se considera conceitualmente cada argumento. Para os "padres das décadas de 1970/1980", formação bíblica, celebração em grupos de reflexão e família poderiam ser pensadas a partir dos Círculos Bíblicos, do CEBI, das celebrações realizadas nas Comunidades de Base, advindas de uma opção eclesiológica de aproximação com o contexto popular. Por sua vez, os "padres novos", dada sua perspectiva e formação, poderiam estar considerando *formação bíblica e celebração em grupos de reflexão* a partir da perspectiva dos movimentos carismáticos e pentecostais, notadamente os Grupos de Reflexão, tão presentes nestes movimentos, revestidos de grupo de oração, que em certas regiões substituíram os Círculos Bíblicos.

Em segundo lugar há diferença entre eles, pois, entre as ações do "modelo pastoral" dos anos de 1970/1980 que continuam válidas hoje, os "padres novos" nomeiam *menos centralização na matriz e mais autonomia aos leigos* e *escolas de formação de leigos, cursos sistemáticos e longos*, ambas as ações com 20,9%, enquanto que os "padres das décadas de 1970/1980" assinalam *comunidades eclesiais com planejamento, conselhos de pastoral e assembleias* (16,5%). É surpreendente que os "padres novos" defendam menos centralização e maior autonomia dos leigos, dado que sua perspectiva se alinha mais com o momento de clericalização da Igreja, que se deu a partir do pontificado de João Paulo II, quando se acentuou a clericalização e o desestímulo ao protagonismo dos leigos na ação pastoral, ao que o Papa Francisco tem se oposto com força (cf. Mickens, 2018). Cabe também se perguntar que tipo de formação para leigos os "padres novos" consideram válido ainda hoje. Dada sua perspectiva, seguramente poderíamos afirmar que se trata de uma formação bastante distinta da capacitação de agentes de pastoral praticada nas décadas de 1970/1980 e ainda tão pertinente e relevante para hoje.

As maiores lacunas ou vazios na ação pastoral, hoje

Com relação aos presbíteros, estes declaram significativamente, em primeiro lugar, que a maior lacuna ou vazio pastoral é o *pouco profetismo e o esfriamento da opção dos pobres*, com 45,5% para os "padres novos" e 40,2% para os "padres das décadas de 1970/1980". Pensado na perspectiva das questões e itens anteriores, é necessário primeiramente perguntar em que sentido duas perspectivas de padres compreendem a relação entre profetismo e pobres e os elementos constituintes da ação pastoral. Para os "padres das décadas de 1970/1980", a indicação pode ser compreendida a partir de Puebla, na chave da opção preferencial pelos pobres e o seu protagonismo e centralidade antropológica e evangélica tão ressaltada nas décadas de 1970/1980 pela Teologia da Libertação. O pobre era considerado sujeito e destinatário do fazer teológico e implicavam os desafios enfrentados em sua defesa. Tomado esse sentido, se compreende que o argumento "esfriamento da opção pelos pobres" a partir do giro hermenêutico dos últimos anos, em direção a uma teologia descontextualizada, tenha gerado grande vazio pastoral. Por outro lado, para os "padres novos", o giro hermenêutico inverso, isto é, em direção aos novos movimentos eclesiais de caráter mais carismático e pentecostal, deixa de conceber o humano em sua concretude e particularidade e retira a centralidade do pobre. Em decorrência, poderíamos propor duas provocações aos "padres novos": se essa ausência do profetismo é decorrência de uma linha eclesiológica, como pode ser responsável por um vazio pastoral? Ou se estariam os "padres novos" reconhecendo a necessidade de retomar o sentido evangélico de forma mais concreta? Claro está que, dado o elevado percentual em relação às demais alternativas de resposta dessa questão, aqueles que se situam na perspectiva dos "padres novos" não conseguiram demonstrar em outras alternativas indicadas, que em sua perspectiva/experiência houvesse outro fator significativo para o vazio pastoral atual. Maior coerência de sentido encontra-se, quando os "padres das décadas de 1970/1980" assinalam a *centralização na paróquia e padre, burocracia e clericalismo* (27,8%), enquanto que a mesma alternativa alcance nos "padres novos" apenas 13,6%.

A contribuição da Igreja para uma sociedade mais justa e fraterna

Tendo-se perguntado que ações da Igreja têm contribuído para uma sociedade mais justa e fraterna, em primeiro lugar, tanto os "padres novos" (27,9%) como os "padres das décadas de 1970/1980" (29,9%) citam o *apoio a projetos de lei, como a Lei Anticorrupção e da Ficha Limpa*. Há convergência também na segunda indicação – *educar para a justiça, a partilha e o serviço aos pobres*, com 23,5% para os "padres novos" e 24,7% para os "padres das décadas de 1970/1980". De fato, a Igreja Católica teve papel de destaque para a aprovação da Lei 9.840, de 28 de setembro de 1999, que permite a cassação de registros e diplomas eleitorais em razão da prática da compra de votos e do mau uso da máquina administrativa. Também na campanha do MCCE/CNBB para aprovar o segundo projeto de lei de iniciativa popular contra a corrupção eleitoral, que ganhou força e apoio da população brasileira. Cabe também nomear a continuidade, no período das eleições seguintes, às campanhas de conscientização da importância do voto consciente junto aos eleitores. Os percentuais equilibrados, registrados entre as duas perspectivas de padres, trazem a importante percepção de que dificuldades e as diferentes linhas eclesiológicas das perspectivas não anularam a centralidade dos valores evangélicos revelados neste item: *justiça, partilha e pobres*. Se no conjunto de nossa análise levantamos elementos contrapostos entre as duas perspectivas para ampliar a reflexão acerca do perfil dos presbíteros, é importante igualmente poder considerar que esses valores de base – justiça, partilha e pobres – podem vir a ser subsídios para o caminho de uma convergência entre "padres novos" e "padres das décadas de 1970/1980".

Referência

MICKENS, R. O quão a sério o Papa Francisco está levando o clericalismo? Disponível em: http://www.ihu.unisinos.br/188-noticias/noticias-2018/583010-o-quao-a-serio-o-papa-francisco-esta-levando-a-erradicacao-do-em. Artigo publicado por *La Croix International*, 21-09-2018 (tradução de Victor D. Thiesen).

3. NOVAS FRENTES DE AÇÃO E MUDANÇAS NA ESTRUTURA DA IGREJA

Em busca de *O novo rosto do clero – Perfil dos "padres novos" no Brasil*, com relação à visão de Igreja no mundo de hoje, o terceiro bloco de perguntas do questionário aplicado na pesquisa de campo termina com três outras questões. Perguntou-se às sete categorias de amostras (neste relatório são cinco) de cada uma das duas perspectivas sociopastorais em questão que serviços de pastoral precisam ser criados hoje, que novas frentes pastorais precisam ser abertas e que mudanças na estrutura da Igreja são mais urgentes. Ao final do relatório dos dados relativos a estas três questões há um breve comentário analítico sobre a visão dos "padres novos" a respeito feito por Antônio Manzatto.

Questão 8. Quais os serviços pastorais mais importantes a serem desenvolvidos, hoje? (Tabela 23)

1ª citação	Visão da totalidade das amostras	Visão por perspectiva sociopastoral		Visão por categoria de agentes das duas perspectivas juntas				
		Institucional / Carismática	Evangelização / Libertação	Padres	Leigos(as)	Jovens	Seminaristas	Religiosas
Base:	743	324	419	157	210	127	122	126
Processo de iniciação à vida cristã, especialmente com adultos, e catequese permanente	43,2%	46,3%	40,9%	57,7%	33,9%	26,3%	59,1%	40,0%
Um consistente programa de formação dos leigos e leigas	10,6%	8,4%	12,4%	8,6%	10,9%	13,6%	3,9%	17,1%
Despertar para a missão, missões populares e comunidades missionárias	9,4%	8,7%	10,0%	3,7%	7,4%	16,9%	11,0%	12,4%
O funcionamento das pastorais sociais e o trabalho direto com os pobres	6,9%	3,7%	9,3%	3,7%	8,7%	13,6%	1,6%	8,6%
Implantar os movimentos de Igreja em todas as paróquias	6,2%	5,3%	6,9%	5,5%	10,9%	3,4%	2,4%	5,7%
Criar escolas de ministérios leigos e instituí-los para o serviço nas comunidades	5,8%	7,1%	4,8%	8,0%	6,5%	5,1%	5,5%	1,9%

1ª citação	Visão da totalidade das amostras	Visão por perspectiva sociopastoral		Visão por categoria de agentes das duas perspectivas juntas				
		Institucional / Carismática	Evangelização / Libertação	Padres	Leigos(as)	Jovens	Seminaristas	Religiosas
Base:	743	324	419	157	210	127	122	126
Promover a animação bíblica da vida cristã e de toda a pastoral	5,5%	4,3%	6,4%	9,2%	2,2%	7,6%	4,7%	4,8%
Pastoral da Visitação e da Acolhida (Igreja Samaritana)	5,2%	4,7%	5,5%	2,5%	5,2%	4,2%	10,2%	3,8%
Dar oportunidade de missas de cura e libertação, novenas, devoções	3,0%	4,0%	2,1%		4,8%	5,9%		4,8%
Implantar nas dioceses as novas comunidades de vida e aliança	2,4%	5,0%	0,5%	0,6%	5,7%	0,8%	1,6%	1,0%
Outro	0,0%							
Não respondeu	1,8%	2,5%	1,4%	0,6%	3,9%	2,5%		
Total	100,0%	100,0%	100,0%	100,0%	100,0%	100,0%	100,0%	100,0%

A visão da totalidade das amostras. Perguntados sobre quais os serviços pastorais mais importantes a serem desenvolvidos hoje, os três em ordem decrescente para a totalidade das amostras são os seguintes: *processo de iniciação à vida cristã, especialmente com adultos, e catequese permanente (*43,2%); *um consistente programa de formação de leigos e leigas* (10,6%); e *despertar para a missão, missões populares e comunidades missionárias* (9,4%). Os católicos no Brasil acenam para a necessidade de uma maior capacitação do laicato, de cristãos melhor iniciados na fé e missionários. O maior apoio a movimentos é dado pelos leigos/as (10,9%). Quem mais acha importante uma Igreja ministerial são os padres e, a pastoral social, os jovens. Não se acha importante implantar as novas comunidades de vida e aliança e nem as missas de cura e libertação.

A visão por perspectiva sociopastoral. Quando desmembramos a totalidade das amostras por perspectiva sociopastoral, a indicação sobre quais os serviços pastorais mais importantes a serem desenvolvidos hoje, as duas perspectivas sociopastorais indicam, em primeiro lugar, *processo de iniciação à vida cristã, especialmente com adultos e catequese permanente –* "instituição/carismática" (46,3%) e "evangelização/libertação" (40,9%). Em segundo e terceiro lugares coincide com a totalidade das amostras.

A visão por categoria de agentes eclesiais. Quando juntamos as amostras das duas perspectivas sociopastorais por categoria de entrevistados, há consenso entre todas ao indicar também *processo de iniciação à vida cristã, especialmente com adultos, e catequese permanente* – padres (57,7%), leigos/as (33,9%), jovens (26,3%), seminaristas (59,1%) e religiosas (40,0%). Em segundo lugar, há uma grande diversificação de indicações – padres: *promover a animação bíblica da vida cristã e de toda a pastoral* (9,2%); leigos/as: *um consistente programa de formação de leigos e leigas* (10,9%) e *implantar os movimentos eclesiais em todas as paróquias* (10,9%); seminaristas: *despertar para a missão, missões populares e comunidades missionárias* (11,0%) e jovens (16,9%); e as religiosas: *um consistente programa de formação de leigos e leigas* (17,1%).

Na realidade, o consenso de todas as perspectivas e amostras em torno a um *processo de iniciação à vida cristã, especialmente com adultos, e catequese permanente* mostra uma grande lacuna na Igreja, que vem desde o século IV, quando se perdeu de vista e nunca mais se resgatou o catecumenato como condição de ingresso na comunidade cristã. Há um grande contingente de cristãos não evangelizados, sem pertença e frequência, uma das consequências da Cristandade e do denominado "substrato católico" da sociedade ocidental.

A visão dos presbíteros

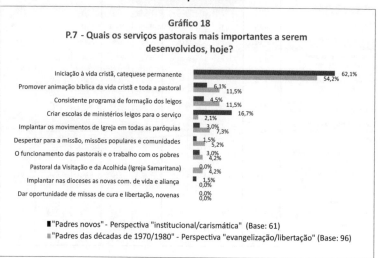

Quando focamos somente os presbíteros por perspectiva socio-pastoral, perguntando que serviços pastorais são importantes desenvolver hoje, em primeiro lugar, tanto os "padres novos" (62,1%) como os "padres das décadas de 1970/1980" (54,2%) coincidem com o consenso das demais amostras – *processo de iniciação à vida cristã, especialmente com adultos, e catequese permanente*. Diferenças vão haver nas indicações na sequência. Em segundo lugar, os "padres novos" nomeiam *criar escolas de ministérios leigos* (16,7%), enquanto que os "padres das décadas de 1970/1980" citam *promover a animação bíblica da vida cristã e de toda a pastoral* (11,5%). Em seguida, os "padres das décadas de 1970/1980" valorizam mais do que os "padres novos" a formação dos leigos/as, despertar para a missão, a pastoral social e o serviço aos pobres, assim como a pastoral da visitação. Mas somente os "padres novos" citam a implantação das novas comunidades de vida e aliança.

Questão 9. Que novas frentes pastorais precisam ser abertas, hoje? (Tabela 24)

1ª citação	Visão da totalidade das amostras	Visão por perspectiva sociopastoral		Visão por categoria de agentes das duas perspectivas juntas				
		Institucional / Carismática	Evangelização / Libertação	Padres	Leigos(as)	Jovens	Seminaristas	Religiosas
Base:	743	324	419	157	210	127	122	126
Aconselhamento pastoral e orientação espiritual	26,1%	28,3%	24,5%	30,2%	24,0%	22,7%	26,0%	28,3%
Pastoral da Acolhida e da Visitação	16,0%	12,4%	18,8%	18,5%	11,8%	19,3%	18,1%	14,2%
Escola de Fé e Compromisso Social	11,6%	10,2%	12,6%	6,8%	7,4%	21,0%	9,4%	19,8%
Escola de catequese, para formação de catequistas	10,0%	11,8%	8,8%	11,1%	7,9%	9,2%	12,6%	10,4%
Pastoral missionária, com formação e experiências missionárias	9,7%	10,6%	8,8%	8,0%	12,7%	7,6%	9,4%	8,5%
Escola de ministérios e instituição de ministérios para leigos e leigas	9,2%	7,5%	10,5%	14,8%	10,5%	2,5%	4,7%	10,4%
Escolas de Bíblia, para formação de agentes de pastoral bíblica e outros	8,6%	8,4%	8,8%	8,6%	10,5%	8,4%	10,2%	2,8%
Implantar as novas comunidades de vida e aliança	3,3%	4,0%	2,6%		9,2%	2,5%	0,8%	
Implementar o Diaconato Permanente	1,6%	0,9%	1,9%	1,2%	2,2%	0,8%	0,8%	2,8%
Pastoral dos meios de comunicação social	1,3%	2,2%	0,7%		0,9%	0,8%	3,9%	1,9%
Outro	1,2%	2,5%	0,2%		0,9%	0,8%	3,9%	0,9%
Não respondeu	1,5%	1,2%	1,7%	0,6%	2,2%	4,2%		
Total	100,0%	100,0%	100,0%	100,0%	100,0%	100,0%	100,0%	100,0%

A visão da totalidade das amostras. Com relação a novas frentes pastorais que precisam ser abertas, lá onde os agentes eclesiais entrevistados estão, a totalidade das amostras cita, em ordem decrescente: *aconselhamento pastoral e orientação espiritual* (26,1%), *Pastoral da Acolhida e da Visitação* (16,0%) e *Escola de Fé e Compromisso Social* (11,6%). Chamam a atenção as três últimas alternativas, com a menor porcentagem – pastoral dos meios de comunicação social, a implementação do diaconato permanente e a implantação de novas comunidades de vida e aliança. Como também chama a atenção que a totalidade das amostras, as duas perspectivas sociopastorais, bem como todas as categorias de consultados das duas perspectivas sinalizem em primeiro lugar a necessidade de aconselhamento e orientação espiritual. Querem ser ouvidos e acompanhados por seus pastores, o que não deixa de sinalizar um determinado perfil de instituição de parca acolhida pessoal.

A visão por perspectiva sociopastoral. Quando desmembramos a totalidade das amostras por perspectiva sociopastoral, a indicação sobre novas frentes pastorais que precisam ser abertas hoje, as duas perspectivas sociopastorais – "instituição/carismática" e "evangelização/libertação" – em primeiro lugar nomeiam o *aconselhamento pastoral e orientação espiritual* (28,3% e 24,5%, respectivamente). Em segundo lugar, também coincide com a totalidade das amostras – *Pastoral da Acolhida e da Visitação* (12,4% e 18,8%, respectivamente). Já em terceiro lugar muda, pois enquanto a perspectiva "instituição/carismática" cita escola de catequese (11,8%), a perspectiva "evangelização/libertação" nomeia *Escola de Fé e Compromisso Social* (12,6%). Não é de se surpreender que para a perspectiva "instituição/carismática" a *implantação de novas comunidades de vida e aliança* tenha um índice dobrado em relação à perspectiva "evangelização/libertação".

A visão por categoria de agentes eclesiais. Quando juntamos as amostras das duas perspectivas sociopastorais por categoria de entrevistados, há unanimidade entre todas em apontar em primeiro lugar *aconselhamento pastoral e orientação espiritual* – padres (30,2%), leigos/as (24,0%), jovens (22,7%), seminaristas (26,0%) e religiosas

(28,3%). Em segundo lugar, aparece *Pastoral da Acolhida e da Visitação* para padres (18,5%) e seminaristas (18,1%); *pastoral missionária, com formação e experiências missionárias* para os leigos/as (12,7%); e *Escola de Fé e Compromisso Social* para jovens (21,0%) e religiosas (19,8). Em terceiro lugar, enquanto os padres nomeiam Escola de ministérios e instituição de ministérios para leigos e leigas (14,8%) e os seminaristas indiquem Escola de catequese (12,6%), aparece *Pastoral da Acolhida e da Visitação* para leigos/as (11,8%), jovens (19,3%) e religiosas (14,2%).

A visão dos presbíteros

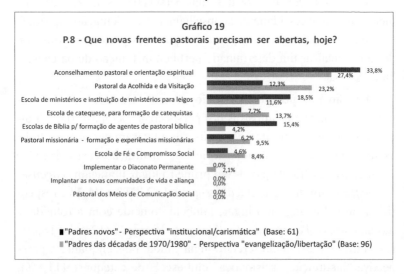

Quando focamos somente os presbíteros por perspectiva sociopastoral, perguntando que novas frentes pastorais precisam ser abertas hoje, em primeiro lugar, tanto os "padres novos" (33,8%) como os "padres das décadas de 1970/1980" (24,7%) coincidem com o consenso das demais amostras – *aconselhamento pastoral e orientação espiritual*. Diferenças vai haver nas indicações na sequência. Em segundo lugar, os "padres novos" nomeiam *Escola de ministérios e instituição de ministérios para leigos/as* (18,5%), enquanto que os "padres das décadas de 1970/1980" citam *Pastoral da Acolhida e da Visitação* (23,2%). Em terceiro lugar, os "padres novos" assinalam

Escola de Bíblia (15,4%) e os "padres das décadas de 1970/1980" citam Escola de catequese (13,7%).

Chama a atenção à importância que os presbíteros dão, além da acolhida dos fiéis, à formação bíblica, catequética e para os ministérios, sem dúvida, uma grande lacuna na Igreja. Nesse campo, nas demais alternativas, os "padres das décadas de 1970/1980" dão muito mais valor à formação missionária e para o compromisso social do que os "padres novos".

Questão 10. Que mudanças na estrutura da Igreja são mais urgentes? (Tabela 25)

1ª citação	Visão da totalidade das amostras	Visão por perspectiva sociopastoral		Visão por categoria de agentes das duas perspectivas juntas				
		Institucional / Carismática	Evangelização / Libertação	Padres	Leigos(as)	Jovens	Seminaristas	Religiosas
Base:	743	324	419	157	210	127	122	126
A renovação da paróquia, especialmente sua setorização em unidades menores	24,8%	24,8%	24,7%	45,1%	15,3%	5,1%	31,2%	27,6%
O funcionamento de conselhos e assembleias de pastoral em todas as comunidades	20,6%	21,7%	20,0%	5,6%	27,1%	35,6%	14,4%	20,0%
Repensar o modelo de ministério ordenado na Igreja	13,6%	3,7%	21,1%	14,8%	16,2%	5,9%	9,6%	20,0%
Não multiplicar paróquias e criar redes de comunidades, com padres trabalhando em conjunto	9,4%	8,4%	10,2%	10,5%	7,0%	18,6%	4,8%	8,6%
A criação de pequenas comunidades eclesiais, a exemplo das CEBs	7,1%	8,4%	6,2%	8,0%	6,1%	7,6%	6,4%	9,5%
Dar o direito das comunidades eclesiais terem a celebração eucarística semanalmente	6,4%	10,8%	3,1%	3,7%	9,2%	3,4%	9,6%	4,8%
Maior rotatividade dos padres nas paróquias	5,9%	8,7%	3,8%	4,3%	5,7%	11,9%	7,2%	
Instituição de ministérios para as mulheres	3,4%	3,1%	3,6%	0,6%	7,0%	4,2%		2,9%
Maior autonomia para as Conferências Episcopais Nacionais	2,7%	1,9%	3,3%	5,6%	0,4%		4,0%	4,8%
Rever os critérios e forma de nomeação de bispos	1,5%	1,9%	1,4%	1,2%	1,7%	0,8%	2,4%	1,9%
Outro	1,7%	3,7%	0,2%		0,4%	4,2%	4,8%	
Não respondeu	2,7%	3,1%	2,4%	0,6%	3,9%	2,5%	5,6%	
Total	100,0%	100,0%	100,0%	100,0%	100,0%	100,0%	100,0%	100,0%

A visão da totalidade das amostras. Com relação a que mudanças na estrutura da Igreja são mais urgentes, a totalidade das amostras cita, em ordem decrescente: *a renovação da paróquia, especialmente sua setorização em unidades menores* (24,8%), *o funcionamento de* *conselhos e assembleias de pastoral em todas as comunidades* (20,6%) e *repensar o modelo de ministério ordenado na Igreja* (13,6%). Esta terceira indicação será também acentuada por padres, leigos/as e religiosas, o que indica que há um problema a ser enfrentado, apesar das dificuldades que a questão apresenta. Chama a atenção a unanimidade com a totalidade das amostras, tanto as duas perspectivas sociopastorais como das categorias de agentes consultados em sinalizar a necessidade de renovar as paróquias, na linha de comunidades menores, menos os leigos/as e jovens, que sinalizam a importância de organismos de comunhão e participação como as assembleias e conselhos de pastoral.

A visão por perspectiva sociopastoral. Quando desmembramos a totalidade das amostras por perspectiva sociopastoral, a indicação das mudanças mais urgentes na estrutura da Igreja, as duas perspectivas sociopastorais – "instituição/carismática" e "evangelização/ libertação", em primeiro lugar e segundo lugar coincidem com a totalidade das amostras. Entretanto, em terceiro lugar, a perspectiva "instituição/carismática" nomeia o direito das comunidades eclesiais terem direito à eucaristia semanal (10,8%), enquanto que a perspectiva "evangelização/libertação" indica *repensar o modelo de ministério ordenado na Igreja* (21,1%), embora as duas indicações tenham relação uma com a outra.

A visão por categoria de agentes eclesiais. Quando juntamos as amostras das duas perspectivas sociopastorais por categoria de entrevistados, em primeiro lugar aparece *a renovação da paróquia, especialmente sua setorização em unidades menores* para padres (45,1%), seminaristas (31,2%) e religiosas (27,6%), enquanto que *o funcionamento de conselhos e assembleias de pastoral em todas as comunidades* é indicado pelos leigos/as (27,1%) e pelos jovens *o funcionamento de conselhos e assembleias de pastoral em todas as comunidades* (35,6%). Portanto, o sinal dado é de que ocorra uma mudança eclesiológica, que expresse uma paróquia mais próxima, com colegialidade e participação no exercício de governo das atividades pastorais. A participação ativa dos paroquianos é uma solicitação que emerge como dado relevante. Em segundo lugar, a questão de se *repensar o modelo de ministério ordenado na Igreja* é indicada pelos padres (14,8%), os leigos/as (16,2%) e as religiosas (20,0%), enquanto que os seminaristas indicam *o funcionamento de conselhos e assembleias de pastoral em todas as comunidades* (14,4%), reforçado também pelas religiosas (2,0%), e os jovens nomeiam *não multiplicar paróquias, criar redes de comunidade com padres trabalhando em conjunto* (18,6%). Em terceiro lugar há uma diversidade ainda maior, mas o que chama a atenção são as religiosas nomeando a criação de CEBs (9,5%) e os jovens pedindo uma maior rotatividade dos padres nas paróquias (11,9%).

A visão dos presbíteros

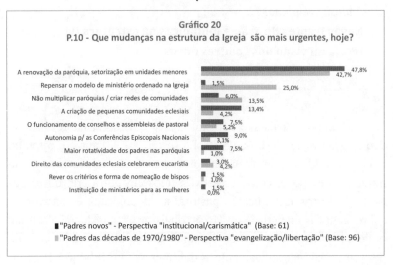

Gráfico 20
P.10 - Que mudanças na estrutura da Igreja são mais urgentes, hoje?

Quando focamos somente os presbíteros por perspectiva sociopastoral, perguntando que mudanças na estrutura da Igreja são mais urgentes, hoje, há um consenso em apontar *a renovação da paróquia, especialmente sua setorização em unidades menores,* para padres (47,8%) e para os "padres das décadas de 1970/1980" (42,7%). Em segundo lugar, para os "padres novos" aparece *a criação de pequenas comunidades eclesiais a exemplo das CEBs* (13,4%), enquanto que os "padres das décadas de 1970/1980" indicam a necessidade de *repensar o modelo de ministério ordenado na Igreja* (25,0%). Em terceiro lugar, os "padres novos" nomeiam autonomia para as Conferências Episcopais Nacionais (9,0%), enquanto que os "padres das décadas de 1970/1980" indicam *não multiplicar paróquias, criar redes de comunidade com padres trabalhando em conjunto* (13,5%).

É interessante também assinalar que são os "padres novos" que pedem uma maior rotatividade dos padres nas paróquias (7,5% e 1,0%, respectivamente), enquanto que são os "padres das décadas de 1970/1980" os mais sensíveis ao *direito das comunidades terem a celebração da Eucaristia semanalmente.*

Análise preliminar
Novas frentes de ação e mudanças na estrutura da Igreja na visão dos "padres novos"

Antônio Manzatto

Os tempos atuais são bem diferentes e estão bastante distante daqueles anos de 1970 ou 1980. Lá se vão 40, 50 anos, e o tempo atual, mais do que simplesmente outro momento, é percebido como mudança de época, como se estivéssemos em outra era, outro período da história. A questão pastoral a ser colocada é exatamente sobre as novas iniciativas possíveis: quais propostas de ação eclesial podem acompanhar esse novo tempo? O final da segunda parte da pesquisa, mais especificamente as questões de número 7, 8 e 10, contempla esse assunto.

À questão sobre "quais os serviços pastorais mais importantes a serem desenvolvidos hoje", os padres indicam a necessidade de estabelecimento do processo de iniciação à vida cristã. O discurso oficial da Igreja, nos tempos em que a pesquisa foi realizada, versava exatamente sobre a iniciação à vida cristã e, por isso, não é surpresa o aparecimento de tal destaque. Pode ser que se trate apenas de uma resposta do tipo "politicamente correto", mas é a opção mais destacada. De um lado, isso parece indicar uma preocupação com a herança religiosa, o processo de transmissão da fé e o trabalho de catequese permanente em tempos de "nova evangelização". De outro lado, a indicação revela a força do discurso oficial e da institucionalização da prática pastoral. As *Diretrizes Gerais da Ação Evangelizadora da Igreja no Brasil*, aprovadas e publicadas pela CNBB em 2011, já apontavam a realidade da iniciação à vida cristã como uma das urgências da ação pastoral eclesial (CNBB, doc. 94). No quadriênio seguinte isso foi reafirmado, na convicção de que a Igreja é uma Casa de Iniciação à Vida Cristã, que se cristaliza no documento 107 da CNBB (2017). Os padres são bastante dóceis às orientações de seus pastores, tanto aqueles da geração mais antiga quanto os "padres novos". Não se trata de simples questão de obediência, mas da compreensão, bastante positiva, aliás, e de certa forma fruto da eclesiologia do Vaticano II, de que a ação pastoral não é simples iniciativa individual, mas que é preciso situar-se em âmbito de Igreja para bem realizá-la. Os processos de formação cristã e de agentes de pastoral se situam logo em seguida, não apenas repercutindo orientações oficiais, como aquelas da Assembleia dos Bispos da América Latina em Aparecida (2007), mas também compreendendo que a ação eclesial precisa de agentes capacitados e bem formados para que o atual quadro de clericalismo eclesial possa ser superado. A compreensão de uma comunidade atuante, corresponsável e participativa, é herança do Vaticano II e marca indubitável da Igreja latino-americana, e a isso pode conduzir uma visão positiva do interesse demonstrado pelos processos de formação. Entretanto, não se pode esquecer que tais processos nem sempre levam a marca da Igreja local, mas muitas vezes são orientados por movimentos e organizações cuja preocupação pastoral se situa em linha mais individualista.

Por outro lado, no reverso, não é sem interesse notar as opções menos assinaladas. As missas de cura e libertação, novenas e devoções não aparecem nas preocupações dos padres, seguidas da implantação das chamadas novas comunidades na Igreja local. De um lado, isso conduz à percepção de que a implantação de tais comunidades não formaliza uma prática pastoral efetiva, já que não se pode basear nisso a ação de toda a Igreja, porque se trata de um carisma. De outro lado, mostra a dificuldade que essas comunidades têm de reconhecer sua inserção na Igreja local, por conta de sua inspiração mais dependente de movimentos do tipo carismático, que vão atualmente dando sinais de esgotamento. A prática das missas ditas de cura e libertação, também devedoras de movimentos carismáticos, é a menos assinalada, talvez porque seja mais um sinal do esgotamento de tal modelo pastoral.

A questão seguinte perguntava sobre novas frentes pastorais que precisam ser abertas na atualidade. Passa-se da compreensão de "serviços pastorais" para a de "novas frentes pastorais", em uma perspectiva mais próxima do discurso do Papa Francisco e seu apelo por uma "Igreja em saída". A preocupação maior dos padres é com o aconselhamento pastoral e a direção espiritual, apontando para uma ação pastoral, que contempla a pessoa como indivíduo e não apenas a coletividade. Pode ser uma reação à prática pastoral anterior, que se entendeu ser excessivamente centrada no coletivo, no social, mas pode ser também, o que vai na mesma direção, uma simples repercussão no ambiente eclesial do que se valoriza na sociedade neoliberal. A pessoalização do atendimento pastoral responde a uma sociedade que despersonaliza, inserindo o indivíduo em um coletivo anônimo, a massa. De outro lado, como a sociedade encontra mecanismos e estratégias de pessoalização que fazem o sucesso das redes sociais e do consumo que elas despertam, a ação pastoral busca inserir-se na mesma dinâmica, demonstrando sua atualidade. Há que se notar que uma pastoral que contemple a realidade de vida das pessoas é importante, mas o âmbito da vivência comunitária e da consequência social da afirmação da fé não pode ser esquecido.

Como segunda preocupação, novamente a questão da formação, com as possibilidades de leitura já assinaladas. Dentre as opções menos indicadas estão a implantação de novas comunidades e a pastoral dos meios de comunicação, o que também denota uma mudança de compreensão. A implantação de novas comunidades realmente não responde a uma organização pastoral cuja base é a Igreja local, e a ausência de indicações, além disso, assinala que ações que clericalizam ou são devedoras de modelos pastorais em esgotamento não podem responder a necessidades atuais. Por sua vez, a pouca importância atribuída aos meios de comunicação indica a nova forma de compreender a comunicação nos tempos atuais. A Igreja, hoje, se faz presente em tais meios de forma muito mais intensa do que nos anos de 1970-1980. Agora temos não apenas redes de televisão católicas de alcance nacional, mas também programas católicos em redes comerciais de televisão. O fenômeno da internet e das redes sociais, porém, coloca em questão, indiscutivelmente, o papel dos meios de comunicação e, por isso, da pastoral que a eles responde. A frente pastoral desafiadora parece ser a da "cultura digital", que é diferente da dos meios de comunicação tradicionais e questiona a presença da Igreja em seu meio, mas isso não foi apontado na pesquisa.

A última questão do bloco indaga sobre as mudanças estruturais mais urgentes na da Igreja, hoje. Pressupõe-se, portanto, que há mudanças estruturais necessárias na vida eclesial, às quais aliás o Papa Francisco tem aludido frequentemente. De todas, as mais urgentes apontadas são a renovação da paróquia e sua setorização em unidades menores. A necessidade de se repensar o modelo paroquial já havia sido indicada pela Conferência de Aparecida. Em tempos atuais, a referência geográfica e do bairro de residência parece não indicar mais os parâmetros existenciais ou de comportamento das pessoas, que podem não apenas mover-se no ambiente urbano, mas interagirem com o mundo todo através das redes sociais. O antigo modelo paroquial, centrado no mundo rural, não responde mais ao ambiente urbano. A insistência no modelo das pequenas comunidades é tradicional na Igreja latino-americana, mas foi descaracterizada com a prática de reunir grande número de pessoas em espetáculos celebrativos, o que aconteceu sempre em ambientes carismáticos. A compreensão da paróquia como rede de comunidades repercute, mais uma vez, o discurso oficial da Igreja, que apresentou durante bom tempo a paróquia como "comunidade de comunidades", como aparece no Documento 100 da CNBB. Assim, o discurso oficial continua tendo grande influência e importância na forma como os padres pensam a ação pastoral eclesial.

Outra reforma considerada necessária é a da forma de se pensar os ministérios ordenados. A própria participação de leigos e leigas na responsabilização da vida eclesial, nos Conselhos e Assembleias paroquiais e em todos os setores da vida da Igreja indica, senão uma forte vontade de comunhão, outra forma de se entender os ministérios na Igreja e, por esse caminho, rever o modelo dos ministérios ordenados. O recente Sínodo para a Amazônia também assinalou essa questão que, no entanto, permanece ainda sem iniciativas concretas. Curiosamente, no rol das respostas menos assinaladas estão duas afirmações que se relacionam com os ministérios ordenados: a questão de ministérios para as mulheres e as nomeações episcopais. Também o Sínodo para a Amazônia assinalou a importância de reconhecer ministérios próprios para as mulheres, mas embora os discursos sejam bastante engajados, a prática ainda não começou a ser transformada. Os ministérios ordenados permanecem exclusivamente masculinos e o exercício do poder na Igreja se liga à ordenação. Assim, a nomeação de bispos é um aspecto importante e depende da política eclesiástica atual e esta não considera ouvir as Igrejas locais no processo de indicação episcopal. A necessidade de se repensar o ministério ordenado, portanto, não alcança as mulheres nem os bispos e parece se restringir unicamente à vida presbiteral, talvez em ligação com o celibato. Se, de um lado, parece haver coerência nas respostas da pesquisa, porque a preocupação dos que dela participaram é o chão da pastoral, sua concretização lá onde se atinge o vivencial da pessoa, sua comunidade e sua paróquia, e não as estruturas que escapam de seu alcance e estão bem mais distantes de sua influência, como a nomeação de bispos ou outras que escapam às Igrejas locais, por outro lado, parece não haver consciência da importância que tais aspectos têm na condução da pastoral local, uma vez que constituirão o discurso oficial da Igreja que, de alguma forma, acabará por influenciar a organização pastoral como um todo, como foi demonstrado em algumas respostas anteriores.

O que constitui de certa forma a novidade da pesquisa é a percepção de que os "padres novos" e os "padres das décadas de 1970-1980" não estão muito distantes em termos de novos anseios e iniciativas pastorais. Ambos parecem capazes de olhar para o futuro, perscrutando caminhos comuns, tanto no que os preocupa como naquilo que menos os ocupa. Havendo proximidade na leitura da realidade, é possível que haja aproximação na atuação pastoral que visa sua transformação, ainda que por métodos distintos.

Referências

CELAM. *Documento de Aparecida*. São Paulo: Paulus, 2007.

CNBB. *Diretrizes Gerais para a Ação Evangelizadora da Igreja no Brasil 2011-2015*. Documento 94, Brasília: Edições CNBB, 2011.

CNBB. *Iniciação à vida cristã*: itinerário para formar discípulos missionários. Documento 107, Brasília: Edições CNBB, 2017.

CNBB. *Comunidade de comunidades*: uma nova paróquia. Documento 100, Brasília: CNBB. 2014.

Considerações finais
A visão "dos padres novos" sobre a Igreja hoje: crise da modernidade, Vaticano II e modelos de pastoral

Agenor Brighenti

Para caracterizar da visão dos "padres novos" sobre a Igreja hoje, a pesquisa se centrou na recepção da renovação do Vaticano II e sua implementação na América Latina, nos parâmetros da tradição eclesial libertadora, que tem na Teologia da Libertação um de seus pilares, bem como no "modelo de pastoral" daí derivado, apontando para seu alcance, limites e novas frentes pastorais a serem abertas. Ao inter-relacionar dados das duas perspectivas de presbíteros em análise, sobram evidências de que estamos imersos em um tempo marcado por profundas transformações, sobretudo quando desde os dias atuais se olha para as décadas de 1970/1980, meio século atrás. E como estas mudanças atingem todas as esferas da vida pessoal e social, mergulham-nos em um tempo de crise: crise de paradigmas e das utopias, das ciências e da razão, dos metarrelatos e das instituições, crise de identidade, das religiões, de valores, crise de sentido. É um tempo incômodo, pois está permeado de incertezas e angústias, mais ingente à criatividade do que ao plágio ou para agarrar-se a velhas seguranças de um passado sem retorno, tal como se constata mais presente em uma das perspectivas de presbíteros.

Uma chave de leitura importante para situar-se neste contexto é a crise da modernidade ou do projeto civilizacional moderno, responsável pelas maiores conquistas para a humanidade, mas, ao mesmo tempo, pelas maiores frustrações da história. Por um lado, não se pode descartar valores como democracia, liberdade, igualdade, ciência, estado de direito, tecnologia, autonomia da subjetividade, tolerância, mas, por outro, é preciso reconhecer que a sociedade moderna, fundada no mito do progresso e no consumo, deixou sem respostas as questões mais ligadas à finalidade deste crescimento contínuo e da aventura tecnológica, à realização e felicidade pessoal, enfim, ao sentido da vida, sobretudo na intra-história. Prova disso é a irrupção de novas realidades, frente às quais o projeto civilizacional moderno tornou-se mais curto do que falso e, com elas, a emergência de novas aspirações e valores.

Neste contexto estão as religiões, incluído o cristianismo, as Igrejas, a Igreja Católica, não isentos também de crises e mudanças. Em meio a ambiguidades e retrocessos, irrompem também na esfera religiosa novas realidades e legítimas aspirações. E nem poderia ser diferente, pois, como dissemos, o mundo é constitutivo da Igreja. E tal como na sociedade atual em relação à modernidade, também na Igreja há dificuldade de situar-se no novo tempo, para interagir com ele e, sobretudo, custa-lhe aprender com as novas realidades emergentes e a enriquecer-se com elas, também na esfera da experiência religiosa. O Vaticano II, que significou a reconciliação da Igreja com o mundo moderno, também atravessa uma profunda crise em seu processo de recepção, para muitos um *kairós* e ainda atual, para outros, um grande equívoco que destruiu a Igreja.

O modelo pastoral do Vaticano II

Vimos que o perfil dos "padres novos" e dos "padres das décadas de 1970/1980" tem a ver com a renovação do Vaticano e sua recepção na América Latina em torno a *Medellín* e *Puebla*, principalmente. Para o Papa Paulo VI, mais do que um "ponto de chegada", o Concílio Vaticano II é um "ponto de partida". Foi o que fez a Igreja na América Latina com a Conferência de Medellín. Mas, hoje, tal como mostram os dados desta pesquisa, o Vaticano II é um difícil ponto de chegada. Salvar o Vaticano II depois de três décadas de "involução eclesial" é um grande desafio, apesar de nos últimos anos a Conferência de Aparecida e o pontificado de Francisco terem resgatado o que era quase uma batalha perdida e terem reavivado a esperança da Igreja caminhar novamente no compasso da história. Nosso tempo parece, pois, um tempo propício não somente para resgatar o Concílio, como se impõe o desafio de fazer uma segunda recepção de suas proposições, no novo contexto em que vivemos.

Com o Concílio, as mudanças foram muitas e profundas, talvez nem bem conhecidas pelos "padres novos", que não têm em seu processo de formação teológico-pastoral, por exemplo, uma disciplina que faça uma abordagem de suas intuições e eixos fundamentais em seu conjunto. Com o Vaticano II, deu-se a passagem, pelo menos em tese: da Cristandade à Modernidade; da pastoral de conservação e de neocristandade à pastoral orgânica e de conjunto; do binômio clero-leigos ao binômio comunidade-ministérios; da Igreja-massa à Igreja-comunidade; do eclesiocentrismo ao diálogo ecumênico e inter-religioso; da sacramentalização a uma evangelização integral; da diocese parcela da Igreja universal à Igreja como Igreja de Igrejas locais; da salvação da alma à libertação integral; de uma Igreja gueto a uma Igreja missionária etc.

O Vaticano II assumiu a perspectiva apontada pelos movimentos de renovação que o precederam (Floristán, 1991, p. 103-104)[16] e colocou as bases de um novo modelo de pastoral – comumente de-

---

16. Dentre os movimentos precursores do Vaticano II, se destacaram: o movimento bíblico, o movimento litúrgico, o movimento catequético, o movimento

nominada de "pastoral orgânica e de conjunto" (ibid., p. 229-233), superando os modelos anteriores. Ele está apoiado em um novo modelo eclesiológico – a Igreja como Povo de Deus – fruto do resgate da "Igreja local" (diocese) como espaço onde se faz presente "a Igreja toda, ainda que não se constitua em toda a Igreja", dado que a Igreja é "Igreja de Igrejas" (comunhão de dioceses). No novo modelo, a pastoral é "orgânica" na medida em que cada iniciativa, setor ou frente pastoral se constitui em um órgão, inserido num único corpo, que é comunidade eclesial; e de "conjunto", porque as diferentes iniciativas pastorais de uma determinada comunidade eclesial se inserem no conjunto das demais iniciativas da Igreja local ou diocese. Com isso, o Vaticano II superou, por um lado, o paroquialismo e, por outro, o universalismo de movimentos eclesiais, que enquanto transnacionais suas diretrizes não emanam da Igreja local, o que não é tão evidente no exercício do ministério dos "padres novos". Paróquia e movimentos são os dois espaços por onde os "padres novos" normalmente se movem.

Este passo só foi possível graças ao resgate da Igreja local, na Cristandade, parcela de uma suposta Igreja universal que o papa governa. Entretanto, para o Vaticano II Igreja local é "porção" e não parte da Igreja universal, dado que esta é Igreja de Igrejas locais. Por sua vez, autoconsciência da Igreja como Povo de Deus faz a passagem do binômio "clero-leigos" para "comunidade-ministérios", fazendo da comunidade eclesial como um todo o sujeito da pastoral. Com isso, nascem as assembleias de pastoral como organismos de planejamento e tomada de decisão e os conselhos, bem como as equipes de coordenação como mecanismos de gestão da vida eclesial, na corresponsabilidade de todos os batizados, aliás, organismos não tão bem apreciados pelos padres nesta pesquisa.

No terreno das práticas propriamente ditas, no modelo da "pastoral orgânica e de conjunto" há a passagem do administrativo para o pastoral, procurando responder, antes de tudo, às necessidades da comunidade eclesial, inserida no mundo. Para isso, coloca-se como

---

teológico, o movimento ecumênico, o movimento dos padres operários e a Ação Católica especializada.

ponto de partida o conhecimento da realidade das pessoas em seu contexto, condição para uma pastoral de encarnação. A ação pastoral é levada a cabo no âmbito interno da Igreja e, sobretudo, fora dela pela inserção dos cristãos no seio da sociedade, em perspectiva de diálogo e serviço. Rompendo-se com toda sorte de dualismo, desenvolve-se uma evangelização integral, que abarca todas as dimensões da pessoa, incluída a humanidade e seu contexto. Foi neste modelo que os "padres das décadas de 1970/1980" foram formados, acreditaram nele e, em grande medida, continuam acreditando, embora tenha sido enriquecido pela contribuição da Igreja na América Latina, que teve da parte deles uma contribuição importante.

O modelo pastoral da Igreja na América Latina

No imediato pós-concílio, ao fazer uma "recepção criativa" do Vaticano II (cf. Sobrino, 1985), a Igreja na América Latina forjou um novo modelo de ação (cf. Gutiérrez, 1987), que poderíamos denominar com *Puebla* – a "pastoral de comunhão e participação". O modelo está apoiado na autocompreensão da Igreja como "eclesiogênese" (cf. Boff, 1977), que tem nas "Comunidades Eclesiais de Base a célula inicial da estruturação eclesial" (Med 6,1). Os "padres das décadas de 1970/1980" foram seus principais artífices e atores. O que o Concílio representa para a Igreja no mundo, o "evento *Medellín*" significa para a Igreja na América Latina, na medida em que se propôs aterrissar as intuições e eixos fundamentais do Vaticano II em um contexto periférico e empobrecido (cf. Scatena, 2007). É *Medellín* que dá à Igreja na América Latina uma palavra própria e uma fisionomia autóctone, deixando de ser "reflexo" ou caixa de ressonância de uma suposta "Igreja universal", para constituir-se numa fonte inspiradora e programática para as Igrejas locais no continente.

A autocompreensão da Igreja, em estreita fidelidade às intuições básicas e aos eixos teológico-pastorais do Concílio Vaticano II, foi mola propulsora de uma evangelização em perspectiva profética e transformadora, engendrando no Continente uma Igreja profética, tal como atesta sua constelação de mártires das causas sociais (cf. Brighenti, 2005). A tradição latino-americana que começa com *Medellín* não é propriamente algo novo, mas consequência e desdobramento das intuições e eixos fundamentais do Concílio Vaticano II em um contexto marcado pela exclusão das maiorias (cf. Cadavid, 2005). Dada a forte conotação sociotransformadora e libertadora deste modelo, a ação pastoral é vislumbrada no protagonismo dos leigos e dos pobres. Com relação aos leigos, estes são tomados como sujeitos com "vez e voz", com ministérios próprios, oportunidade de formação bíblica e teológico-pastoral, um lugar de decisão em conselhos e assembleias, bem como de coordenação à frente dos diferentes serviços pastorais. Quanto aos pobres, muda a ótica, de objetos da caridade alheia passam a ser tomados como sujeitos de um mundo solidário e fraterno. A Igreja, além de assumir sua causa, assume igualmente seu lugar social, através de comunidades eclesiais inseridas numa perspectiva libertadora, com ênfase na pastoral social. Nascem serviços de pastoral, com espiritualidade e fundamentação própria, como a pastoral operária, pastoral da terra e rural, a pastoral da saúde e dos enfermos, dos direitos humanos, a pastoral da criança, da ecologia, da consciência negra e indígena, da mulher marginalizada etc. Para isso, a comunidade eclesial é organizada em pequenas comunidades de vida na base, no seio das quais se promove a leitura popular da Bíblia. Há um esforço de todos em criar uma Igreja com rosto próprio, encarnando em sua cultura os ritos e símbolos da fé cristã. A liturgia é animada com cantos próprios. Ainda que em nível popular, assembleias, reuniões, dias de estudo, cursos etc. vão desenvolvendo uma reflexão teológica contextualizada, sobretudo uma espiritualidade de militância, colada à vida, marcada pela carência e a exclusão.

No seio deste modelo, abre-se espaço para a reflexão e a ação das mulheres, dos contingentes afro-americanos e indígenas, que forjam, desde suas práticas, uma releitura bíblica e das verdades de fé, fazendo da revelação palavra de salvação "para nós hoje", como diz o Concílio Vaticano II (GS 62). A catequese privilegia a experiência e a inserção comunitária num processo de educação permanente na fé. A liturgia faz interação do mistério pascal com a "paixão" do povo que, em seu rosto desfigurado, prolonga a paixão de Jesus Cristo no mundo. Na pregação ou na meditação da Palavra em cultos dominicais sem padre, procura-se alimentar a esperança do povo, atualizando a revelação no contexto das vítimas de um sistema injusto e excludente. Desde a fé, procura-se formar igualmente a consciência cidadã, para que os próprios excluídos, organizados como cidadãos, sejam protagonistas, no seio da sociedade civil, de um mundo solidário e inclusivo.

Trata-se de práticas que os "padres das décadas de 1970/1980" procuram ainda hoje manter vivas, apesar das dificuldades, sobretudo, frente ao refluxo de modelos de pastoral do passado, resgatados também por segmentos dos "padres novos". Como vimos, para os "padres novos" já não tem sentido continuar privilegiando as CEBs em relação aos movimentos, ter preconceito da renovação carismática ou enfatizar a pastoral social. Já para os "padres das décadas de 1970/1980", é preciso continuar a formação bíblica, a celebração e compromisso em grupos de família; um modelo de Igreja menos centralizado na matriz e no padre, com mais autonomia aos leigos e leigas; e as escolas de formação com cursos sistemáticos para o laicato.

Modelos de pastoral inconsequentes com a renovação do Vaticano II

Era de se esperar que todos na Igreja estivessem sintonizados com a renovação do Vaticano II e que, na América Latina, a tradição eclesial libertadora fosse a perspectiva da ação evangelizadora de todos, ainda que situada no contexto atual. Entretanto, de um olhar analítico sobre a situação da pastoral hoje, podemos identificar pelo menos quatro modelos inconsequentes com a renovação do Vaticano II e o momento atual: a "pastoral de conservação", modelo pré-conciliar do período de cristandade, que volta com força, ignorando a renovação conciliar e tendendo a desconhecer o atual processo de mudanças, repetindo práticas da longa tradição da Igreja, como são a piedade devocional em torno aos santos e a recepção dos sacramentos; a "pastoral apologista", modelo pré-conciliar da neocristandade, que também volta com ares de revanche, com medo de dialogar e assumir os novos sinais dos tempos, rejeitando o Vaticano II e assumindo uma postura apologética frente ao mundo; a "pastoral secularista", que adota uma postura mimética e mercadológica diante da situação atual, crendo que a única saída estaria em fazer a experiência da fé no coração, deixando-se levar pela emoção; e a "pastoral liberacionista", que tende a ignorar as mudanças do contexto atual, crendo que mudar é retroceder e, por isso, aferra-se ao modelo de pastoral das décadas de 1970/1980, sem fazer uma nova recepção no novo contexto. Os três primeiros modelos estão mais presentes nas práticas dos "padres novos" e, o quarto, nas práticas dos "padres das décadas de 1970/1980" (cf. Brighenti, 2015).

Trata-se de modelos de pastoral sem futuro, pois estão na contramão da história, fechados aos novos sinais dos tempos e às interpelações do Espírito, ainda que seja preciso tomar cuidado para não adotar frente a eles uma postura desqualificadora em bloco. Como todo acontecimento histórico é marcado pela ambiguidade, a aposta nestes modelos não deixa de ser uma crítica a modelos que poderiam se autoconsiderar inquestionáveis.

a) Desconhecendo as mudanças: a pastoral de conservação (de cristandade)

A "pastoral de conservação", assim denominada por *Medellín* (Med, 6,1) e lembrada por *Aparecida* (DAp 370), é o modelo de pastoral do regime de cristandade, típico da perspectiva de uma "Igreja da instituição". Está vigente na Igreja há mais de mil anos, apesar de haver sido radicalmente superado pelo Concílio Vaticano II há meio século. Funciona centralizado no padre e na paróquia e, no seio desta, na igreja matriz. Ela está à margem da sociedade atual, funcionando como que imune à renovação do Vaticano II, desconhecendo a modernidade, bem como a crise da modernidade e o processo de mudanças em curso. Tributário do dualismo agostiniano que opõe a "cidade de Deus" à "cidade dos homens", o âmbito eclesial é o espaço do sagrado, refúgio dos cristãos frente ao espaço profano do mundo, indiferente à salvação (*extra eclesiam nulla salus*).

Na "pastoral de conservação", em sua configuração pré-tridentina, a prática da fé é de cunho devocional, centrada no culto aos santos e composta de procissões, romarias, milagres e promessas, práticas típicas do catolicismo popular medieval (um catolicismo "de muita reza e pouca missa, muito santo e pouco padre" – Riolando Azzi). Já em sua configuração tridentina, a vivência cristã gira em torno ao padre, baseada na recepção dos sacramentos e na observância dos mandamentos da Igreja. Resquício de uma sociedade teocrática, assentada sobre o denominado "substrato católico" de uma cultura rural estática, pressupõe-se que os cristãos já estejam evangelizados, quando na realidade trata-se de católicos não convertidos, sem a experiência de um encontro pessoal com Jesus Cristo. Consequentemente, não há processos de iniciação cristã, catecumenato ou catequese permanente. A recepção dos sacramentos salva por si só, concebidos e acolhidos estes como "remédio" ou "vacina espiritual". A paróquia é territorial e, nela, em lugar de fiéis, há clientes que acorrem esporadicamente ao templo para receber certos benefícios espirituais fornecidos pelo clero. Na "pastoral de conservação", o administrativo predomina sobre o pastoral; a sacramentalização sobre a evangelização; a quantidade sobre a qualidade; o pároco sobre o bispo; o padre sobre o leigo; o rural sobre o urbano; o pré-moderno sobre o moderno; a massa sobre a comunidade.

Trata-se de um modelo muito presente no exercício do ministério dos "padres novos", na medida em que são reticentes à organização da Igreja em pequenas comunidades, a celebrações litúrgicas que acentuem o compromisso social, bem como a muitos serviços de pastoral, reuniões e eventos de formação ou a comunidades eclesiais com planejamento, conselhos e assembleias de pastoral.

b) Temendo as mudanças: a pastoral apologista
(de neocristandade)

A "pastoral apologista" é o modelo de pastoral do regime de neocristandade, que teve seu auge no século XIX, quando a Igreja pré-moderna jogou suas últimas cartas no confronto com a modernidade, também na perspectiva de uma "Igreja da instituição". Pouco tempo depois, ela será desautorizada em seus pressupostos pelo Concílio

Vaticano II, que insere a Igreja em uma atitude de "diálogo e serviço" ao mundo. Nos dias atuais, com a crise da modernidade e a falta de referenciais seguros, a "pastoral apologista" volta com força, com ares de "revanche de Deus", com muito dinheiro e poder, triunfalismo e visibilidade, guardiã da ortodoxia, da moral católica, da tradição. Ela assume a defesa da instituição católica diante de uma sociedade anticlerical, bem como a guarda das verdades da fé frente a uma razão secularizante, que não reconhece senão o que pode ser comprovado pelas ciências. Ao desconstrucionismo dos metarrelatos e do relativismo reinante que geram vazio, incertezas e medo, contrapõe-se o "porto de certezas" da tradição religiosa e um elenco de verdades apoiadas numa racionalidade metafísica. Se a pastoral de conservação é pré-moderna, a pastoral apologista é antimoderna. Neste modelo de Igreja e de pastoral, em lugar do Vaticano II, que se rendeu à modernidade, apregoa-se a "volta ao fundamento", guardado zelosamente pela tradição antimoderna, que acertadamente excomungou em bloco a modernidade.

A "pastoral apologista" apoia-se numa "missão centrípeta", a ser levada a cabo pela milícia dos cristãos, soldados de Cristo, a "legião" de leigos "mandatada" pelo clero, uma vez que este é tido como rejeitado por uma sociedade anticlerical. A missão consiste, numa atitude apologética e proselitista, em sair para fora da Igreja para trazer de volta as "ovelhas desgarradas" para dentro dela. A redogmatização da religião e o entrincheiramento identitário acabam sendo sua marca, apoiados na racionalidade pré-moderna. E como se está em estado de guerra, qualquer crítica é intolerada, pois enfraquece a resistência. Diante da dúvida está a certeza da tradição e a obediência à autoridade monárquica, ícone da divindade na terra. A missa tridentina alimenta o imaginário de novos cruzados, no resgate da pré-modernidade perdida.

Trata-se de um modelo também muito presente no ministério dos "padres novos". Tanto que vão dizer que está superado falar de libertação, pobres, luta, compromisso social, comunidade, implantar CEBs, pois as pessoas não querem e elas não funcionam, como também não acham que se deve vestir-se com mais simplicidade e sem pompa na liturgia etc. Quase a metade deles diz que o mais adequado é vestir-se com trajes clericais. Para os "padres das décadas de 1970/1980", no ministério dos "padres novos" há mais tradicionalismo e volta ao passado do que novidades.

c) Padecendo as mudanças: a pastoral secularista (de pós-modernidade)

Um terceiro modelo, surgido na crise da modernidade, poderíamos denominar de "pastoral secularista", pois propõe-se responder às necessidades imediatas das pessoas no contexto atual, em sua grande maioria órfãs de sociedade e de Igreja. É integrada por pessoas desencantadas com as promessas da modernidade, por "pós-modernos" em crise de identidade, pessoas machucadas, desesperançadas, em busca de autoajuda e habitadas por um sentimento de impotência diante dos inúmeros obstáculos a vencer, tanto no campo material como no plano físico e afetivo. Em suas fileiras estão pessoas que querem ser felizes hoje, buscando solução a seus problemas concretos e apostando em saídas providencialistas e imediatas. Nestes meios há um encolhimento da utopia no momentâneo. Em meio às turbulências de nosso tempo, dado que o passado perdeu relevância e o futuro é incerto, o corpo é a referência da realidade presente, deixando-se levar pelas sensações e professando uma espécie de "religião do corpo".

A "pastoral secularista" vem na esteira de uma religiosidade eclética e difusa, uma espécie de neopaganismo imanentista, que confunde salvação com prosperidade material, saúde física e realização afetiva. É a religião a *la carte*: Deus como objeto de desejos pessoais, solo fértil para os mercadores da boa-fé, no seio do atual próspero e rentável mercado do religioso. A religião já é o produto mais rentável do capitalismo. Há um deslocamento da militância para a mística na esfera da subjetividade individual, do profético ao terapêutico e do ético ao estético (da passagem de opções orientadas por parâmetros éticos para escolhas pautadas por sensibilidades estéticas), contribuindo para o surgimento de "comunidades invisíveis", compostas por "cristãos sem Igreja", sem vínculos comunitários. Há uma internalização das decisões na esfera da subjetividade individual, esvaziando as instituições, inclusive a instituição eclesial, composta também por muitos membros sem espírito de pertença. Neste contexto, a mídia contribui para a banalização da religião, não só reduzindo-a à esfera privada, como a um espetáculo para entreter o público. Trata-se de uma "estetização presentista", propiciadora de sensações "in-transcendentes", espelho das imagens da imanência. Também a religião passa a ser consumista, centrada no indivíduo e na degustação do sagrado, entre a magia e o esoterismo.

Parte dos "padres novos", além de se alinhar à pastoral de conservação e à pastoral apologética, a vertente institucional, se alinha também à pastoral secularista, a vertente carismática, compondo a perspectiva "institucional/carismática". Acha que não se deve ter preconceito da renovação carismática; que não é o caso de se fazer celebrações litúrgicas voltadas para o compromisso social; que a frente pastoral mais importante a ser aberta hoje é o aconselhamento pastoral e a orientação espiritual; que está superado no modelo de pastoral do "padres das décadas de 1970/1980" não tirar tempo para si, para o lazer e o cuidado pessoal; que as pessoas hoje querem resolver seus problemas e não pastoral social; que a novidade que eles trazem é a valorização do afetivo, das relações pessoais, o uso dos meios de comunicação social, assim como a sensibilidade à dimensão terapêutica da religião.

d) Negando as mudanças: a pastoral liberacionista (de encantamento com a modernidade)

A "pastoral liberacionista" se reivindica da renovação do Concílio Vaticano II e da profética tradição latino-americana, a resposta mais avalizada à crítica da religião como alienação ou ópio do povo. Não se quer perder de vista a indissociável conversão pessoal e das estruturas, que exige a militância dos cristãos também na esfera política, a partir da opção preferencial pelos pobres. Também não se quer deixar a parceria com os movimentos sociais, que permitiu avanços nas políticas públicas de inclusão de amplos segmentos da população, historicamente tratados como supérfluos e descartáveis.

Com a crise da modernidade e, em sua esteira, a crise das utopias, a fragmentação do tecido social, a crise da democracia representativa, dos ideais comunitários e o surgimento de novos rostos da pobreza, a "pastoral liberacionista" sofreu um grande revés. De repente, se viu sem as mediações capazes de fazer aterrissar os ideais coletivos em projetos históricos concretos. Entretanto, apesar disso, em meio à perplexidade do presente, em lugar de tirar lições da crise e buscar novas mediações capazes de manter vivos os ideais do evangelho social, a "pastoral liberacionista" tende a minimizar ou mesmo a negar as transformações atuais, apostando tratar-se de uma crise passageira, sem maiores consequências para a ação transformadora da Igreja.

E como se nada ou muito pouco tivesse acontecido em meio aos escombros do Muro de Berlim e das Torres Gêmeas, continua-se priorizando, quando não com exclusividade, a promoção de mudanças estruturais e a atuação no âmbito político e social. Qualquer mudança é retrocesso. Deixa-se em segundo plano as questões mais ligadas à esfera da pessoa, da subjetividade, à realização pessoal, à autonomia, à dimensão sabática da existência, à experiência pessoal do sagrado, tidas como preocupações burguesas. Tende-se a continuar pensando que pastoral é, sobretudo, pastoral social, em estreita relação com as lutas sociais e em parceria com os segmentos da sociedade civil, empenhados na conquista das causas populares, com as mesmas mediações de sempre. O outro continua sendo visto basicamente como um imperativo ético, mais instância de expiação do que de gratuidade, mais "mesmidade" do que real alteridade na diferença, que enriquece e complementa. Pensa-se que mudar as mediações é perder os ideais.

Os "padres das décadas de 1970/1980", em grande medida, se situam neste modelo, inclusive, como demonstra a pesquisa, os que tomam distância dele, mais retrocedem a modelos anteriores do que avançam. Em sua grande maioria, continuam valorizando a tradição libertadora e a Teologia da Libertação. Entretanto, entre o que já não responde do modelo de pastoral das décadas de 1970/1980, ainda que talvez não pensem assim, mas em primeiro lugar, em convergência com os "padres novos" nomeiam celebrações litúrgicas que acentuam o compromisso social; em segundo lugar, aparece privilegiar as CEBs em relação aos movimentos; e, em terceiro, ter preconceito em relação à renovação carismática. Entre as novas frentes de pastoral a serem abertas hoje, indicam com os "padres novos", em primeiro lugar, o aconselhamento pastoral e a orientação espiritual; e, em segundo, a pastoral da acolhida e da visitação.

Concluindo

Diante da renovação do Vaticano II e das contribuições da tradição libertadora da Igreja na América Latina, antes de tudo, os quatro modelos inconsequentes com as mudanças de nosso tempo desafiam superar a tentação de voltar às velhas seguranças do passado. Como o mundo mudou também a renovação do Vaticano II e a tradição libertadora precisam passar por uma "segunda recepção" no novo contexto. Se, por um lado, é ser inconsequente com o novo contexto repetir modelos do período pré-conciliar, por outro, além do resgate da renovação do Vaticano II e da tradição libertadora, que se acreditava perdidas, o momento atual já não permite repetir o modo de ser Igreja e de atuar das décadas de 1970/1980.

Na fidelidade às intuições fundamentais e aos eixos temáticos da renovação conciliar e da tradição libertadora é preciso gestar um novo modelo de pastoral, que acolha as novas realidades emergentes e abra novas perspectivas de presença e de atuação dos cristãos na Igreja e na sociedade. É o que *Aparecida* e o pontificado de Francisco estão propondo, através de um modelo de pastoral que se poderia denominar de "conversão missionária", na medida em que rompe com a tentação de uma Igreja "autorreferencial", a postura típica do período de cristandade, e situa a Igreja nas "periferias existenciais". Segundo *Aparecida*, resgatando *Santo Domingo*, é preciso uma "conversão pastoral" em quatro âmbitos: na consciência da comunidade eclesial, nas ações pastorais, nas relações de igualdade e autoridade e nas estruturas da Igreja. A conversão na "consciência da comunidade eclesial" desafia a aprender a trabalhar com os diferentes, o que implica "descolonizar as mentes", fazer cessar a lógica colonialista de rechaço e de assimilação do outro, uma lógica que não vem de fora, mas que está dentro de nós (*DAp* 96), pois "anúncio e diálogo são elementos constitutivos da evangelização" (*DAp* 237). A conversão no âmbito das ações implica uma ação evangelizadora que chegue às pessoas, para além de comunidades massivas, constituída por cristãos não evangelizados, de débil identidade cristã e pouca pertença eclesial (*DAp* 226a), de modo que a Igreja possa se fazer presente nas novas realidades de exclusão e marginalização, lá onde a vida está mais ameaçada (*DAp* 401). A conversão no âmbito das relações de igualdade e autoridade implica superar o clericalismo, o autoritarismo, a minoridade do laicato, a discriminação das mulheres e a falta de corresponsabilidade entre todos os batizados na Igreja, que são os grandes obstáculos para levar adiante a renovação proposta pelo Vaticano II. Neste sentido, destaca *Aparecida* a necessidade de promover "o protagonismo dos leigos, em especial das mulheres", estas com ministérios e "efetiva presença nas esferas de planejamento e nos processos de tomada de decisão" (*DAp* 458). Finalmente, a conversão no âmbito das estruturas começa pelo abandono de estruturas ultrapassadas" (*DAp* 365), que impedem fazer das Comunidades Eclesiais de Base, como afirma Medellín, a "célula inicial de estruturação eclesial e foco de evangelização" (*DAp* 178).

Referências

BOFF, L. *Eclesiogênese*: as Comunidades Eclesiais de Base reinventaram a Igreja. Petrópolis: Vozes, Petrópolis, 1977.

BRIGHENTI, A. Énfasis pastorales de la Iglesia en América Latina y El Caribe en los últimos 50 años. *Medellín* 123 (2005) 375-398.

BRIGHENTI, A. Modelos de pastoral e eclesiológicos em torno à renovação do Vaticano II. *Revista Eclesiástica Brasileira*, v. 75, p. 280-302, 2015.

CADAVID, A. El camino pastoral de la Iglesia en América Latina y el Caribe. *Medellín* 123 (2005) 331-374.

FLORISTÁN, C. *Teología Práctica* – Teoría y práxis de la acción pastoral. Salamanca: Ed. Sígueme, 1991.

GUTIÉRREZ, G. La recepción del Vaticano II en América Latina. ALBERIGO, G. & JOSSUA, J.P. (eds.). *La recepción del Vaticano II*. Madri: Cristiandad, 1987, p. 213-237.

SCATENA, S. *In populo pauperum* – La chiesa latinoamericana dal Concilio a Medellín (1962-1968), Bologna: Il Molino, 2007.

SOBRINO, J. El Vaticano II y la Iglesia latinoamericana. In: FLORISTÁN, C. & TAMAYO, J. J. (eds.). *El Vaticano II, veinte años después.* Madri: Cristiandad, 1985, p. 105-134.

PARTE III

A VISÃO DOS CATÓLICOS NO BRASIL SOBRE O MINISTÉRIO PRESBITERAL E O PERFIL DOS "PADRES NOVOS"

INTRODUÇÃO

Nessa terceira parte, faremos uma apresentação dos resultados da pesquisa em relação com a visão dos católicos no Brasil sobre o exercício do ministério presbiteral. Para isso, apresentaremos os dados levantados pelas dez perguntas do terceiro bloco do questionário aplicado na pesquisa de campo, com uma análise preliminar dos mesmos. As questões tinham por finalidade identificar o "perfil dos padres novos" em relação ao exercício do próprio ministério na Igreja e no mundo de hoje. O teor das questões deste bloco diz respeito ao que está superado e o que continua válido na forma de exercício do ministério dos padres das "décadas de 1970-1980", bem como ao que não tem futuro na forma de exercício do ministério dos "padres novos". As questões versam também sobre o processo de formação dos presbíteros hoje, o que motiva ou desmotiva os jovens a serem padres, como está a relação entre os presbíteros e o bispo na Diocese, assim como qual seria o modo mais adequado para um presbítero vestir-se para cumprir sua missão.

É na interação entre "padres novos" e "padres das décadas de 1970/1980" que o perfil dos "padres novos" se mostra com mais clareza, pois se está pondo lado a lado duas perspectivas sociopastorais – a perspectiva "institucional/carismática", à qual estão vinculados os "padres novos", e a perspectiva "evangelização/libertação", à qual estão vinculados os "padres das décadas de 1970/1980". A valoração do modelo de ministério relaciona-os com sua perspectiva sociopastoral; dados relativos ao seu processo de formação ajudam a ter conhecimento de causa de certos comportamentos e práticas; e a relação entre presbíteros e do presbitério com o bispo pode medir o grau de fraternidade ou de tensões entre duas perspectivas de Igreja frente à recepção do Vaticano II e de sua implementação pelo viés da tradição eclesial libertadora, a marca da Igreja na América Latina.

Nessa Parte III, como foi feito nas duas anteriores, ainda que se remeta às características da visão sobre o exercício do ministério presbiteral da totalidade das amostras, das duas perspectivas sociopastorais, assim como de cada uma das cinco categorias de amostras das duas perspectivas juntas, daremos ênfase à caracterização da visão dos "padres novos", objeto central desta pesquisa. Por isso, depois da apresentação dos dados relativos a três perguntas do questionário aplicado na pesquisa de campo, um analista faz uma breve análise da visão dos "padres novos" a respeito. O mesmo enfoque está presente também nas considerações finais desta parte.

Concretamente, nesta parte, em base a um relatório global dos dados relativos à "visão dos padres novos sobre o exercício do ministério presbiteral na Igreja e no mundo de hoje", redigido por Andréa Damacena Martins e Agenor Brighenti, a análise preliminar dos mesmos é feita por Antônio José de Almeida, Fernando Altemeyer Júnior, Manoel José de Godoy. As considerações finais sobre o conjunto desta terceira parte estão a cargo de João Décio Passos.

1. MODELOS DE MINISTÉRIO E "PADRES NOVOS"

Em busca de *O novo rosto do clero – Perfil dos "padres novos" no Brasil*, com relação ao exercício do ministério presbiteral, comecemos com as quatro primeiras questões do terceiro bloco de perguntas do questionário aplicado na pesquisa de campo. Perguntou-se às sete categorias de amostras de cada uma das perspectivas de padres em questão (cinco contempladas neste relatório) o que está superado e o que continua válido no modelo de ministério dos presbíteros "das décadas de 1970-1980", assim como quais as novidades que os "padres novos" trazem e o que não tem futuro no exercício de seu ministério. Ao final do relatório dos dados das quatro questões há uma análise preliminar sobre a visão dos "padres novos" a respeito de Antônio José de Almeida.

Questão 1. O que está superado, hoje, do modelo de ministério dos presbíteros das décadas de 1970-1980? (Tabela 26)

1ª citação	Visão da totalidade das amostras	Visão por perspectiva sociopastoral		Visão por categoria de agentes das duas perspectivas juntas				
		Institucional / Carismática	Evangelização / Libertação	Padres	Leigos(as)	Jovens	Seminaristas	Religiosas
Base:	743	324	419	157	210	127	122	126
A linguagem: falar de libertação, pobres, luta, compromisso social, comunidade	27,3%	33,6%	22,6%	26,5%	31,9%	18,6%	29,4%	26,9%
Os preconceitos em relação à renovação carismática	10,6%	9,3%	11,4%	5,6%	12,7%	11,0%	6,3%	16,3%
Não tirar tempo para si, para o lazer e o cuidado pessoal	8,7%	10,0%	7,8%	21,6%	2,2%	9,3%	7,1%	4,8%
A desconfiança nos movimentos de Igreja, primavera para a Igreja	8,4%	5,6%	10,5%	9,9%	7,9%	2,5%	12,7%	8,7%
Desleixo na liturgia, com os paramentos, o modo de vestir-se	6,8%	4,4%	8,8%	7,4%	6,1%	3,4%	11,1%	5,8%
Implantar CEBs, que as pessoas não querem e nem funcionam	6,7%	10,0%	4,3%	10,5%	4,4%	5,9%	11,1%	1,9%
Uma liturgia mais para o compromisso do que festa, vivência pessoal	5,2%	6,5%	4,0%	2,5%	4,8%	3,4%	9,5%	7,7%

1ª citação	Visão da totalidade das amostras	Visão por perspectiva sociopastoral		Visão por categoria de agentes das duas perspectivas juntas				
		Institucional / Carismática	Evangelização / Libertação	Padres	Leigos(as)	Jovens	Seminaristas	Religiosas
Base:	743	324	419	157	210	127	122	126
As pastorais sociais, quando as pessoas querem resolver seus problemas pessoais	4,8%	4,0%	5,5%	4,9%	3,9%	3,4%	1,6%	11,5%
O engajamento nas lutas e reivindicações dos movimentos sociais	4,0%	1,2%	6,2%	3,7%	3,5%	6,8%	1,6%	5,8%
Não acolher e promover as devoções tradicionais e novenas	3,7%	2,8%	4,3%	1,9%	3,1%	1,7%	4,0%	9,6%
Outro	1,3%	1,2%	1,4%	4,3%	0,4%	0,8%	0,8%	
Não respondeu	12,4%	11,2%	13,3%	1,2%	19,2%	33,1%	4,8%	1,0%
Total	100,0%	100,0%	100,0%	100,0%	100,0%	100,0%	100,0%	100,0%

A visão da totalidade das amostras. Com relação ao que está superado, hoje, do modelo de ministério dos presbíteros das décadas de 1970-1980, na visão da totalidade das amostras há uma grande diversificação nas respostas, mas com prevalência de três alternativas em ordem de importância: *a linguagem: falar de libertação, pobres, luta, compromisso social, comunidade* (27,3%); *os preconceitos em relação à renovação carismática católica* (10,6%); e *não tirar tempo para si, para o lazer e o cuidado pessoal* (8,7%). A questão da linguagem é apontada em primeiro lugar, tanto pelas duas perspectivas como por todas as demais categorias de agentes eclesiais consultados. Será que é apenas uma questão de linguagem ou isso mostra distância em relação à tradição eclesial libertadora da Igreja na América Latina? A quase plena acolhida da renovação carismática, ainda que em porcentagem bem menor para padres e seminaristas, parece confirmar que usar uma linguagem libertadora, com ênfase nas transformações das condições de vida, na convocação à luta social, perdeu espaço e entrou, onde ainda está presente, em convivência com outras formas de linguagem.

A visão por perspectiva sociopastoral. Quando separamos as categorias de amostras por perspectivas sociopastorais – "institucional/carismática" e "evangelização/libertação" – aparece em primeiro lugar para ambas *a linguagem: falar de libertação, pobres, luta, compromisso social, comunidade* (33,6% 22,6%, respectivamente). Em segundo lugar, para a perspectiva "institucional/carismática" trata-se de *não tirar tempo para si, para o lazer e o cuidado pessoal* e *implantar CEBs, que as pessoas não querem e nem funcionam* (10,0%), enquanto que a perspectiva "evangelização/libertação" nomeia *os pre-*

conceitos em relação à renovação carismática católica (11,4%). Em terceiro lugar, as respostas de ambas as perspectivas vão na mesma linha – *os preconceitos em relação à renovação carismática católica* e *a desconfiança nos movimentos de Igreja, a primavera da Igreja* (9,3% e 10,5%, respectivamente).

A visão por categoria de agentes eclesiais. As respostas de cada categoria de amostras das duas perspectivas juntas apontam, em primeiro lugar, que convergem todas para *a linguagem: falar de libertação, pobres, luta, compromisso social, comunidade* (padres 26,5%, leigos/as 31,9%, jovens 18,6%; seminaristas 29,4% e religiosas 26,9%). Em segundo lugar, os padres apontam *não tirar tempo para si, para o lazer e o cuidado pessoal* (21,6%), enquanto que *os preconceitos em relação à renovação carismática católica são nomeados* por leigos/as 12,7%, jovens 11,0% e religiosas 16,3%. Já os seminaristas assinalam *a desconfiança nos movimentos de Igreja, a primavera da Igreja* (12,7%). Em terceiro lugar, chama a atenção que os seminaristas apontem *o desleixo na liturgia, com os paramentos e o modo de vestir-se* e *implantar CEBs, que as pessoas não querem e nem funcionam,* ambas as alternativas com 11,1%. Também chama a atenção que as religiosas apontem em terceiro lugar como ação superada *as pastorais sociais, pois as pessoas querem resolver seus problemas pessoais* (11,5%).

A visão dos presbíteros

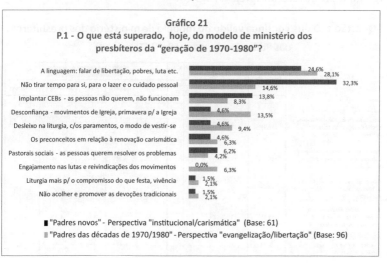

Quanto aos dados relativos somente aos presbíteros por perspectiva sociopastoral, a respeito do que está superado, hoje, do modelo de ministério dos presbíteros das décadas de 1970-1980, em primeiro lugar os "padres novos" apontam *não tirar tempo para si, para o lazer e o cuidado pessoal* (32,3%), enquanto que os "padres das décadas de 1970/1980" apontam *a linguagem: falar de libertação, pobres, luta, compromisso social, comunidade* (24,6%). O contraste é significativo, pois os padres de 1970/1980 revelam que o discurso dos padres modificou-se na sua forma de representar um tipo de compromisso da Igreja com a sociedade. E os "padres novos" pensam que nas condições atuais da sociedade a ideia de sacerdócio não pode estar mais associada com uma posse total do tempo pela instituição, ou seja, valorizam que haja espaço para o cuidado próprio e o lazer, os aproximando da cultura individualista e de consumo moderno.

Em segundo lugar, as duas alternativas assinaladas na primeira opção apenas se invertem entre os dois grupos de padres, 24,6% e 14,6%, respectivamente. Em terceiro lugar, chama a atenção que os "padres novos" citem como superado do modelo de ministério dos presbíteros das décadas de 1970-1980 *implantar CEBs, que as pessoas não querem e nem funcionam* (13,8%), enquanto que os "padres das décadas de 1970/1980" apontam *a desconfiança nos movimentos de Igreja, a primavera da Igreja* (13,5%).

Questão 2. O que continua válido do modelo de ministério dos presbíteros das "décadas de 1970-1980"? (Tabela 27)

1ª citação	Visão da totalidade das amostras	Visão por perspectiva sociopastoral		Visão por categoria de agentes das duas perspectivas juntas				
		Institucional / Carismática	Evangelização / Libertação	Padres	Leigos(as)	Jovens	Seminaristas	Religiosas
Base:	743	324	419	157	210	127	122	126
Insistir na dimensão comunitária e social da fé, contra todo o intimismo e espiritualismo	18,9%	13,9%	22,9%	28,8%	10,5%	8,5%	26,6%	24,8%
Uma pastoral social consistente e estruturada, expressão do Evangelho social	16,5%	15,5%	17,2%	17,8%	18,8%	14,4%	15,3%	13,3%
Compromisso com a opção pelos pobres, com uma sociedade justa e solidária	14,8%	12,4%	16,7%	15,3%	12,2%	17,8%	12,9%	18,1%
Comunidades eclesiais com planejamento, conselhos e assembleias de pastoral	12,5%	17,6%	8,6%	14,7%	6,6%	11,0%	16,1%	19,0%
Menos centralização na matriz e no padre e mais autonomia aos leigos e leigas	8,1%	9,0%	7,4%	6,7%	9,6%	6,8%	6,5%	9,5%

Vestir-se com mais simplicidade e sem pompas na liturgia	6,9%	6,2%	7,4%	6,1%	14,4%	4,2%		2,9%
Priorizar as pequenas comunidades eclesiais em relação aos movimentos	6,2%	5,9%	6,2%	8,0%	7,9%	3,4%	2,4%	7,6%
Nada ficou, tudo fracassou, o mundo é outro e a pastoral deve ser outra	2,4%	1,5%	3,1%	0,6%	5,2%	0,8%	1,6%	1,9%
O testemunho dos mártires das causas sociais	2,2%	3,1%	1,4%	0,6%	1,7%	7,6%	0,8%	1,0%
Foi válido o testemunho de entrega e dedicação, mas hoje é preciso fazer outra coisa	2,1%	2,5%	1,7%	1,2%	1,3%	4,2%	4,0%	1,0%
Outro	0,7%		1,2%				4,0%	
Não respondeu	8,8%	12,4%	6,2%		11,8%	21,2%	9,7%	1,0%
Total	100,0%	100,0%	100,0%	100,0%	100,0%	100,0%	100,0%	100,0%

A visão da totalidade das amostras. Com relação ao que continua válido do modelo de ministério dos presbíteros das "décadas de 1970-1980", na visão da totalidade das amostras aparecem estas três alternativas em ordem de importância: *insistir na dimensão comunitária e social da fé, contra todo intimismo e espiritualismo* (18,9%); *uma pastoral social consistente e estruturada, expressão do Evangelho social* (16,5%); e *o compromisso com a opção pelos pobres, com uma sociedade justa e solidária* (14,8%). Aqui há um posicionamento praticamente na linha contrária do expresso na questão anterior, certamente puxado mais hegemonicamente por algum segmento. De fato, a tríade é endossada pela perspectiva "evangelização/libertação", mas não pela perspectiva "institucional/carismática", que aponta em primeiro lugar "comunidades eclesiais com planejamento, conselhos e assembleias", seguido da pastoral social e da insistência na dimensão social e comunitária da fé. A primeira alternativa é a terceira também para leigos/as e a quarta para jovens.

A visão por perspectiva sociopastoral. Quando separamos as categorias de amostras por perspectivas sociopastorais, em primeiro lugar, a perspectiva "institucional/carismática" aponta *comunidades eclesiais com planejamento, conselhos e assembleias de pastoral* (17,6%) e a perspectiva "evangelização/libertação" indica *insistir na dimensão comunitária e social da fé, contra todo o intimismo e espiritualismo* (22,9%). Em segundo lugar, ambas as perspectivas convergem em apontar *uma pastoral social consistente e estruturada, expressão do*

Evangelho social (15,5% e 17,2%, respectivamente). Em terceiro lugar, a perspectiva "institucional/carismática" nomeia *insistir na dimensão comunitária e social da fé, contra todo o intimismo e espiritualismo* (13,9%) e a "evangelização/libertação" indica *o compromisso com a opção pelos pobres, com uma sociedade justa e solidária* (16,7%).

A visão por categoria de agentes eclesiais. Quando olhamos para cada categoria de amostras das duas perspectivas juntas, em primeiro lugar, aparece *insistir na dimensão comunitária e social da fé, contra todo o intimismo e espiritualismo* – padres (28,8%), seminaristas (26,6%) e religiosas (24,8%), ao passo que os leigos/as apontam *uma pastoral social consistente e estruturada, expressão do Evangelho social* (18,8%) e os jovens *o compromisso com a opção pelos pobres, com uma sociedade justa e solidária* (17,8%). Em segundo lugar, aparece *uma pastoral social consistente e estruturada, expressão do Evangelho social* para padres (17,8%) e para jovens (14,4%); *comunidades eclesiais com planejamento, conselhos e assembleias de pastoral* para seminaristas (16,1%) e religiosas (19,0%); e os leigos/as nomeiam que continua válido do modelo de ministério dos presbíteros das "décadas de 1970-1980" *vestir-se com mais simplicidade e sem pompas na liturgia* (14,4%).

A visão dos presbíteros

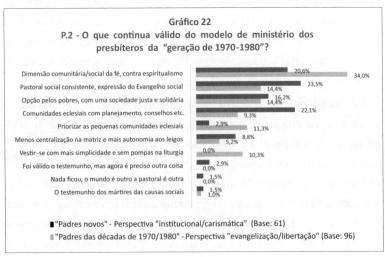

Quanto aos dados relativos somente aos presbíteros por perspectiva sociopastoral sobre o que continua válido do modelo de ministério dos presbíteros das décadas de 1970-1980, em torno a consensos, há também contrastes que chamam a atenção. Em primeiro lugar, para os "padres novos" aparece *uma pastoral social consistente e estruturada, expressão do Evangelho social* (23,5%) e os "padres das décadas de 1970/1980" nomeiam *insistir na dimensão comunitária e social da fé, contra todo o intimismo e espiritualismo* (34,0%). Em segundo lugar, os "padres novos" nomeiam *comunidades eclesiais com planejamento, conselhos e assembleias de pastoral* para seminaristas (2,1%), e os "padres das décadas de 1970/1980" indicam *uma pastoral social consistente e estruturada, expressão do Evangelho social* e *o compromisso com a opção pelos pobres, com uma sociedade justa e solidária* (14,4%). Em terceiro lugar, os "padres novos" assinalam *compromisso com a opção pelos pobres, com uma sociedade justa e solidária* (16,2%), enquanto que os "padres das décadas de 1970/1980" indicam como válido de seu modelo *vestir-se com mais simplicidade e sem pompas na liturgia* (10,3%), alternativa que para os "padres novos", sintomaticamente, tem 0,0%. Contraste também aparece com relação a *priorizar as pequenas comunidades eclesiais em relação aos movimentos*, com 11,3% para os "padres das décadas de 1970/1980" e apenas 2,9% para os "padres novos".

Questão 3. Quais as principais novidades que os "padres novos" trazem no exercício de seu ministério? (Tabela 28)

1ª citação	Visão da totalidade das amostras	Visão por perspectiva sociopastoral		Visão por categoria de agentes das duas perspectivas juntas				
		Institucional / Carismática	Evangelização / Libertação	Padres	Leigos(as)	Jovens	Seminaristas	Religiosas
Base:	743	324	419	157	210	127	122	126
A valorização do afetivo, da emoção, do sentimento e das relações interpessoais	22,1%	20,0%	23,7%	22,7%	17,0%	33,1%	19,0%	24,5%
O uso dos meios de comunicação social para seus eventos e atividades	15,5%	16,0%	15,1%	19,0%	14,8%	15,3%	15,1%	11,3%
Maior atenção às pessoas e aos problemas pessoais, afetivos, de saúde, econômicos	12,9%	17,5%	9,3%	10,4%	18,3%	11,0%	11,1%	8,5%
Liturgias mais animadas, pregações mais voltadas para a situação da pessoa	9,9%	9,2%	10,5%	2,5%	16,1%	5,1%	11,1%	11,3%
Há mais tradicionalismo e volta ao passado do que novidades	6,8%	3,7%	9,1%	15,3%	7,0%	0,8%	0,8%	7,5%

1ª citação	Visão da totalidade das amostras	Visão por perspectiva sociopastoral		Visão por categoria de agentes das duas perspectivas juntas				
		Institucional / Carismática	Evangelização / Libertação	Padres	Leigos(as)	Jovens	Seminaristas	Religiosas
Base:	743	324	419	157	210	127	122	126
A sensibilidade à dimensão terapêutica da religião (novenas milagrosas, missas de cura)	6,6%	4,9%	7,9%	6,1%	8,3%	3,4%	4,8%	9,4%
Maior cuidado de si, com tempo para a vida pessoal, para o lazer e convívio	6,1%	5,5%	6,5%	8,6%	7,4%	2,5%	4,8%	5,7%
Uma ação pastoral mais de eventos do que de processos comunitários	5,8%	4,3%	6,9%	5,5%	2,2%	3,4%	7,1%	14,2%
Valorização do sagrado, expressada na maneira de vestir-se na liturgia e fora dela	5,8%	8,0%	4,1%	3,7%	3,5%	6,8%	13,5%	3,8%
Apoio aos movimentos e novas comunidades de vida	4,0%	4,3%	3,8%	4,3%	2,2%	7,6%	4,0%	3,8%
Outro: reafirmação dos valores tradicionais	1,7%	2,2%	1,4%	1,8%	0,4%	4,2%	4,0%	
Não respondeu	2,8%	4,3%	1,7%		3,0%	6,8%	4,8%	
Total	100,0%	100,0%	100,0%	100,0%	100,0%	100,0%	100,0%	100,0%

A visão da totalidade das amostras. Com relação às principais novidades que os "padres novos" trazem no exercício de seu ministério, na visão da totalidade das amostras, aparecem estas três alternativas em ordem de importância: *a valorização do afetivo, da emoção, do sentimento e das relações interpessoais* (22,1%); *o uso dos meios de comunicação social para seus eventos e atividades* (15,5%); e *maior atenção às pessoas e aos problemas pessoais, afetivos, de saúde, econômicos* (12,9%) dos respondentes. A primeira alternativa é unanimidade também para as duas perspectivas sociopastorais e para todas as categorias de amostras, menos para os leigos/as, que nomeiam em primeiro lugar a terceira alternativa (18,3%). Chama a atenção a baixa valoração de realidades mais alinhadas à perspectiva "institucional/carismática" e aos "padres novos" como o apoio a movimentos e novas comunidades de vida, e a sensibilidade à dimensão terapêutica da religião, embora a valorização do sagrado na liturgia tenha uma porcentagem significativa para a perspectiva "institucional/carismática" em relação às demais amostras (8,0%).

A visão por perspectiva sociopastoral. Quando separamos as categorias de amostras por perspectivas sociopastorais, com relação às principais novidades que os "padres novos" trazem no exercício de seu ministério, as duas perspectivas – a "institucional/carismática" e a "evangelização/libertação" – coincidem em primeiro lugar com a totalidade das amostras – *a valorização do afetivo, da emoção, do sentimento e das relações interpessoais* (20,0% e 23,7%, respectivamente). Em segundo lugar, a perspectiva "institucional/carismática" indica *maior atenção às pessoas, e aos problemas pessoais, afetivos, de saúde, econômicos* (17,5%) e a perspectiva "evangelização/libertação" nomeia *o uso dos meios de comunicação social para seus eventos e atividades* (15,1%). Em terceiro lugar, a perspectiva "institucional/carismática" indica *o uso dos meios de comunicação social para seus eventos e atividades* (16,0%) e a perspectiva "evangelização/libertação" nomeia *liturgias mais animadas, pregação mais voltada para a situação da pessoa* (10,5%). Em síntese, os dados confirmam que o conjunto de informantes identificados com a perspectiva "institucional/carismática" introduziu um discurso que aborda demandas subjetivas e emocionais dos fiéis, oferecendo a eles respostas ligadas às suas carências sociais, psicológicas e econômicas. Isso, através do uso de meios de comunicação social como o rádio, a televisão ou *youtube*. É uma forma de catolicismo midiático, como apontado por Carranza (2011), produtor de uma nova evangelização e relacionamento com a massa de fiéis católicos contemporâneos.

A visão por categoria de agentes eclesiais. Quando olhamos para cada categoria de amostras das duas perspectivas juntas, com relação às principais novidades que os "padres novos" trazem no exercício de seu ministério, com exceção dos leigos/as, todas indicam *a valorização do afetivo, da emoção, do sentimento e das relações interpessoais* – padres 22,7%, jovens 33,1%, seminaristas 19,0% e religiosas 24,5%, enquanto que os leigos/as nomeiam *maior atenção às pessoas e aos problemas pessoais, afetivos, de saúde, econômico* (18,3%). Em seguida, *o uso dos meios de comunicação social para seus eventos e atividades* é indicado por padres (19,0%), jovens (15,3%) e seminaristas (15,1%), enquanto que os leigos/as nomeiam *a valorização do afetivo, da emoção, do sentimento e das relações interpessoais* (17,0%), e chama a atenção que as religiosas são as únicas a indicar com esta ênfase *uma ação pastoral mais de eventos do que de processos comunitários* (14,2%).

A visão dos presbíteros

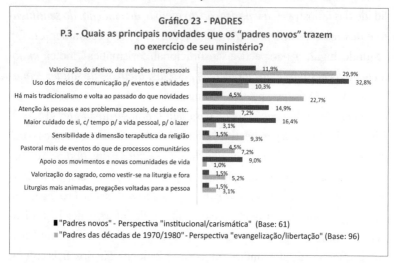

Gráfico 23 - PADRES
P.3 - Quais as principais novidades que os "padres novos" trazem no exercício de seu ministério?

Quanto aos dados relativos, somente aos presbíteros por perspectiva sociopastoral sobre as principais novidades são muito interessantes, pois são os "padres novos" falando deles mesmos e como são vistos pelos "padres das décadas de 1970/1980". Em primeiro lugar, os "padres novos" nomeiam *o uso dos meios de comunicação social para seus eventos e atividades* (32,8%), enquanto que os "padres das décadas de 1970/1980" indicam *a valorização do afetivo, da emoção, do sentimento e das relações interpessoais* (29,9%). Em segundo lugar, os "padres novos" assinalam *maior cuidado de si, com tempo para a vida pessoal, para o lazer e o convívio* (16,4%), já os "padres das décadas de 1970/1980" nomeiam que *há mais tradicionalismo e volta ao passado do que novidades* (22,7%). Em terceiro lugar, os "padres novos" dizem da *maior atenção às pessoas e aos problemas pessoais, afetivos, de saúde, econômico* (14,9%), já os "padres das décadas de 1970/1980" indicam *o uso dos meios de comunicação social para seus eventos e atividades* (10,4%). Não deixa de chamar a atenção que os "padres novos" digam, em quarto lugar, que a novidade que trazem é *o apoio aos movimentos e novas comunidades de vida* (9,0%), e os "padres das décadas de

1970/1980" indiquem que eles demonstram maior sensibilidade à dimensão terapêutica da religião (9,3%).

As respostas dos padres evidenciam as tendências que os "padres novos" incluem no campo pastoral orientações mais individualistas e hedonistas. Além disso, acrescentam uma forma inovadora de ativar a participação dos fiéis, associada à promoção de eventos e ao uso dos meios midiáticos contemporâneos. Isso, no entanto, pode estar sendo vinculado com uma roupagem tradicionalista como alertam os "padres das décadas de 1970/1980", que têm como opção um engajamento mais comunitário e marcado por práticas e discursos da opção pelo pobres e transformação da sociedade.

Questão 4. O que não tem futuro no modo de os "padres novos" exercerem o ministério? (Tabela 29)

1ª citação	Visão da totalidade das amostras	Visão por perspectiva sociopastoral		Visão por categoria de agentes das duas perspectivas juntas				
		Institucional / Carismática	Evangelização / Libertação	Padres	Leigos(as)	Jovens	Seminaristas	Religiosas
Base:	743	324	419	157	210	127	122	126
O tradicionalismo, o devocionismo e o milagrismo, pois a história caminha para frente	21,0%	17,1%	24,0%	26,8%	17,0%	17,8%	27,2%	18,4%
Uma pastoral de eventos e atividades isoladas, não de processos comunitários	18,2%	15,8%	20,2%	14,0%	23,0%	16,9%	12,8%	22,3%
Uma prática religiosa a serviço dos indivíduos, com respostas imediatas	11,6%	13,7%	10,0%	17,1%	8,7%	13,6%	12,0%	6,8%
Entrar no mercado do religioso e adotar tudo o que agrada e reúne gente	10,6%	13,0%	8,8%	7,9%	10,0%	9,3%	12,8%	15,5%
A preocupação com trajes eclesiásticos, a estética da liturgia	10,2%	8,1%	11,7%	11,6%	10,0%	6,8%	4,8%	17,5%
Uma Igreja sem profecia, com escasso compromisso com uma sociedade justa e solidária	9,6%	8,1%	10,7%	7,9%	5,7%	12,7%	12,0%	15,5%
Estar focado nos problemas pessoais e colocar em segundo plano os sociais e estruturais	5,5%	5,6%	5,5%	6,7%	8,7%	2,5%	4,0%	1,0%
O modelo de vida e de ação dos "padres novos", hoje, será o amanhã da Igreja	3,3%	3,1%	3,6%		5,2%	5,9%	2,4%	1,9%
Ficará a atenção ao emocional, às pessoas, mas não a falta de compromisso com o social	2,7%	4,0%	1,7%	3,7%	2,2%	5,9%	0,8%	1,0%
Como as respostas de ontem já não respondem, é normal que estejam buscando inovar	1,4%	2,2%	0,7%	3,7%	0,4%		2,4%	
Outro	0,1%	0,3%		0,6%				
Não respondeu	5,7%	9,0%	3,1%		9,1%	8,5%	8,8%	
Total	100,0%	100,0%	100,0%	100,0%	100,0%	100,0%	100,0%	100,0%

A visão da totalidade das amostras. Com relação ao que não tem futuro no modo dos "padres novos" exercerem o ministério, na visão da totalidade das amostras aparecem estas três alternativas em ordem de importância: *o tradicionalismo, o devocionismo e o milagrismo, pois a história caminha para frente* (21,0%), *uma pastoral de eventos e atividades isoladas, não de processos comunitários* (18,2%) e *uma prática religiosa a serviço dos indivíduos, com respostas imediatas* (11,6%). A primeira alternativa é unanimidade para as duas perspectivas sociopastorais, bem como para as demais categorias de amostras, menos para os leigos/as (23%) e as religiosas (23,3%) que nomeiam "uma pastoral de eventos e não de processos". Chama a atenção a alta porcentagem das religiosas em relação às demais amostras na indicação da preocupação com os trajes e a estética na liturgia (17,5%), como também a indicação de entrar no mercado do religioso e adotar tudo o que agrada e reúne gente (15,5%).

A visão por perspectiva sociopastoral. Quando separamos as categorias de amostras por perspectivas sociopastorais, com relação ao que não tem futuro no modo dos "padres novos" exercerem o ministério, as duas perspectivas – a "institucional/carismática" e a "evangelização/libertação" – coincidem com a totalidade das amostras em indicar, em primeiro lugar, *o tradicionalismo, o devocionismo e o milagrismo, pois a história caminha para frente* (17,1% e 24,0%, respectivamente), assim como em segundo lugar *uma pastoral de eventos e atividades isoladas, não de processos comunitários* (15,8% e 20,2%, respectivamente). Em terceiro lugar, a perspectiva "institucional/carismática" indica *uma prática religiosa a serviço dos indivíduos, com respostas imediatas* (13,7%), enquanto para a perspectiva "evangelização/libertação" aparece *a preocupação com os trajes eclesiásticos e a estética da liturgia* (11,7%).

A visão por categoria de agentes eclesiais. Quando olhamos para cada categoria de mostras das duas perspectivas juntas, com relação ao que não tem futuro no modo dos "padres novos" exercerem o ministério, em primeiro lugar aparece *o tradicionalismo, o devocionismo e o milagrismo, pois a história caminha para frente* para padres (26,8%), jovens (17,8%) e seminaristas (27,2%), enquanto que nomeiam *uma pastoral de eventos e atividades isoladas, não de pro-*

cessos comunitários, os leigos/as (23,0%) e as religiosas (22,3%). Em segundo lugar, os padres nomeiam *uma prática religiosa a serviço dos indivíduos, com respostas imediatas* (17,1%); os leigos/as (17,0%) e as religiosas (18,4%) assinalam *o tradicionalismo, o devocionismo e o milagrismo, pois a história caminha para frente*, enquanto que os seminaristas indicam *uma pastoral de eventos e atividades isoladas, não de processos comunitários*, e entrar no mercado do religioso e adotar tudo o que agrada e reúne gente, ambas as alternativas com 12,8%. Em terceiro lugar cabe destacar a indicação das religiosas com um índice muito mais alto do que as demais categorias de agentes – *a preocupação com os trajes e a estética na liturgia* (17,5%).

A visão dos presbíteros

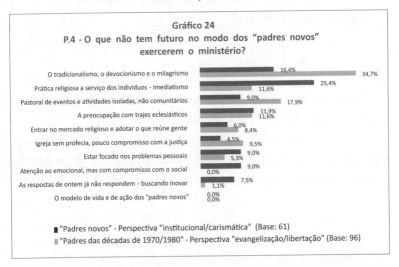

Quanto aos dados relativos somente aos presbíteros por perspectiva sociopastoral em relação ao que não tem futuro no modo dos "padres novos" exercerem o ministério, em primeiro lugar os "padres novos" nomeiam *a prática religiosa a serviço dos indivíduos* (25,4%), enquanto os "padres das décadas de 1970/1980" indicam *o tradicionalismo, o devocionismo e milagrismos* (34,7%). Em segundo lugar, os "padres novos" nomeiam *o tradicionalismo, o devocionismo e milagrismos* (16,4%), ao passo que os "padres das décadas de 1970/1980" assinalam *uma pastoral de eventos e atividades isoladas, sem processo*

comunitário (17,9%). Em terceiro lugar, ambos os grupos de padres nomeiam *a preocupação com os trajes e a estética na liturgia* (11,9% e 11,6%, respectivamente). Na sequência, os "padres novos" nomeiam, pela ordem, *uma pastoral de eventos e atividades isoladas, sem processo comunitário; estar focado nos problemas pessoais e colocar em segundo plano os sociais e estruturais.* Já os "padres das décadas de 1970/1980" indicam *uma Igreja sem profecia, com escasso compromisso com uma sociedade justa e solidária* e entrar no mercado do religioso e adotar tudo o que agrade e reúne gente.

Análise preliminar

A visão dos "padres novos" a respeito dos modelos de ministério presbiteral

Antônio José de Almeida

Dados de três temáticas estão na pauta desta análise: por um lado, o que está superado e o que continua válido do modelo de ministério dos presbíteros das décadas de 1970/1980 e, por outro, quais as novidades que os "padres novos" trazem no exercício de seu ministério e o que não tem futuro no modo como eles o exercem.

O que está superado do modelo de ministério dos presbíteros das "décadas de 1970-1980"

Para 24,6% dos "padres novos" está superada a linguagem típica da Teologia da Libertação (solidariedade com os pobres, luta contra as opressões, compromisso sociopolítico, Comunidades Eclesiais de Base); este número sobe para 28,1% dos padres de 1970-1980. Uma confluência à primeira vista inesperada! Por detrás, porém, desta convergência esconde-se uma diferença que precisa vir à tona: as razões pelas quais atores tão díspares convergem na detecção do declínio de um fenômeno da envergadura do discurso tradicional da libertação. Os "padres novos" estão sentindo que a sociedade mudou, sobretudo do ponto de vista cultural. Com o fim da ideia de progresso, de uma teleologia histórica e a hibernação social das utopias, vieram abaixo também os grandes sonhos de transformação social; os tempos, aliás, são de um individualismo indiferente, um subjetivismo exacerbado e uma busca de satisfações imediatas. A busca frustrada da felicidade coletiva deu lugar à fruição possível da felicidade individual. A palavra migrou da cabeça de Marx e Lenin para os lábios dos pós-modernos. Os padres de 1970-1980 constatam o mesmo fenômeno – a superação da linguagem da libertação – mas lhe dão uma leitura que é, a um tempo, econômica, social e autobiográfica: um sentimento de impotência diante da modernização do sistema econômico mundial; certa desilusão quanto à eficácia da transformação esperada de uma prática pastoral e social que os tomava por inteiro; a necessidade de rever em profundidade o discurso e as estratégias, mas não, necessariamente, o horizonte e as metas; uma rendição condicional diante das tomadas de posição do magistério da Igreja contrárias à Teologia da Libertação e ao engajamento político de setores do clero, sob a égide e o controle de João Paulo II (1978-2005) e de Bento XVI (2005-2013), com suas Instruções, intervenções, processos e nomeações episcopais.

Igualmente, os "padres novos" consideram superada, no modelo de ministério dos presbíteros de "1970-1980", o não tirar tempo para si, para o lazer e para o cuidado pessoal (32,3%). Em outras palavras: está superado o modelo "padre 24 horas" no sentido em que, como outros profissionais, o padre tem o seu horário de trabalho e o seu tempo de folga, do qual disporá como achar melhor, para si e para o cuidado pessoal. Desaparece do horizonte o modelo da Escola de Espiritualidade do século XVII, que girava em torno da ideia de adoração e sacrifício e estimulava o "sacerdote" a identificar-se com Cristo até à "imolação", tanto na vida pessoal quanto no exercício do ministério; no modelo ministerial de 1970-1980, o padre é uma totalidade orgânica entregue de tal maneira aos trabalhos pastorais e, sobretudo, às causas sociais, que nele se confundem persona e pessoa; o descanso consiste em mudar de tarefa e o cuidado de si pesa na consciência, quase como se fosse um pecado. "Não tirar tempo para si, para o lazer e o cuidado pessoal" casava muito bem, no modo de exercer o ministério dos padres de 1970-1980, com a urgência da causa pela qual valia a pena todo sacrifício, mesmo pessoal. A desmobilização de uma vida militante e o novo clima cultural justificam uma nova relação com o tempo, com a limitação do corpo e consigo próprios, que se traduz numa nova relação com a sociedade, a Igreja e a própria missão, não mais totalitária, mas parcial, fragmentada e, de algum modo, profissional. O fato, porém, de apenas 14,6% dos padres de 1970-1980 pensarem assim não pode estar indicando um conflito, no interior dos padres desta perspectiva, quanto à abrangência da "consagração" e ao estilo do Jesus pobre e servidor?

As Comunidades Eclesiais de Base, que – sobretudo nos anos de 1970 e 1980, avançando, em alguns lugares, também para os anos de 1990 – tinham tudo a ver com a linguagem da libertação (que estava no auge) e recebiam, da parte dos padres mais engajados socialmente, uma dedicação prioritária, sofreram o impacto do novo contexto cultural, da nova economia, da virada geopolítica mundial, e do modelo eclesiológico próprios dos pontificados que capitanearam a Igreja na passagem do segundo para o terceiro milênio. Paralelamente às Cebs, neste mesmo período, surgiam, estruturavam-se e ganhavam a adesão entusiasta de amplas faixas de fiéis as novas comunidades, que se assemelham, em vários aspectos, ao catolicismo dos novos movimentos. Ainda que reajam, a seu modo, à lógica cultural dominante, elas incorporam alguns dos seus pressupostos, o que lhes dá, ao mesmo tempo, comunicabilidade com a sociedade, dinamismo interno e projeção para o mundo. Os "padres novos", aliás, vão identificar-se muito mais com as novas comunidades do que com as Cebs, que, segundo eles, são difíceis de implantar, as pessoas não querem e não funcionam (13,8%). O modo de ser Igreja que galvanizou ao menos duas gerações de presbíteros tornou-se um fardo pesado que os "padres novos" se recusam a encarar. Quando as Cebs começaram a abrir-se às demandas de uma nova emergência da subjetividade, os novos movimentos e as novas comunidades já surfavam esta onda e tinham feito dela a sua praia. Daí que 8,3% dos padres de 1970-1980 concordam com os "padres novos" que as Cebs estejam superadas; 13,5%, que não faz sentido a desconfiança em relação aos novos movimentos, e 6,3%, os preconceitos com a RCC.

O que continua válido do modelo de ministério dos presbíteros das "décadas de 1970-1980"

A perda de relevância da Teologia da Libertação teria sido compensada, segundo os "padres novos", pela insistência na dimensão comunitária e social da fé (20,6%), mas – como era de se esperar – sobretudo pelos padres de 1970-1980 (34,0%): "vão-se os anéis, mas ficam os dedos". Confirma esta percepção o fato de 23,5% dos "padres novos" dizerem que continua válida a promoção de uma pastoral social, consistente e estruturada, convicção menor entre os padres de 1970-1980 (14,4%). O espaço perdido pela Teologia da Libertação estaria sendo ocupado, como referencial teórico, pela doutrina social da Igreja; uma, porém, não teria nada a aportar dialeticamente à outra; a afirmação segundo a qual não existe uma incompatibilidade de princípio entre a doutrina social da Igreja e a Teologia da Libertação não passaria, portanto, de uma afirmação de princípio. Na prática, parece – se for permitido levantar esta hipótese – que, se há, na Igreja, um grupo que insiste na dimensão comunitária e social da fé e promove uma pastoral social consistente, este grupo são os padres de 1970-1980, que, na verdade, teriam ficado praticamente sem sucessores.

Vai em direção semelhante, me parece, a afirmação feita pelos "padres novos" de que continua válida, no modelo dos padres de 1970-1980, a opção pelos pobres e a busca de uma sociedade justa e solidária (16,2%). Soa mais como uma afirmação de princípio do que propriamente como uma tomada de posição existencial e pastoral. Com certeza, não tem o mesmo sentido da histórica opção pelos pobres de Medellín (cf. Pobreza na Igreja), de Puebla (n. 1134-1165) e de Aparecida (n. 391-393) e, semelhantemente, da busca de uma sociedade justa e solidária visualizada em Medellín (cf. Paz), Puebla (n. 1206-1293) e Aparecida (n. 347-546). Assumida por Medellín e Puebla, a opção pelos pobres está quase totalmente ausente no magistério de João Paulo II (cf. *Centesimus annus* 57) e Bento XVI (cf. Discurso inaugural de Aparecida), que são os papas referenciais dos "padres novos".

João Paulo II – que, em seu longo pontificado, notabilizou-se por seu anticomunismo, por uma defesa intransigente da ortodoxia, por sua abundante pregação social (*Laborem Exercens, Sollicitudo Rei Socialis, Centesimus Annus, Evangelium Vitae* etc.), por sua oposição ao engajamento político do clero, especialmente na América Latina – deixou marcas profundas no sistema de formação, no ideário e nos ideais, e na forma de exercício do ministério dos "padres novos", que nele tinham não só um guia, mas um ícone do ministério sacerdotal e um modelo a imitar. Talvez convenha também lembrar que o Catecismo da Igreja Católica (1992), que teve considerável influência na formação dos "padres novos", embora aborde sistematicamente quase todos os temas da "moral social" em sua Terceira Parte (1691-2557), reserva formalmente apenas poucos números à "doutrina social da Igreja" (2419-2425), ao tratar do sétimo mandamento, numa estranha organização dos tópicos abordados (cf. 2402-2449).

O trabalho com comunidades é um elemento do modelo de 1970-1980 que também continuaria válido. Estas comunidades, porém, não se iludam, não são as Comunidades Eclesiais de Base, que, na opinião dos "padres novos" (13,8%), as pessoas não querem e não funcionam (13,8%), mas comunidades eclesiais com planejamento, conselhos e assembleias. Estas, que correspondem a um modelo pastoral renovado, mas geralmente com pouco engajamento social, recebem uma alta aprovação dos "padres novos" (22,1%).

As principais novidades que os "padres novos" trazem no exercício do ministério

O uso dos meios de comunicação social para seus eventos e atividades, segundo 32,8% dos "padres novos", é a principal novidade do seu modo de exercício do ministério; só 10,3% dos padres de 1970-1980 pensam assim. O social, aqui, porém, não é o povo – categoria importante para os padres de 1970-1980 – mas a massa, o público, a audiência, com suas características de ausência física dos interlocutores, extrema difusão geográfica e heterogeneidade social, tudo isso possibilitado pelos meios elétrico-eletrônicos que revolucionaram a comunicação entre os seres humanos no século XX. Tudo começou com as ondas do rádio, avançou para a televisão, e, nos últimos tempos, a internet e as redes sociais dominaram os padres mais jovens – mas não só – que as usam para seu entretenimento pessoal, o relacionamento interpessoal e o ministério "sagrado".

Os "padres novos" destacam, em seguida, um maior cuidado de si, com tempo para a vida pessoal e o lazer, como outra novidade na sua forma de exercer o ministério (16,4%); apenas 3,1% dos padres de 1970-1980 concordam. Isso poderia estar indicando, de um lado, uma maior conformação à cultura individualista e hedonista atual e, por outro, uma tendência à profissionalização do ministério, consubstanciada numa clara consciência da especificidade teológica e canônica do ministério, dos seus deveres e direitos, ao que corresponderia, em termos práticos, um domínio profissional das suas atribuições próprias, uma administração racional do tempo, uma separação nítida entre vida profissional e vida privada, com tempos e espaços próprios para o cuidado de si e para o lazer. O *"carpe diem"* se integraria, longe de qualquer sentimento de culpa, à vida do padre, como à de todo cidadão consciente de sua dignidade humana e profissional.

Os "padres novos" apontam como outra novidade de seu estilo ministerial uma "maior atenção às pessoas" (14,9%); a atenção é às pessoas, mas os problemas não são só os pessoais e afetivos, mas também os de saúde e econômicos! Ou seja, constata-se uma migração de uma abordagem "social" para um tratamento "pessoal", se não individual mesmo; se, para os padres de 1970-1980, tudo era social, agora, tudo é pessoal, até os problemas sanitários e econômicos. A sensibilidade à dimensão terapêutica da religião é vista pelos padres de 1970-1980 como um elemento do estilo ministerial dos "padres novos", mas estes não se veem assim (escassos 1,5%); provavelmente os "padres novos" tenham mais clareza do que os padres de 1970-1980 de que a dimensão terapêutica não é própria dos "padres novos", mas dos padres (e leigos) ligados à Renovação Carismática, onde os eventos de "cura e libertação" têm um lugar importante.

A valorização do afetivo, da emoção, dos sentimentos e das relações interpessoais – na visão que os "padres novos" têm de seu estilo ministerial – só viria em quarto lugar, abrangendo 11,9% dos "padres novos"; esta, porém, é a primeira novidade dos "padres novos" aos olhos dos padres de 1970-1980 (29,9%). Estamos diante de uma nova forma de emergência da subjetividade que envolve amplos setores da sociedade, mas tem contagiado, sobretudo, os jovens. Esta emergência da subjetividade é, sobretudo, afetiva: na vertente psicológica, mostra-se como uma reação à massificação pelo processo de objetivação tecnológica, o pragmatismo e o consumismo exacerbado; em sua vertente religiosa, aparece como reação ao ativismo, com o risco de desatenção ao social e de espiritualismo. Este processo, porém, é bom que se diga, não é só negativo, na medida em que desvela o encurtamento provocado por uma prática racional, pragmatista e ativista, seja na atividade pastoral em geral seja na militância sociopolítica eclesial, quando estas se mostram tão urgentes e avassaladoras que acabam por reprimir e sacrificar o pessoal, o interpessoal, o afetivo, o emotivo, o gratuito, o simbólico.

Talvez não seja inútil chamar a atenção para outra opinião – sustentada por 22,7% dos padres de 1970-1980, mas por apenas 4,5% dos novos – segundo a qual "há mais tradicionalismo e volta ao passado do que novidades" no modo de exercício do ministério por parte dos "padres novos". A diferença de percepção me parece muito grande. Vejo um problema na formulação do quesito pelos pesquisadores, no sentido em que dão por iguais tradicionalismo e volta ao passado, fenômenos que são diferentes. Nas respostas dos padres de 1970-1980, à dupla tradicionalismo-volta ao passado (22,7%) seguem-se o uso dos meios de comunicação social (19,3%), a sensibilidade à dimensão terapêutica da religião (9,3%),; na visão dos "padres novos", a sequência é: MCS (32,8%), cuidado de si (16,4%), valorização do afetivo (11,9%) e apoio aos novos movimentos e comunidades (9,0%); só 4,5% veem mais tradicionalismo e volta ao passado do que novidades em seu modelo ministerial. O que estaria por detrás disso? Será que pesquisadores e padres de 1970-1980 – entendendo-se muito bem numa pergunta equívoca – não estariam se encontrando numa narrativa simplificadora de um fenômeno social complexo – os "padres novos" – que não caberia na casinha "tradicionalismo", "saudosismo", "restauracionismo", pois, se realmente coubessem, não seriam "novos"? Os "novos" podem até representar uma reação a uma realidade presente, mas nem por isso seriam "velhos", isto é, réplica intransigente de um passado idealizado. De qualquer maneira, fica a pergunta para pesquisadores e entrevistados: O que é "volta ao passado"? O que é "tradicionalismo"?

O que não tem futuro no modo dos "padres novos" exercerem o ministério

A maioria dos "padres novos" não vê futuro no fomento de uma prática religiosa a serviço de indivíduos, com uma nota de imediatismo (25,4%). Se, de um lado, os "padres novos" privilegiam uma "maior atenção às pessoas" (14,9%), de outro, eles não veem futuro numa prática religiosa a serviço de indivíduos, particularmente quando se visam respostas imediatas a necessidades individuais e pontuais. Por mais valiosos e necessários que sejam o acolhimento, o aconselhamento, a confissão, a direção espiritual, a atenção concreta à pessoa que apresenta uma demanda individual, a ação pastoral não pode deixar de lado a dimensão comunitária como um dado antropológico fundamental e um dado constitutivo da experiência e da proposta cristã. A fé cristã liga as pessoas entre si e a Igreja se verifica na comunidade. A vida comunitária tem uma tradição milenar no cristianismo e, quando, com o advento do individualismo religioso moderno, caiu em segundo plano, não demorou para que surgisse um forte movimento, em sentido contrário, de redescoberta da comunidade, que tomou expressões e formas as mais variadas. 11,6% dos padres de 1970-1980, evidentemente, corroboram esta percepção dos "padres novos".

Em segundo lugar, os "padres novos" consideram que não têm futuro, no modo de eles exercerem o ministério, o tradicionalismo, o devocionismo e o milagrismo (16,4%). Esta opinião mais do que dobra entre os padres de 1970-1980 (34,7%), que, aliás, em número expressivo, afirmam que "há mais tradicionalismo e volta ao passado do que novidades" no modo de exercício do ministério dos "padres novos" (22,7%). Se os entrevistados não tiveram problemas em responder a esta pergunta, como já foi anotado, este leitor tem. Em primeiro lugar, não vejo muito parentesco conceitual entre tradicionalismo, devocionismo e milagrismo; em segundo lugar, não se deveria aproximar – muito menos confundir – tradicionalismo e volta ao passado; finalmente, cuidaria de, inadvertidamente, não induzir a uma eventual depreciação, por exemplo, da religiosidade popular, que valoriza, sem dúvida, devoções e milagres, mas, de si, não é a mesma coisa que "devocionismo" e "milagrismo"; aliás, as devoções e a busca de milagres, no contexto da religiosidade popular, mas não só, podem estar sinalizando coisas importantes: reação diante da exploração ou marginalização; resistência diante das contradições do sistema econômico e social; a possibilidade de viver uma religiosidade mais espontânea, participativa, experiencial ou mesmo emotiva; suplência da inacessibilidade ou precariedade do sistema de saúde etc.

Tanto os "padres novos" (11,9%) como os de 1970-1980 (11,6%) concordam em que não tem futuro, na forma de os "padres novos" exercerem o ministério, a preocupação com traje eclesiástico. Socialmente, o padre novo gosta de exibir sua identidade através do *clergyman*, mas não em todos os ambientes; em contexto litúrgico ou ritual, capricha no visual, esmera-se no vestir, desfila belos paramentos, tudo – claro – para honrar devidamente a Deus e dar visibilidade ao sagrado, que perdeu centralidade nas modernas sociedades. O "clérigo", o "sacerdote", o "homem do sagrado", na visão dos "padres novos", têm que afirmar – e aí o meio (as vestes) é claramente a mensagem (McLuhan) – fundamente duas coisas: a) sua existência numa sociedade em que o clero não tem o prestígio social de tempos passados e numa Igreja, segundo eles, também indevidamente secularizada; b) sua identidade específica numa Igreja em que o que é comum a todos os membros poderia botar a perder o caráter único e necessário do ministério sagrado, que, no ambiente eclesial geral, normalmente é reconhecido, mas, em determinadas culturas infraeclesiais (algumas dioceses, certas paróquias, diversos movimentos), é exacerbado e venerado. Isso, porém, não teria futuro, até quando, na dialética religiosa e social, não irrompesse, como 2+2 são quatro, outra onda de "padres novos".

2. A VOCAÇÃO E A FORMAÇÃO DOS PRESBÍTEROS

Em busca de *O novo rosto do clero – Perfil dos "padres novos" no Brasil*, com relação ao exercício do ministério presbiteral, seguem outras três questões do terceiro bloco de perguntas do questionário aplicado na pesquisa de campo. Perguntou-se às sete categorias de amostras (cinco tomadas neste relatório) de cada uma das perspectivas sociopastorais em questão, como está o processo de formação dos futuros presbíteros hoje e o que parece motivar ou desmotivar um jovem a ser padre hoje. A cada três questões, depois do relato dos dados levantados, há uma breve análise preliminar sobre a visão dos "padres novos" a respeito.

Questão 5. Como anda o processo de formação dos futuros presbíteros, hoje? (Tabela 30)

1ª citação	Visão da totalidade das amostras	Visão por perspectiva sociopastoral		Visão por categoria de agentes das duas perspectivas juntas				
		Institucional / Carismática	Evangelização / Libertação	Padres	Leigos(as)	Jovens	Seminaristas	Religiosas
Base:	743	324	419	157	210	127	122	126
Está bom, com bons formadores e bons cursos de filosofia e teologia	20,4%	32,4%	11,1%	16,7%	14,5%	31,4%	34,4%	9,5%
Os "padres novos" são mais autoritários e tendem a se considerar mais importantes que os leigos	12,3%	7,7%	15,6%	19,8%	8,8%	11,9%	4,0%	19,0%
Parece que são formados para fazer funcionar a paróquia tradicional	11,5%	7,4%	14,7%	10,5%	15,8%	10,2%	2,4%	16,2%
O grande desafio é a maturidade afetiva, emocional, com sexualidade assumida no celibato	11,4%	9,9%	12,6%	14,2%	9,6%	4,2%	19,2%	10,5%
Está bom do ponto de vista humano e espiritual, mas fraco no intelectual e pastoral	9,7%	6,2%	12,3%	13,0%	8,3%	11,0%	4,0%	12,4%
Difícil, pois a situação da sociedade e da família mudou o perfil dos candidatos	8,0%	4,6%	10,7%	6,8%	8,8%	8,5%	6,4%	9,5%
Muitos candidatos vêm dos movimentos e depois vão trabalhar com movimentos	6,3%	4,0%	8,1%	9,3%	4,8%	3,4%	3,2%	12,4%

1ª citação	Visão da totalidade das amostras	Visão por perspectiva sociopastoral		Visão por categoria de agentes das duas perspectivas juntas				
		Institucional / Carismática	Evangelização / Libertação	Padres	Leigos(as)	Jovens	Seminaristas	Religiosas
Base:	743	324	419	157	210	127	122	126
É personalizado, com acompanhamento psicológico exigente	4,3%	6,2%	3,1%	3,7%	0,9%	2,5%	12,0%	5,7%
Os candidatos recebem tudo pronto, há comodismo e distância da dureza da vida	3,5%	5,2%	2,1%	4,9%	3,5%	0,8%	4,8%	2,9%
Faz-se vista grossa, sobretudo em relação ao homossexualismo de alguns candidatos	2,3%	3,1%	1,7%	1,2%	3,9%	1,7%	0,8%	1,9%
Outro	1,2%	2,2%	0,5%		3,1%		1,6%	
Não respondeu	9,2%	11,1%	7,6%		18,0%	14,4%	7,2%	
Total	100,0%	100,0%	100,0%	100,0%	100,0%	100,0%	100,0%	100,0%

A visão da totalidade das amostras. Com relação a como anda o processo de formação dos futuros presbíteros, hoje, na visão da totalidade das amostras aparecem estas três alternativas em ordem de importância: *está bom, com bons formadores e bons cursos de filosofia e teologia* (20,4%); *os padres novos são mais autoritários e tendem a se considerar mais importantes do que os leigos* (12,3%); e *parece que são formados para fazer funcionar a paróquia tradicional* (11,5%). Em quarto lugar aparece que o *grande desafio é a maturidade afetiva, emocional, com sexualidade assumida no celibato* (11,4%). O posicionamento da totalidade das amostras não coincide, nem na primeira alternativa, nas diferentes categorias. Está bom só para a perspectiva "institucional/carismática", os jovens e os seminaristas. A perspectiva "evangelização/libertação" (15,6%), os padres (18,8%) e as religiosas (19,0%) colocam em primeiro lugar que os "padres novos" são "mais autoritários e tendem a se considerar mais importantes do que os leigos". Chama a atenção que os leigos/as nomeiem em primeira opção que parece que os "padres novos" "são formados para fazer funcionar a paróquia tradicional" (15,8%)

A visão por perspectiva sociopastoral. Quando separamos as categorias de amostras por perspectivas sociopastorais, em primeiro lugar, a perspectiva "institucional/carismática" nomeia que *está bom, com bons formadores e bons cursos de filosofia e teologia* (32,4%) e a perspectiva "evangelização/libertação" indica que *os "padres novos" são mais autoritários e tendem a se considerar mais importantes do que os leigos* (15,6%), o que aparece também para a perspectiva "institucional/carismática" em terceiro lugar (7,7%). Em segundo lugar, para a perspectiva "institucional/carismática" *o grande desafio é a maturidade afetiva, emocional, com sexualidade assumida no celibato* (9,9%) e a perspectiva "evangelização/libertação" assinala que *parece que são formados para fazer funcionar a paróquia tradicional* (14,7%).

A visão por categoria de agentes eclesiais. Quando olhamos para cada categoria de amostras das duas perspectivas juntas, com relação a como anda o processo de formação dos futuros presbíteros, hoje, em primeiro lugar aparece que *os padres novos são mais autoritários e tendem a se considerar mais importantes do que os leigos* para padres (19,8%) e para as religiosas (19,1%), enquanto que *está bom, com bons formadores e bons cursos de filosofia e teologia* para jovens (31,4%) e seminaristas (34,4%) e para os leigos *parece que são formados para fazer funcionar a paróquia tradicional* (15,8%). Em segundo lugar há uma diversidade de respostas: *está bom, com bons formadores e bons cursos de filosofia e teologia* para padres (16,7%) e leigos/as (14,5%), para os jovens *os padres novos são mais autoritários e tendem a se considerar mais importantes do que os leigos* (11,9%), para as religiosas *parece que são formados para fazer funcionar a paróquia tradicional* (16,2%) e para os seminaristas *o grande desafio é a maturidade afetiva, emocional, com sexualidade assumida no celibato* (19,2%).

A visão dos presbíteros

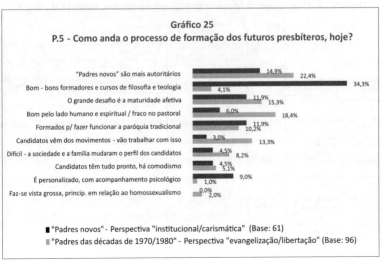

Quanto aos dados relativos somente aos presbíteros por perspectiva sociopastoral com relação a como anda o processo de formação dos futuros presbíteros hoje, em primeiro lugar os "padres novos" dizem que *está bom, com bons formadores e bons cursos de filosofia e teologia* para padres (34,3%), enquanto que os "padres das décadas de 1970/1980" nomeiam que *os padres novos são mais autoritários e tendem a se considerar mais importantes do que os leigos* (22,4%). Em segundo lugar, os "padres novos" indicam que *são mais autoritários e tendem a se considerar mais importantes do que os leigos* (14,9%) e os "padres das décadas de 1970/1980" que *está bom do ponto de vista humano, mas fraco no intelectual e pastoral* (18,4%). Em terceiro lugar, os "padres novos" citam que *parece que são formados para fazer funcionar a paróquia tradicional* e também que *o grande desafio é a maturidade afetiva, emocional, com sexualidade assumida no celibato*, ambas as alternativas com 11,9%, enquanto que os "padres das décadas de 1970/1980" assinalam igualmente esta última alternativa (15,3%). Na sequência, os "padres novos" mencionam que *o processo de formação é personalizado, com acompanhamento psicológico exigente* (9,0%) e os "padres das décadas de 1970/1980" que *muitos candidatos vêm dos movimentos e depois vão trabalhar com movimentos* (13,3%).

Questão 6. O que parece motivar um jovem ser padre, hoje? (Tabela 31)

1ª citação	Visão da totalidade das amostras	Visão por perspectiva sociopastoral		Visão por categoria de agentes das duas perspectivas juntas				
		Institucional / Carismática	Evangelização / Libertação	Padres	Leigos(as)	Jovens	Seminaristas	Religiosas
Base:	743	324	419	157	210	127	122	126
Responder a um chamado de Deus, a uma vocação recebida	39,0%	50,8%	29,9%	37,0%	25,4%	55,1%	53,6%	36,2%
Viver mais profundamente a fé, com Deus e as pessoas	13,1%	13,3%	13,1%	13,6%	14,9%	17,8%	9,6%	7,6%
Uma vida bonita, tranquila, confortável, morar bem	10,0%	5,0%	13,8%	12,3%	15,4%	5,1%	2,4%	10,5%
O exemplo e o testemunho edificante de outros padres	8,3%	9,3%	7,6%	11,1%	3,5%	1,7%	16,8%	11,4%
Uma missão importante, com prestígio e visibilidade	8,1%	2,5%	12,4%	9,9%	9,2%	5,9%	1,6%	13,3%
Ser um pregador, levar a Palavra de Deus, orientar as pessoas	7,5%	8,7%	6,4%	4,3%	12,7%	4,2%	4,0%	8,6%
A oportunidade de ser alguém, de sair de situações de carência e conflitos	5,0%	3,7%	5,9%	3,7%	6,1%	5,1%	4,8%	4,8%
Tomar distância de uma sociedade materialista e de uma vida sem sentido	2,9%	1,5%	4,0%	1,9%	4,8%	1,7%	2,4%	1,9%

O celibato como uma solução e dificuldades afetivas e em sua sexualidade	2,5%	2,5%	2,4%	3,1%	2,2%	1,7%	0,8%	3,8%
Um modo de vida cômodo para esconder tendências sexuais como o homossexualismo	0,8%	0,6%	1,0%		1,3%	0,8%		1,9%
Outro	0,6%		1,2%	3,1%				
Não respondeu	2,2%	2,2%	2,4%		4,4%	0,8%	4,0%	
Total	100,0%	100,0%	100,0%	100,0%	100,0%	100,0%	100,0%	100,0%

A visão da totalidade das amostras. Com relação ao que parece motivar um jovem ser padre hoje, na visão da totalidade das amostras aparecem estas três alternativas, apresentadas aqui em ordem de importância: *responder a um chamado de Deus, a uma vocação recebida* (39,0%), *viver mais profundamente a fé, com Deus e as pessoas* (13,1%) e *uma vida bonita, tranquila, confortável, morar bem* (10,0%). Segue em quarto lugar *o exemplo e o testemunho edificante de outros padres* (8,3%) e, em quinto, *uma missão importante, com prestígio e visibilidade* (8,1%). A primeira alternativa é unanimidade para as duas perspectivas sociopastorais e para todas as categorias de agentes consultados. Já a terceira alternativa se faz segunda para a perspectiva "evangelização/libertação", bem como para os leigos/as. Chama a atenção que somente as religiosas colocam em segunda opção "uma missão importante, com prestígio e visibilidade" (13,3%).

A visão por perspectiva sociopastoral. Quando separamos as categorias de amostras por perspectivas sociopastorais, com relação ao que parece motivar um jovem ser padre hoje, tanto a perspectiva "institucional/carismática" como a perspectiva "evangelização/libertação" coincidem com a indicação em primeiro lugar feita pela totalidade das amostras – *responder a um chamado de Deus, a uma vocação recebida* (50,8% e 29,9%, respectivamente). Em segundo lugar, a perspectiva "institucional/carismática" indica *viver mais profundamente a fé, com Deus e as pessoas* (13,3%) e a perspectiva "evangelização/libertação" nomeia *uma vida bonita, tranquila, confortável, morar bem* (13,8%). Em terceiro lugar, a perspectiva "institucional/carismática" assinala *o exemplo e o testemunho edificante de outros padres* (9,3%) e a perspectiva "evangelização/libertação" indica *viver mais profundamente a fé, com Deus e as pessoas* (13,1%).

A visão por categoria de agentes eclesiais. Quando olhamos para cada categoria de amostras das duas perspectivas juntas, com relação ao que parece motivar um jovem ser padre hoje, todos convergem em nomear, juntamente com a totalidade das amostras e as duas perspectivas sociopastorais, *responder a um chamado de Deus, a uma vocação recebida* – padres (37,0%), leigos/as (25,4%), jovens (55,1%), seminaristas (53,6%) e religiosas (36,2%). Em segundo lugar, há uma diversificação nas respostas, com consenso apenas dos padres 13,6%) e jovens (17,8%) em indicar *viver mais profundamente a fé, com Deus e as pessoas,* pois os leigos nomeiam *uma vida bonita, tranquila, confortável, morar bem* (15,4%); os seminaristas nomeiam *o exemplo e o testemunho edificante de outros padres* (16,8%); e as religiosas assinalam *uma missão importante, com prestígio e visibilidade* (13,3%).

Com relação ao que parece motivar um jovem ser padre hoje, podemos contrastar esse resultado com a pesquisa do CERIS que mostra que a grande maioria do clero ouvida assinalava "a opção 'serviço a Deus e aos irmãos' (58%)" (Medeiros & Fernandes, 2005:22), como explicação para essa escolha vocacional. Pelo assinalado, concluímos que se trata de uma orientação cujo sentido associa espiritualidade e atuação pastoral. Mas, os resultados deste levantamento são visivelmente marcados mais por motivações espirituais. Nesse sentido, ocorre mudança significativa do sentido atribuído à vocação, num intervalo de pouco mais de uma década.

A visão dos presbíteros

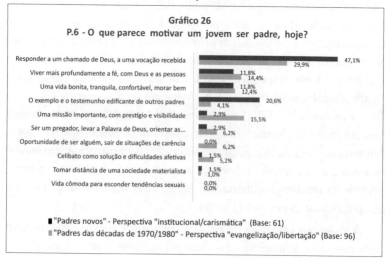

Gráfico 26
P.6 - O que parece motivar um jovem ser padre, hoje?

Quanto aos dados relativos somente aos presbíteros por perspectiva sociopastoral, com relação ao que parece motivar um jovem ser padre hoje, há convergência em indicar *responder a um chamado de Deus, a uma vocação recebida* – "padres novos" (47,1%) e "padres das décadas de 1970/1980" (29,9%). Em segundo lugar, os "padres novos" nomeiam *o exemplo e testemunho edificante de outros padres* (20,6%) e os "padres das décadas de 1970/1980" assinalam *uma missão importante, com prestígio e visibilidade* (15,5%). Em terceiro lugar, os "padres novos" indicam *uma vida bonita, tranquila, confortável, morar bem* e *viver mais profundamente a fé, com Deus e as pessoas*, ambas as alternativas com 11,8%, enquanto que os "padres das décadas de 1970/1980" assinalam *uma vida bonita, tranquila, confort*ável (12,4%).

Chama a atenção que somente os "padres das décadas de 1970/1980" mencionam *a oportunidade de ser alguém, de sair de situações de carência e conflitos* (6,2%), assim como o maior índice na indicação também da motivação *ser um pregador, levar a palavra de Deus, orientar as pessoas* (6,2%), bem como *o celibato como solução a dificuldades afetivas em sua sexualidade* (5,2%).

Questão 7. O que parece desmotivar um jovem ser padre, hoje? (Tabela 32)

1ª citação	Visão da totalidade das amostras	Visão por perspectiva sociopastoral		Visão por categoria de agentes das duas perspectivas juntas				
		Institucional / Carismática	Evangelização / Libertação	Padres	Leigos(as)	Jovens	Seminaristas	Religiosas
Base:	743	324	419	157	210	127	122	126
O celibato e uma possível vida de solidão, carência afetiva, desequilíbrio emocional	22,3%	13,0%	29,5%	24,4%	18,3%	38,1%	13,6%	20,0%
Uma vida de muito sacrifício, sempre à disposição dos outros	18,3%	20,8%	16,4%	11,6%	27,5%	16,1%	12,8%	17,1%
O contratestemunho de alguns padres, dinheiristas ou sem observância do celibato	13,8%	16,1%	11,9%	10,4%	15,3%	5,1%	23,2%	13,3%
A sociedade e os meios de comunicação que apontam para a felicidade em outras coisas	11,9%	13,0%	11,0%	11,6%	7,0%	13,6%	17,6%	15,2%
A falta de ambiente religioso e de incentivo na família	9,8%	7,8%	11,2%	11,0%	13,5%	6,8%	5,6%	7,6%
A vida frustrada de alguns padres, amargurados e solitários	8,6%	8,7%	8,6%	12,2%	5,2%	5,9%	16,8%	2,9%
O desestímulo por parte de colegas e amigos	3,9%	3,7%	4,3%	0,6%	4,8%	5,1%	0,8%	10,5%
O trabalho na paróquia, centrado na administração e na liturgia	3,7%	5,6%	2,1%	8,5%	2,2%	2,5%	0,8%	4,8%
O escândalo da pedofilia por parte de certos padres	2,4%	4,3%	0,7%	4,3%	0,9%	0,8%	2,4%	4,8%

1ª citação	Visão da totalidade das amostras	Visão por perspectiva sociopastoral		Visão por categoria de agentes das duas perspectivas juntas				
		Institucional / Carismática	Evangelização / Libertação	Padres	Leigos(as)	Jovens	Seminaristas	Religiosas
Base:	743	324	419	157	210	127	122	126
Ganhar pouco, baixo poder de consumo, sem segurança na velhice	2,2%	2,2%	2,1%	2,4%	1,3%	2,5%	2,4%	2,9%
Outro	0,8%	0,3%	1,2%	3,0%				1,0%
Não respondeu	2,4%	4,3%	1,0%		3,9%	3,4%	4,0%	
Total	100,0%	100,0%	100,0%	100,0%	100,0%	100,0%	100,0%	100,0%

A visão da totalidade das amostras. Com relação ao que parece desmotivar um jovem ser padre hoje, na visão da totalidade das amostras, as três primeiras alternativas em ordem de importância são: *o celibato e uma possível vida de solidão, carência afetiva, desequilíbrio emocional* (22,3%), *uma vida de muito sacrifício, sempre à disposição dos outros* (18,3%) e *o contratestemunho de alguns padres, dinheiristas ou sem observância do celibato* (13,8%). Em quarto lugar, é nomeada *a sociedade e os meios de comunicação que apontam para a felicidade em outras coisas* (11,9%). Chama a atenção que a primeira alternativa – o celibato – não seja a primeira para a perspectiva "institucional/carismática", os leigos/as e os seminaristas e sejam somente estes que apontem em primeira alternativa "o contratestemunho de alguns padres, dinheiristas e sem observância do celibato" (23,2%), bem como o alto índice deles que indica "a vida frustrada de alguns padres, solitários e amargurados" (16,5%).

A visão por perspectiva sociopastoral. Quando separamos as categorias de amostras por perspectivas sociopastorais, com relação ao que parece desmotivar um jovem ser padre hoje, a perspectiva "institucional/carismática" nomeia *uma vida de muito sacrifício, sempre à disposição dos outros* (20,8%), também nomeada em segundo lugar pela perspectiva "evangelização/libertação" (16,4%). O *celibato e uma possível vida de solidão, carência afetiva, desequilíbrio emocional* é nomeado em primeiro lugar pela perspectiva "evangelização/libertação" (29,5%) e em terceiro para a perspectiva "institucional/carismática" (13,0%). Já *o contratestemunho de alguns padres, dinheiristas ou sem observância do celibato* aparece em segundo lugar para a perspectiva "institucional/carismática" (16,1%) e em terceiro para a perspectiva "evangelização/libertação" (11,9%).

A visão por categoria de agentes eclesiais. Quando olhamos para cada categoria de amostras das duas perspectivas juntas, com relação ao que parece desmotivar um jovem ser padre hoje, em primeiro lugar, *o celibato e uma possível vida de solidão, carência afetiva, desequilíbrio emocional* é nomeado por padres (24,4%), jovens (38,1%) e religiosas (20,0%), enquanto que os leigos/as indicam *uma vida de muito sacrifício, sempre à disposição dos outros* (27,5%) e os seminaristas *o contratestemunho de alguns padres, dinheiristas ou sem observância do celibato* (23,2%). Em segundo lugar, *uma vida de muito sacrifício, sempre à disposição dos outros* é indicada por padres (12,2%), jovens (16,1%) e religiosas (17,1%), enquanto que os leigos/as nomeiam *o celibato e uma possível vida de solidão, carência afetiva, desequilíbrio emocional* (18,3%) e os seminaristas indicam *a sociedade e os meios de comunicação que apontam para a felicidade em outras coisas* (17,6%). Chama a atenção o índice da indicação de *uma vida frustrada de alguns padres, amargurados e solitários* por parte de padres (12,2%) e seminaristas (16,8%).

A visão dos presbíteros

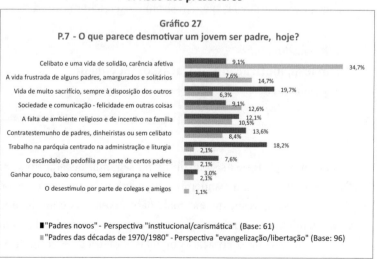

Quanto aos dados relativos somente aos presbíteros por perspectiva sociopastoral, com relação ao que parece desmotivar um jovem ser padre hoje, há diferenças entre os grupos das duas perspectivas sociopastorais. Em primeiro lugar, para os "padres jovens é *uma vida de muito sacrifício, sempre à disposição dos outros* (19,7%), já para os "padres das décadas de 1970/1980" é *o celibato e uma possível vida de solidão, carência afetiva, desequilíbrio emocional* (34,7%). Em segundo lugar, os "padres novos" nomeiam *o trabalho na paróquia, centrado na administração e na liturgia* (18,25%) e os "padres das décadas de 1970/1980" indicam *uma vida frustrada de alguns padres, amargurados e solitários* (14,7%). Em terceiro lugar, os "padres novos" assinalam *o contratestemunho de alguns padres, dinheiristas ou sem observância do celibato* (13,6%) e os "padres das décadas de 1970/1980" indicam *a sociedade e os meios de comunicação que apontam para a felicidade em outras coisas* (12,6%).

Interessante constatar o maior índice dos "padres novos" em relação aos "padres das décadas de 1970/1980" em relação ao *escândalo da pedofilia por parte de certos padres* (7,6%). Como se pode constatar, temáticas como da liberdade pessoal e da satisfação na atividade profissional são mais valorizadas pelos "padres novos", enquanto que os "padres das décadas de 1970/1980" falam de consequências negativas, riscos ou experiências que envolvem o exercício ministerial.

Análise preliminar

Formação, motivação e os fracassos na vida de um presbítero

Fernando Altemeyer Júnior

Os desafios pastorais são distintos na segunda década do século XXI. As mutações e a pandemia propuseram às Igrejas questões cruciais inéditas. As respostas normais não servem. As comunidades necessitam ministros e ministras que cumpram a missão da evangelização, sem dividir o coração por falas idolátricas e comodismo inercial. As comunidades sustentadas pela graça do Espírito Santo, pelos sacramentos e pela ação dos/as missionários/as, catequistas, diáconos, presbíteros, da vida religiosa consagrada e bispos, precisam reinventar-se, com urgência. Basicamente, o serviço de pregação da Palavra, a ação social na vivência pascal. Será preciso obedecer a Deus e discernir o que Ele está pedindo aos seguidores de Jesus.

Os ministros ordenados desde as origens foram constituídos pela imposição das mãos do bispo local, em sintonia com a cultura do povo e com a Igreja de Roma. Os bispos e presbíteros nos primeiros séculos não eram impostos, mas escolhidos pelas comunidades, para acompanhar e servir as comunidades e a unidade entre elas. Com o passar dos anos se multiplicaram ministérios permanentes e ágeis serviços nômades, em movimento complementar. O período feudal reprime o apostólico em favor de um modelo piramidal, de forte característica jurídica. Ainda vemos as marcas hoje na liturgia e na organização estrutural das Igrejas ocidentais.

Surgiram presbíteros distintos na história da Igreja. Nascem e morrem padres monges, nascem e desaparecem padres casados, padres celibatários, padres-príncipes, padres-camponeses, padres da Cristandade, padres opulentos, padres mendicantes, padres religiosos, padres seculares, padres urbanos, padres apologetas, padres professores, padres triunfalistas, padres curandeiros, padres militares, padres clericais, padres confessores, padres operários, padres andarilhos, padres santos, padres pecadores e padres pastores. Cada mudança estrutural nas sociedades faz o modelo anterior entrar em crise e antecipa outro modo de ser presbítero ou diácono e até mesmo o modo de ser bispo.

Hoje somos parteiros/as de um novo tipo de ministro (e/ou ministra) não clerical e narcisista. Vislumbramos um novo rosto presbiteral em uma Igreja toda ela ministerial. Mons. Marcelo Pinto Carvalheira profetizou em setembro de 1966 com estas palavras: "Não é fácil, pois, a muitos padres situar-se, exatamente, com relação às reformas atuais da Igreja. A parte do clero, formada no espírito do triunfalismo, não pode entender facilmente a necessidade de mudança" (Carvalheira, 1966, p. 531). A reforma da Igreja proposta pelo Papa Francisco exige como condição exemplar um novo presbítero e novas configurações de ministérios eclesiais. O testemunho de quem vive feliz a vida presbiteral continua mostrando Deus atuando. Nem todos estão preparados e a maioria nem quer fazer a conversão para uma "Igreja em saída". Entretanto, há profetas no meio dos padres em todo o planeta. É preciso inaugurar um novo processo formativo.

Quem foi habituado a ser inamovível teme qualquer balanço do barco da Igreja e prefere que fique bem atracado. Prefere nunca sair do porto seguro onde petrificou a sua segurança. Barcos que foram feitos para navegar são agora museus fundeados no porto para dele não sair. E as justificativas são sempre mais individuais ou de temor de um mundo distante de Deus (sic). As respostas às questões 6 e 7 confirmam que muitos dos padres novos, dos seminaristas e até mesmo parte dos padres mais experientes ainda se enxergam como funcionários de Deus sem vocação para a missão, o inusitado do Espírito Santo ou a provisoriedade da vida. Não assumem a Igreja como "hospital de campanha", nem estão preparados para novas rotas, pois creem que a função deve preceder a missão. Alguns membros do clero pensam de forma monolítica, autoritária e temem a colegialidade e o diálogo. Particularmente solitários são os do clero diocesano em casas cômodas e fechadas. Sem entender a época de mudanças na qual estão mergulhados, vivem encastelados nas paróquias ou articulados aos movimentos da Cristandade. Cumprem bem os horários, as agendas, as dezenas de reuniões, mas atuam com 4% dos católicos. A maioria nem os conhece ou vive em comunidade. Há três pontos desse modelo vigente que precisam ser vencidos: o juridicismo exclusivista, a intolerância clerical e o triunfalismo eclesiástico. Infelizmente estes desvios não são enfrentados e coibidos nem em casas de formação nem nas faculdades de Teologia. Assim subsistem guetos eclesiásticos. O próprio Papa Francisco alerta: "Ninguém é chamado unicamente para uma região determinada ou para um grupo ou movimento eclesial, mas para a Igreja toda e para o mundo" (Papa Francisco, *Mensagem para a Jornada Mundial de Orações para as vocações 2016*).

A irrupção de uma nova teologia presbiteral, emanada do Concílio Vaticano II, reconfigurou a figura e a missão do tipo de padre para um novo mundo que estava em mutação nos anos de 1960. Não seria mais um profissional da religião, comparável a médicos ou advogados, nem tampouco mago ou feiticeiro, como alguém com poderes sobrenaturais. Não deveria ser um administrador das coisas ou lugares sagrados ou senhor feudal da paróquia. Quanto mais humilde e sereno, mais pleno de si e íntegro.

O padre proposto pelo espírito e pela letra do Vaticano II deve ser o servo da Palavra de Deus. Homem do louvor de Deus, ao assumir diariamente a vida como irmão da humanidade, em particular servidor dos pobres que se apresentam às portas de sua casa ou que perambulam na cidade. Diz o documento conciliar: "Os presbíteros do Novo Testamento não poderiam ser ministros de Cristo se não fossem dispenseiros e testemunhas de outra vida que não a terrena, mas nem sequer poderiam servir à humanidade, caso se mantivessem alheios à sua existência e condições de vida" (*Presbyterorum Ordinis* 3). Esse novo tipo de presbítero deve ter um coração imenso e não ter medo do sacrifício em favor das pessoas, já que sua vida se plenifica ao ver Jesus nas pessoas, sem perder seu amor, sua espiritualidade e sua maturidade como pessoa.

"O ministério da Palavra antecede o da Eucaristia e dos sacramentos, e, por fim, vem o da direção do povo de Deus" (Carvalheira, 1966, p. 535). O padre dos novos tempos deve assumir-se profeta, pregador incansável, sacerdote inserido em um povo sacerdotal e uma pessoa eucarística. Não pode impor medo aos paroquianos e distanciar-se dos não cristãos. A motivação é atender ao chamado do Espírito de Deus nas horas concretas das pessoas. Está em diálogo permanente e visita a todos os recantos em que puder penetrar e levar uma palavra de conforto e saúde. Presbítero, essencialmente, é uma pessoa que faz pontes.

O Papa Francisco afirmou na mensagem aos vocacionados em 2016: "Toda vocação na Igreja tem como origem o olhar pleno de compaixão de Jesus. A conversão e a vocação são as duas faces da mesma moeda e se exigem mutuamente sem cessar a cada um de nós, em nossas vidas de discípulos missionários" (Papa Francisco, 2016).

Em 2020, contamos com 24.598 sacerdotes (entre diocesanos e religiosos) e 8.779 seminaristas nas dioceses brasileiras. O pastoralista Padre José F. Marins apresentou um belo retrato do padre: "O ferreiro se faz ferreiro, praticando seu ofício. O apóstolo se faz, sendo apóstolo. Para o sacerdote, por exemplo, não existem duas vidas, uma antes da ordenação em que não era apóstolo e outra depois, quando começa a ser apóstolo. Só existe uma única vida, a de apóstolo, com duas etapas: "antes e depois da ordenação" (Marins, 1962, p. 40).

Não deve existir padre solitário ou isolado, pois seria um contrassenso e uma injustiça do colégio presbiteral. A plenitude afetiva precisa ser cultivada diariamente por pessoas maduras e felizes em estar inseridas em comunidades adultas. Padres sós e enclausurados deixarão de ser padre ou se tornaram tristes homens frustrados; presas fáceis do dinheiro e do narcisismo doentio.

O estilo de vida requerido aos padres será sempre marcado pela vivência das virtudes teologais. Se o padre viver da fé e pela fé em Deus como adesão pessoal, firme, decidida, livre e incondicional, terá crises e crescerá em maturidade e sabedoria. Recordo uma frase do papa emérito Bento XVI: "Quem tem esperança vive diversamente; foi-lhe dada uma vida nova". Mesmo cansado, volta à labuta. Mesmo vulnerável, confia na força do Espírito Santo.

Cada ciclo histórico no Brasil produz distintos presbíteros. Nas origens coloniais tivemos Padre Gabriel Malagrida, Frei Caneca, Regente Antônio Feijó, Padre Ibiapina, Padre Cícero Romão Batista e Padre Júlio Maria. Na ditadura militar recolhemos o exemplo de presbíteros mártires como padres João Bosco Penido Burnier, Antonio Henrique Pereira da Silva Neto, Rodolfo Lukenbein, Ezequiel Ramin e Josimo Morais Tavares. Entre os profetas presos é preciso recordar padres Lawrence Rosenbaugh, Romano Zufferey, Giorgio Callegari, Vito Miracapillo, Joseph Wauthier, Jan Honoré Talpe, José Pendandola, José Comblin, Francisco Jentel, Giuseppe Fontabella, Francisco Lage. E santos como Helder Pessoa Camara, Luciano Mendes de Almeida; Toninho, orionita; Giuseppe Pegoraro, carlista; Agostinho Pretto e tantos homens de coração aquecido. Na democracia recordamos ainda padres intelectuais com destaque para o eminente dominicano Gilberto da Silva Gorgulho.

A pesquisa que temos em mãos demonstra que muito foi feito, mas tudo ainda precisa ser feito. Novos padres para servir um novo modo de ser Igreja. Novos tempos estão a exigir um novo processo de formação. Para existir um clero não clerical (sic!), com cheiro de ovelhas e amor profundo como Jesus, será preciso mudar as estruturas, dar prioridade ao contato direto e diário com o povo, preparar os novos padres para a ação terapêutica junto aos vulneráveis, e habituá-los na leitura orante do Santo Evangelho. Precisaremos de novos formadores, de um novo estilo de viver o papel presbiteral nas comunidades e ambientes urbanos e rurais. Essa safra de seminaristas desapegados de poder e dinheiro irá fortalecer o surgimento de padres místicos e simples, unidos aos bispos descritos por Santo Inácio de Antioquia a São Policarpo: "Vosso batismo há de permanecer como vossa armadura, a fé como elmo, a caridade como lança, a paciência como um arsenal de todas as armas" (*Padres Apostólicos*, 1993, p. 500). Padres alegres com batismo, fé, caridade e paciência como arsenal. Um novo padre motivado não nasce pronto nem acabado. Ele se faz em atitudes pessoais e comunitárias. Por isso: *Te rogamus, nos audi. Ut mentes nostras ad cæléstia desideria érigas*. Amém.

Referências

CARVALHEIRA, Marcelo Pinto. O tipo de padre que a Igreja espera após o Concílio Vaticano II. *REB* vol. 26, fasc. 3, setembro 1966.

COLEÇÃO BAC. *Padres Apostólicos*. Madri: BAC, 1993.

MARINS, J. *A escola em missão* – Pro Manuscripto. São Paulo: Melhoramentos, 1962.

PAPA FRANCISCO. *Mensagem para a 53ª Jornada Mundial de Orações para as vocações*. Roma: Libreria Editrice Vaticana, 2016.

3. A VIDA DOS PRESBÍTEROS E SUA RELAÇÃO COM O PRESBITÉRIO E O BISPO

Em busca de *O novo rosto do clero – Perfil dos "padres novos" no Brasil*, com relação ao exercício do ministério presbiteral, o terceiro bloco de perguntas do questionário aplicado na pesquisa de campo termina com três questões. Perguntou-se às sete categorias de amostras de cada uma das perspectivas sociopastorais em questão (cinco delas contempladas neste relatório) como está a vida e a relação do presbitério entre seus membros e com o bispo, assim como veem os presbíteros em geral e qual o modo mais adequado de um presbítero vestir-se hoje. Ao final do relatório dos dados destas três questões há uma análise preliminar sobre a visão dos "padres novos" a respeito.

Questão 8. Como está a vida e a relação do presbitério de sua diocese, entre seus membros e com o bispo? (Tabela 33)

1ª citação	Visão da totalidade das amostras	Visão por perspectiva sociopastoral		Visão por categoria de agentes das duas perspectivas juntas				
		Institucional / Carismática	Evangelização / Libertação	Padres	Leigos(as)	Jovens	Seminaristas	Religiosas
Base:	743	324	419	157	210	127	122	126
O Bispo é próximo, amigo dos padres e do povo, pastor	29,8%	36,6%	24,5%	29,6%	25,0%	27,1%	40,5%	31,4%
Há ciúmes e competições, padres isolados, que não participam de atos comuns	20,9%	16,5%	24,3%	25,3%	25,0%	8,5%	22,2%	17,1%
Há relações fraternas, com presença de todos em todos os compromissos comuns	16,8%	17,1%	16,7%	16,7%	18,0%	18,6%	15,1%	15,2%
O Bispo é distante, administrador, formal	6,5%	4,3%	8,1%	4,3%	5,7%	13,6%	4,8%	5,7%
Os padres religiosos estão bem integrados no presbitério e na pastoral diocesana	5,5%	5,0%	6,0%	6,8%	2,6%	10,2%	2,4%	6,7%
Sempre que há transferências de padres, cria-se um mal-estar	4,1%	5,0%	3,3%	6,8%	3,5%	1,7%	2,4%	6,7%
Os padres religiosos estão pouco integrados no presbitério e na pastoral diocesana	4,0%	5,9%	2,6%	4,9%	2,2%	10,2%	0,8%	3,8%

Há Associação dos Presbíteros na Diocese, com pouca adesão e participação	2,1%	2,8%	1,7%	0,6%	0,4%		5,6%	4,8%
Há Associação dos Presbíteros na Diocese, com boa adesão e participação	2,1%	1,6%	2,4%	3,7%	0,9%	0,8%	1,6%	4,8%
Não há resistências para transferências e para assumir serviços em âmbito diocesano	0,8%	0,6%	1,0%	0,6%	1,3%	1,7%		1,0%
Outro	0,4%	0,6%	0,2%	0,6%				1,0%
Não respondeu	7,0%	4,0%	9,3%		15,4%	7,6%	4,8%	1,9%
Total	100,0%	100,0%	100,0%	100,0%	100,0%	100,0%	100,0%	100,0%

A visão da totalidade das amostras. Com relação a como está a vida e a relação do presbitério de sua diocese, entre seus membros e com o bispo, na visão da totalidade das amostras as três alternativas em ordem de importância são as seguintes: *o Bispo é próximo, amigo dos padres e do povo, pastor* (29,8%), *há ciúmes e competições, padres isolados, que não participam de atos comuns* (20,9%) e há *relações fraternas, com a presença de todos nos compromissos comuns* (16,8%). O bispo como próximo e pastor é também unanimidade em primeira citação para duas perspectivas sociopastorais, assim como para todas as categorias de amostras de agentes consultados, ainda que os leigos/as apontem também que "há ciúmes e competições". Quem menos vê ciúmes e competições são os jovens (8,5%), em sexto lugar, em contrapartida, são os que mais veem o bispo como "distante, administrador e formal" (13,6%).

A visão por perspectiva sociopastoral. Quando separamos as categorias de amostras por perspectivas sociopastorais, com relação a como está a vida e a relação do presbitério de sua diocese, entre seus membros e com o bispo, em primeiro lugar, há coincidência das duas perspectivas em indicar *o Bispo é próximo, amigo dos padres e do povo, pastor*, com 36,6% para a perspectiva "institucional/carismática" e 24,5% para a perspectiva "evangelização/libertação". Em segundo lugar, a perspectiva "institucional/carismática" nomeia que *relações fraternas, com a presença de todos nos compromissos comuns* (17,1%), o que aparece em terceiro lugar para as perspectiva "evangelização/libertação" (16,7%). Para esta perspectiva, em segundo lugar aparece que *há ciúmes e competições, padres isolados, que não participam de atos comuns* (24,3%), o que aparece em terceiro lugar para a perspectiva "institucional/carismática" (16,5%).

A visão por categoria de agentes eclesiais. Quando olhamos para cada categoria de amostras das duas perspectivas juntas, com relação a como está a vida e a relação do presbitério de sua diocese, entre seus membros e com o bispo, há coincidência entre todas as categorias de informantes em apontar que *o Bispo é próximo, amigo dos padres e do povo, pastor* – padres (29,6%), leigos/as (bem como *relações fraternas*, 25,0%), jovens (27,1%), seminaristas (40,5%), e religiosas (31,4%). Em segundo lugar, apontam que *há ciúmes e competições, padres isolados, que não participam de atos comuns* – padres 25,3%), seminaristas (27,2%) e religiosas (17,1%), enquanto que nomeiam que há *relações fraternas, com a presença de todos nos compromissos comuns* – leigos/as (18,0%) e jovens (18,6%). Em terceiro lugar, há unanimidade em apontar que há *relações fraternas, com a presença de todos nos compromissos comuns* entre padres (16,7%), seminaristas (15,1%), jovens (13,6%) e religiosas (15,2%), enquanto que os leigos/as indicam que *o Bispo é distante, administrador, formal* (5,7%).

Desse modo, é possível interpretar que de um lado os declarantes ligados à perspectiva "institucional/carismática" estão mais contentes com o relacionamento interno na comunidade eclesial, inclusive com seu bispo, do que os alinhados à perspectiva "evangelização/libertação". De outro lado, a pesquisa também indica que há um grau de insegurança e baixa confiabilidade nessas relações. Durante o trabalho de campo, escutamos por parte dos leigos(as) principalmente que muitos padres agem de forma individualista e voltados para seus interesses pessoais. Eles ressaltam que relações com padres e bispos precisam ser manejadas com cautela, pois existem bispos que desenvolvem explicitamente uma política de preferência dentro da sua diocese, excluindo a participação daqueles que nutrem opiniões diferentes.

Essas observações qualitativas permitem sugerir a pergunta sobre qual é a relação entre a satisfação e a pertença à mesma tendência pastoral? Embora não possamos apresentar conclusões aprofundadas cogitamos, com base em relatos, que a satisfação dos alinhados à perspectiva "institucional/carismática" com seu bispo se dá provavelmente por afinidades de tendências. Finalmente, torna-se relevante não perder do horizonte que dissenções e disputas vêm marcando relacionamento interno na comunidade eclesial.

A visão dos presbíteros

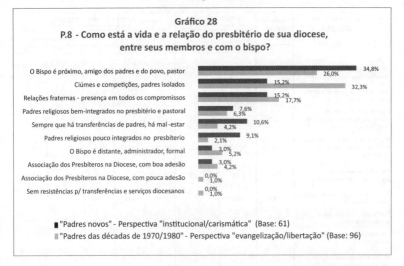

Gráfico 28
P.8 - Como está a vida e a relação do presbitério de sua diocese, entre seus membros e com o bispo?

Quanto aos dados relativos somente aos presbíteros por perspectiva sociopastoral em relação a como está a vida e a relação do presbitério de sua diocese, entre seus membros e com o bispo, há diversidade na resposta dos padres das duas perspectivas a respeito. Em primeiro lugar, os "padres novos" indicam que *o Bispo é próximo, amigo dos padres e do povo, pastor* (34,8%), o que aparece para os "padres das décadas de 1970/1980" em segundo lugar (26,0%). Estes, em primeiro lugar, indicam que *há ciúmes e competições, padres isolados, que não participam de atos comuns* (32,3%), o que aparece em segundo lugar para os "padres novos" (15,2%). Em terceiro lugar os "padres novos" indicam que *sempre que há transferências de padres cria-se um mal-estar* (10,6%), enquanto que os "padres das décadas de 1970/1980" assinalam que há *relações fraternas, com a presença de todos nos compromissos comuns* (17,7%).

Interessante constatar que mais para os "padres novos" do que para os "padres das décadas de 1970/1980", os padres religiosos estão pouco integrados no presbitério e na pastoral diocesana (9,1% e 2,1%, respectivamente).

Questão 9. Como vê os presbíteros, em geral? (Tabela 34)

1ª citação	Visão da totalidade das amostras	Visão por perspectiva sociopastoral		Visão por categoria de agentes das duas perspectivas juntas				
		Institucional / Carismática	Evangelização / Libertação	Padres	Leigos(as)	Jovens	Seminaristas	Religiosas
Base:	743	324	419	157	210	127	122	126
São pessoas abnegadas, trabalhadoras, boas com o povo	21,9%	22,0%	21,8%	37,4%	14,5%	20,3%	18,9%	20,0%
Nota-se alegria no servir e gosto pelo que fazem	18,8%	24,8%	14,2%	11,0%	19,3%	22,9%	29,9%	12,4%
Há padres amargurados, frustrados, isolados, de poucas relações com o povo	11,6%	10,9%	12,1%	10,4%	12,7%	13,6%	10,2%	10,5%
Não têm tempo para as pessoas, estão sempre apressados e atarefados	11,4%	10,2%	12,1%	16,6%	7,5%	15,3%	2,4%	19,0%
Têm boas relações com o povo, presentes, visitam as famílias	9,7%	8,1%	11,1%	10,4%	2,6%	7,6%	15,7%	20,0%
São gente de fé, piedosos, levam a sério o ministério	5,5%	5,9%	5,2%	3,1%	8,8%	5,1%	5,5%	2,9%
Procuram se cultivar, estudar, se aprimorar, se renovar	4,9%	5,0%	4,7%	6,7%	5,3%	2,5%	2,4%	5,7%
São acolhedores, pacientes, de bom trato	4,5%	5,3%	4,0%	0,6%	8,3%	3,4%	6,3%	1,9%
Não se cultivam, poucos leem, estudam e buscam progredir	4,4%	3,1%	5,5%	3,7%	7,9%	0,8%	3,1%	2,9%
São pouco acolhedores, impacientes, rudes no trato	2,7%	0,9%	4,0%		5,3%	1,7%	1,6%	2,9%
Outro	0,3%	0,3%	0,2%			0,8%		1,0%
Não respondeu	4,3%	3,4%	5,0%		7,9%	5,9%	3,9%	1,0%
Total	100,0%	100,0%	100,0%	100,0%	100,0%	100,0%	100,0%	100,0%

A visão da totalidade das amostras. Com relação a como se vê os presbíteros em geral, na visão da totalidade das amostras aparecem estas três alternativas em ordem de importância: *são pessoas abnegadas, trabalhadoras, boas com o povo* (21,9%), *nota-se alegria no servir e gosto pelo que fazer* (18,8%) e *há padres amargurados, frustrados, isolados, de poucas relações com o povo* (11,6%). Pessoas abnegadas e alegres no servir, primeira e segunda alternativas são unanimidade para as duas perspectivas e para todas as categorias de agentes eclesiais, menos para as religiosas, que nomeiam em segundo lugar que os padres "têm boas relações com o povo, presentes, visitam as famílias" (20%), seguido de que "não têm tempo para as pessoas, sempre ocupados e atarefados (19,0%). Os leigos/as são os que mais acham que eles "não se cultivam, poucos leem, estudam e buscam progredir" (7,9%).

A visão por perspectiva sociopastoral. Quando separamos as categorias de amostras por perspectivas sociopastorais, com relação a como se vê os presbíteros em geral, as duas perspectivas sociopastorais – a perspectiva "institucional/carismática" e a perspectiva "evangelização/libertação" – são consenso nas três alternativas: *são pessoas abnegadas, trabalhadoras, boas com o povo* (22,0% e 21,0%, respectivamente), *nota-se alegria no servir e gosto pelo que fazer* (24,8% e 14,2%, respectivamente) e *há padres amargurados, frustrados, isolados, de poucas relações com o povo* (10,9% e 12,1%, respectivamente), sendo que a perspectiva "evangelização/libertação" indica com o mesmo índice *não têm tempo para as pessoas, estão sempre apressados e atarefados*.

A visão por categoria de agentes eclesiais. Quando olhamos para cada categoria de amostras das duas perspectivas juntas, com relação a como veem os presbíteros em geral, há olhares diferentes. Em primeiro lugar, nomeiam que *são pessoas abnegadas, trabalhadoras, boas com o povo* – padres (37,4%) e religiosas (20,0% e com o mesmo índice *têm boas relações com o povo, são presentes e visitam as famílias*), enquanto que assinalam *nota-se alegria no servir e gosto pelo que fazer* – leigos/as (19,3%), jovens (22,9%) e seminaristas (29,9%). Em segundo lugar, assinalam que *não têm tempo para as pessoas, estão sempre apressados e atarefados* – os padres (16,6%) e as religiosas (19,0%), enquanto que indicam que *são pessoas abnegadas, trabalhadoras, boas com o povo* – leigos/as (14,5%), jovens (20,3%) e seminaristas (18,9%). Em terceiro lugar, há uma diversificação ainda maior: indicam que *nota-se alegria no servir e gosto pelo que fazer* – os padres (11,0%) e as religiosas (12,4%), ao passo que os leigos/as nomeiam *há padres amargurados, frustrados, isolados, de poucas relações com o povo* (12,7%); os jovens que *não têm tempo para as pessoas, estão sempre apressados e atarefados* (15,3%); e os seminaristas que *têm boas relações com o povo, são presentes e visitam as famílias* (17,7%).

A visão dos presbíteros

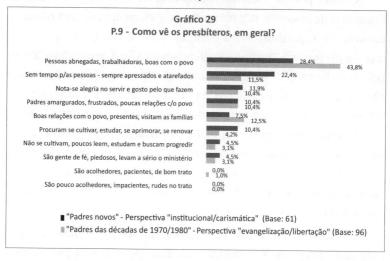

Gráfico 29
P.9 - Como vê os presbíteros, em geral?

	Padres novos (Base: 61)	Padres das décadas de 1970/1980 (Base: 96)
Pessoas abnegadas, trabalhadoras, boas com o povo	28,4%	43,8%
Sem tempo p/as pessoas - sempre apressados e atarefados	22,4%	11,5%
Nota-se alegria no servir e gosto pelo que fazem	11,9%	10,4%
Padres amargurados, frustrados, poucas relações c/o povo	10,4%	10,4%
Boas relações com o povo, presentes, visitam as famílias	7,5%	12,5%
Procuram se cultivar, estudar, se aprimorar, se renovar	10,4%	4,2%
Não se cultivam, poucos leem, estudam e buscam progredir	4,5%	3,1%
São gente de fé, piedosos, levam a sério o ministério	4,5%	3,1%
São acolhedores, pacientes, de bom trato	0,0%	1,0%
São pouco acolhedores, impacientes, rudes no trato	0,0%	0,0%

■ "Padres novos" - Perspectiva "institucional/carismática" (Base: 61)
▧ "Padres das décadas de 1970/1980" - Perspectiva "evangelização/libertação" (Base: 96)

Quanto aos dados relativos somente aos presbíteros por perspectiva sociopastoral, com relação a como se vê os presbíteros em geral, em primeiro lugar há consenso em indicar que *são pessoas abnegadas, trabalhadoras, boas com o povo* – "padres novos" (28,4%) e "padres das décadas de 1970/1980" (43,8%). Em segundo lugar, "padres novos" indicam que *não têm tempo para as pessoas, estão sempre apressados e atarefados* "padres novos" (22,4%), enquanto que os "padres das décadas de 1970/1980" assinalam que *têm boas relações com o povo, são presentes e visitam as famílias* (12,5%). Em terceiro lugar, os "padres novos" nomeiam que *nota-se alegria no servir e gosto pelo que fazer* (11,9%) e os "padres das décadas de 1970/1980" assinalam que *não têm tempo para as pessoas, estão sempre apressados e atarefados* (11,5%).

Chama atenção a disparidade nos índices de indicação de *procuram se cultivar, estudar, se aprimorar, se renovar* – os "padres novos" (10,4%) e os "padres das décadas de 1970/1980" (4,2%).

Questão 10. Para cumprir sua missão qual o modo mais adequado para um presbítero se vestir, hoje? (Tabela 35)

	Visão da totalidade das amostras	Visão por perspectiva sociopastoral		Visão por categoria de agentes das duas perspectivas juntas				
		Institucional / Carismática	Evangelização / Libertação	Padres	Leigos(as)	Jovens	Seminaristas	Religiosas
Base:	743	324	419	157	210	127	122	126
Com trajes civis, com bom gosto e simplicidade	34,9%	22,0%	44,8%	40,5%	35,2%	30,5%	16,7%	51,9%
Cada um escolha o que melhor lhe convier	25,7%	15,5%	33,6%	31,3%	25,7%	25,4%	17,5%	26,9%
Com veste clerical: clergyman	24,1%	35,4%	15,5%	19,6%	22,2%	22,9%	44,4%	12,5%
Com vestes de padre: batina	12,7%	23,6%	4,3%	4,9%	13,9%	21,2%	17,5%	7,7%
Outro-cada traje para seu lugar	0,9%		1,4%	3,7%				
Não respondeu	1,8%	3,4%	0,5%		3,0%		4,0%	1,0%
Total	100,0%	100,0%	100,0%	100,0%	100,0%	100,0%	100,0%	100,0%

A visão da totalidade das amostras. Com relação a qual o modo mais adequado para um presbítero se vestir hoje para cumprir sua missão, na visão da totalidade das amostras aparecem estas três alternativas em ordem de importância: *com trajes simples, com bom gosto e simplicidade* (34,9%), *cada um escolha o que melhor lhe convier* (25,7%) e *com veste clerical/clergyman* (24,1%), seguido de *com vestes de padre: batina* (12,7%). Em primeira opção, com trajes civis, aparece para a perspectiva "evangelização/libertação" (44,8%), os padres (40,5%), os leigos/as (35,2%), os jovens (30,5%) e as religiosas (51,9%), enquanto que a perspectiva "institucional/carismática" (35,4%) e os seminaristas (44,4%) indicam com veste clerical – *clergyman*, assim como em segunda opção a batina. A batina também aparece com índice alto nos leigos/as (13,9%) e jovens (21,2%).

A visão por perspectiva sociopastoral. Quando separamos as categorias de amostras por perspectivas sociopastorais, com relação a qual o modo mais adequado para um presbítero se vestir hoje para cumprir sua missão, em primeiro lugar, a perspectiva "institucional/ carismática" indica *com veste clerical/clergyman* (35,4%) e a perspectiva "evangelização/libertação" nomeia *com trajes simples, com bom gosto e simplicidade* (44,8%). Em segundo lugar, a perspectiva "institucional/carismática" indica *com vestes de padre: batina* (23,6%) e a perspectiva "evangelização/libertação" assinala *cada um escolha o que melhor lhe convier* (33,6%). Em terceiro lugar, a perspectiva "institucional/carismática" indica *com trajes simples, com bom gosto e* *simplicidade* (22,0%) e a perspectiva "evangelização/libertação" assinala *com veste clerical/clergyman* (15,5%).

A visão por categoria de agentes eclesiais. Quando olhamos para cada categoria de amostras das duas perspectivas juntas, com relação a qual o modo mais adequado para um presbítero se vestir hoje para cumprir sua missão, em primeiro lugar há unanimidade em apontar *com trajes simples, com bom gosto e simplicidade* – padres (40,5%), leigos/as (35,2%), jovens (30,5%) e religiosas (51,9%), exceto os seminaristas que nomeiam *com veste clerical/clergyman* (44,4%). Em segundo lugar, há unanimidade entre todas as categorias de informantes em nomear *cada um escolha o que melhor lhe convier* – padres (31,3%), leigos/as (25,7%), jovens (25,4%), e religiosas (26,9%). Em terceiro lugar, há convergência em apontar *com veste clerical/clergyman* entre padres (19,6%), leigos/as (22,2%), jovens (22,9%) e religiosas (12,5%), enquanto que os seminaristas indicam *com vestes de padre: batina* e também *cada um escolha o que melhor lhe convier,* ambas as alternativas com 17,5%.

A visão dos presbíteros

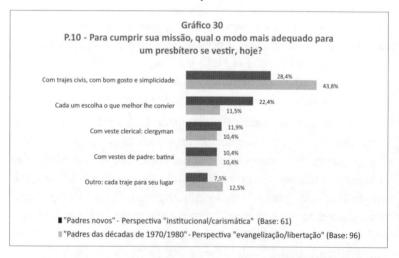

Quanto aos dados relativos somente aos presbíteros por perspectiva sociopastoral, com relação a qual o modo mais adequado para um presbítero se vestir hoje para cumprir sua missão, em primeiro lugar ambos os grupos de padres das perspectivas sociopastorais indicam *com trajes simples, com bom gosto e simplicidade* – "padres novos" (28,4%) e "padres das décadas de 1970/1980" (43,8%). Em segundo lugar, há consenso em indicar *cada um escolha o que melhor lhe convier* – "padres novos" (22,4%) e os "padres das décadas de 1970/1980" (11,5%). Em terceiro lugar, os "padres novos" indicam *com vestes de padre: batina* (10,4%) e os "padres das décadas de 1970/1980" *com vestes de padre: batina* e *com veste clerical/clergyman* (ambas as alternativas com 10,4%).

Analise preliminar
A visão dos "padres novos" a respeito da vida dos presbíteros e de sua relação com o presbitério e o bispo

Manoel José de Godoy

> As instituições estão sem fôlego. Quer se trate das Igrejas, da escola, da família, dos partidos políticos ou até mesmo do Estado, elas deixaram de concretizar a coesão social, editando crenças comuns. Essas instituições sobrevivem, não há dúvida, e conseguem ainda manter uma parte de seu antigo prestígio, mas perderam o poder de instituir, que era, etimologicamente, sua vocação (Guillebaud, 2007, p. 106).

Quando nos deparamos com os números levantados pela pesquisa, sondando o perfil dos "padres novos" no Brasil, percebemos que há uma insatisfação em relação a essa perda de prestígio da instituição católica, tanto da parte dos "padres novos" quanto da parte dos "padres das décadas de 1970/1980", porém, a reação deles, frente a esse fenômeno, se distancia significativamente. Desde as relações com as autoridades eclesiásticas até a escolha da melhor maneira de se apresentar na sociedade, "padres novos" e "padres das décadas de 1970/1980" divergem de maneira acentuada e quando coincidem é em relação à busca do prestígio perdido.

A relação do presbitério entre seus membros e o bispo

Para significativa porcentagem dos "padres novos", há harmonia entre os presbíteros e o bispo (34,8%), porém, se queixam de que há muitas relações marcadas pelo ciúme e competições e há muitos padres isolados (15,2%). Outros exaltam as relações fraternas que há entre os presbíteros e destacam que estão presentes em todos os compromissos (15,2%). Os "padres novos", comparados com os "padres das décadas de 1970/1980", são os que mais constatam que há mal--estar nas transferências de padres (10,6%) e que os padres religiosos se integram pouco no presbitério (9,1%).

Quanto à relação de presbíteros com os bispos, Cozzens afirma:

> Com base na leitura icônica do grande mito de Édipo, via que a ordenação para o sacerdócio ministerial, em especial no rito celibatário da Igreja Católica, caracteriza uma configuração edipiana, um complexo de Édipo presbiteral. Aqui, o triângulo edipiano revela o sacerdote recém-ordenado como o filho, o bispo diocesano como o pai, e a Igreja, claro, como a mãe (Cozzens, 2001, p. 79).

Nos "padres novos", constata-se uma busca de reconhecimento de seu trabalho da parte do bispo, de maneira bem acentuada. Pode-se caracterizá-la como busca de segurança, busca de prestígio ou busca de colo mesmo, como constata Cozzens. Daí que parte do triângulo edipiano se concretiza e uma nova forma de relação de poder se instaura entre o presbitério e os "padres novos". Também há o agravante dos acentos que costumeiramente se constata nos processos formativos. Os presbíteros são formados para relações verticais e não horizontais. São formados para obedecer a autoridade acima e para exercer sua autoridade em relação aos subalternos e, muito pouco, para compartilhar a vida e a história com os seus pares. Por isso, se entende quando os "padres novos" afirmam que a relação com o bispo é harmoniosa, mas que entre os presbíteros há ciúmes e competições. Vale a pena ainda destacar a competição. Nos pontificados imediatamente anteriores ao atual houve uma supervalorização da figura do bispo, em detrimento dos processos de colegialidade, tão destacados pelo Concílio Vaticano II. Ser bispo na Igreja tornou-se uma honra e até uma meta a ser alcançada. Presenciei, inúmeras vezes, em assembleias gerais do episcopado nacional, quando da apresentação dos novos bispos, discursos inflamados de exaltação do episcopado. Isso em um clima exacerbado também do clericalismo, que serve como combustível, altamente inflamável, para a competição entre o clero. O ideal passa do ser padre servidor – discípulo e missionário do Senhor – para um clérigo de prestígio e de poder. Tal perspectiva foi agravada quando aconteceu uma virada significativa nos critérios de seleção para o episcopado em meados da década de 1980. A visão do bispo alinhado com as diretrizes da Cúria romana, numa perspectiva de centralismo eclesiástico absoluto gerava, por um lado, um espírito de carreirismo, e, por outro, de competição. Às vésperas do Sínodo Extraordinário dos Bispos, realizado em outubro de 1985, cujo objetivo era fazer uma avaliação dos 20 anos do Concílio Vaticano II, o então Cardeal Prefeito da Congregação para a Doutrina da Fé, Joseph Ratzinger, em entrevista ao jornalista Vittório Messori, afirmava:

> Nos primeiros anos do pós-Concílio, o candidato ao episcopado parecia ser um sacerdote que fosse, antes de tudo, aberto ao mundo; em todo o caso, este requisito era posto em primeiro plano. Depois da virada de 1968 e, em seguida, lentamente, com o agravar-se da crise, compreendeu-se que aquela característica única não era suficiente. Percebeu-se que, também através de amargas experiências, se faziam necessários bispos abertos, mas, ao mesmo tempo, dispostos a opor-se ao mundo e às suas tendências negativas (R.F., 65).

E, de fato, se constatou que essa mudança de critério afetou e muito o comportamento de parte significativa do clero. Os padres abertos ao mundo, que marcaram a conjuntura imediata pós-Concílio, passam a ser vistos como suspeitos de fraca espiritualidade e dá-se um movimento de incentivo para um comportamento de oposição e combate ao mundo. Para nós, no Brasil, isso era um paradoxo significativo. Exatamente quando a sociedade se abria, com a volta da democracia, depois de mais de duas décadas de ditadura militar, a Igreja decretava seu toque de recolher, incentivando seu clero a cuidar mais das sacristias e menos da participação nos processos sociais. Ora, todos sabemos que, quando se fica mais em casa, os problemas internos se acirram e as competições pelos melhores lugares recrudescem.

Outra dimensão que carece de um enfrentamento corajoso no seio da Igreja é a da teologia dos ministérios. A estruturação atual, sobretudo em relação aos ministros ordenados, dá a impressão de que se tornou uma cláusula pétrea na instituição católica. E quando se trata da participação efetiva de leigos e leigas nos ministérios da Igreja, o tema fica ainda mais fechado. Já se tentou rever tal estrutura no Sínodo dos Bispos de 1987 sobre os leigos, mas que não foi muito além da instituição de uma Comissão para estudar o tema. Dez anos mais tarde, a Comissão publicou um texto denominado *Instrução acerca de algumas questões sobre a colaboração dos fiéis leigos no sagrado ministério dos sacerdotes*, assinada por oito organismos da Cúria romana, com uma perspectiva extremamente tacanha e fechada e com linguagem até agressiva contra as dioceses que caminhavam na perspectiva de uma Igreja toda ela ministerial. A começar pelo título, pois colaboração a gente pede quando precisa. Na verdade, não se reconheceu efetivamente a necessária participação dos leigos na vida da Igreja. O texto representou um enorme retrocesso numa Igreja que dava passos para que, sob a inspiração do Concílio Vaticano II, fosse realmente uma Igreja toda ela ministerial. Acentuou-se ainda mais o clericalismo e a dificuldade de acesso aos ministérios e ao seu exercício, mesmo àqueles já reconhecidos na caminhada da Igreja. Classificou-se de "desvios" todas as experiências bem-sucedidas de ampliação da participação dos leigos nos ministérios eclesiais. Dentre outras afirmações, destaco:

> Se, em alguns lugares, se verificarem abusos e práticas transgressoras, os Pastores apliquem os meios necessários e oportunos para impedir prontamente a sua difusão e evitar que se prejudique a correta compreensão da própria natureza da Igreja. Particularmente, procurarão aplicar as normas disciplinares já estabelecidas, que ensinam a conhecer e a respeitar, concretamente, a distinção e a complementariedade de funções, que são vitais para a comunhão eclesial. Portanto, onde estas práticas transgressoras já estão difundidas, torna-se absolutamente impreterível a intervenção responsável da autoridade que o deve fazer (Instrução, 4).

Todo esse movimento de fechamento às novas perspectivas eclesiais acabou forjando um "novo estilo de padre", mais preocupado com os processos internos da Igreja, abrindo espaço para discussões de como se vestir, de como se comportar na sociedade, em vista do que se julga um necessário embate com as tendências negativas do mundo, a fim de se alcançar mais espaços de poder institucional. Bastante revelador desse clima de negação do mundo é a afirmação do então Cardeal Ratzinger, analisando a chamada "crise do sacerdote" nos anos pós-conciliares: "foram as ordens tradicionalmente mais cultas, mais preparadas intelectualmente, as que frequentemente sofreram a crise mais pesada" (R.F., 37). E ele dá o motivo disso: "quem mais praticou e pratica certo tipo de teologia contemporânea vive suas consequências mais profundamente, com a subtração quase integral, para o padre e o religioso, das certezas usuais" (R.F., 37). A solução que se apresentava era apegar-se às teologias que estão acima dos processos históricos e, portanto, não sofrem as intempéries conjunturais. Tudo indicava para um retroceder aos velhos métodos, que davam mais segurança à Igreja, aos padres. Nesta perspectiva, o Papa Francisco tem denunciado que muitos se contentam em ficar fazendo planos internos, "encerrando-se em grupos de elite e não saem realmente à procura dos que andam ~erdidos nem das imensas multidões sedentas de Cristo. Já não há ardor evangélico, mas o gozo espúrio de uma autocomplacência egocêntrica" (*EG* 95).

Estamos vivendo um momento de chamamento para fora, dentro de um projeto de "Igreja em saída", proposto pelo Papa Francisco que diz: "sonho com uma opção missionária, capaz de transformar tudo, para que os costumes, os estilos, os horários, a linguagem e toda a estrutura eclesial se tornem um canal proporcionado, mais à evangelização do mundo atual do que à autopreservação" (*EG* 27). Precisamos de gente que acredite nesse projeto para que possamos retomar os caminhos de abertura da Igreja ao mundo, como propôs o Concílio Vaticano II. Caminho de diálogo, de valorização de tudo aquilo que há no mundo que reflete a bondade de Deus e seu amor por nós. É preciso superar certa visão negativa sobre o mundo que marcou a vida da Igreja nos pontificados imediatamente anteriores ao atual.

Como se vê os presbíteros em geral

Com relação a como se vê, em geral, os presbíteros, enquanto "os padres das décadas de 1970/1980" afirmam que veem os presbíteros como pessoas abnegadas, trabalhadoras, bons com o povo 43,8%, os "padres novos" compartem desta visão 28,4%, porém, 22,4% deles veem os presbíteros como pessoas sem tempo para os outros, sempre apressados e atarefados. Importante destacar que apesar das duas perspectivas de padres terem afirmado uma visão positiva sobre os presbíteros, a diferença percentual é de mais de 15%. Os "padres novos" reconhecem que os presbíteros são pessoas abnegadas, mas os índices de porcentagem em outras questões estão bem mais diluídos.

Porcentagens mais próximas às duas perspectivas de padres se constatam quando se afirmam que os padres são alegres e têm gosto pelo que fazem – "padres das décadas de 1970/1980" (11,9%) e "padres novos" (10,4%). Também coincidem as porcentagens diante da alternativa de que os presbíteros se apresentam como pessoas amarguradas, frustradas e com poucas relações com o povo (10,4%). As divergências aparecem na questão sobre as visitas às famílias, boas relações com o povo e presença constante (12,5% dos "padres das décadas de 1970/1980" e apenas 7,5% dos "padres novos"). E mais acentuada ainda é a diferença com relação ao estudo e aprimoramento pessoal, à renovação ("padres das décadas de 1970/1980" com 10,4% e "padres novos" somente 4,2%).

Analisando mais de perto as respostas como um todo, se percebe que os "padres novos" se consideram felizes e realizados, mas com pouca visão crítica do exercício do seu ministério; já "os padres das décadas de 1970/1980", embora também se declarem realizados no ministério, expressam a percepção de que há problemas quanto à falta do cuidado com a própria preparação para o exercício do ministério. A pesquisa confirma uma constatação muito comum nas comunidades, que é a falta de visitas dos "padres novos" às famílias. Essa é uma prática pastoral que marca bem gerações de presbíteros de décadas passadas, sobretudo o cuidado no dia a dia dos fiéis, dos enfermos.

Como afirma Cozzens, "o estado atual do sacerdócio reflete todas as ambiguidades, todo o heroísmo e toda a fidelidade, toda a covardia e a fraqueza presentes ao longo da história da Igreja" (Cozzens, 2001, p. 17). Em pesquisas recentes elaboradas pela CNBB, percebeu-se um fenômeno muito interessante. Quando os padres responderam a questões objetivamente elaboradas, fizeram uma fotografia bastante generosa sobre si mesmos e sobre a instituição; mas, quando se deixou livre para que eles expressassem o que quisessem, o resultado foi diferente. Deixaram vazar queixas e visões bem amargas sobre os presbíteros em geral e sobre a Igreja, inclusive fizeram inúmeras críticas à CNBB. Nesta pesquisa, que agora temos em mãos, somente se pode capturar as discrepâncias nas respostas lendo-as nas somatórias das pequenas diferenças.

Mesmo levando-se em conta que os padres tinham que assinalar apenas três alternativas entre dez, em ordem de importância, chama a atenção que ninguém tenha assinalado a opção que assinalava os padres serem pouco acolhedores, impacientes e rudes no trato, quando na prática pastoral nos deparamos com inúmeras críticas nesse sentido. O exercício do poder no ministério presbiteral nem sempre tem sido fácil no cotidiano dos padres em relação às comunidades eclesiais e também na compreensão teológica da fonte desse poder. Sabemos que o poder está nos membros do corpo eclesial como um todo, segundo o carisma de cada membro, porém esse poder não é próprio, é de Cristo e o poder de Cristo está no corpo todo, e não somente em um dos seus membros. A este respeito, F. Taborda afirma:

> Diante dessa referência mútua ministro-comunidade não se pode pretender uma "divisão de poderes" na Igreja, como existe no regime democrático. O ministro ordenado não tem o direito de repartir um poder que não está nele, mas no todo. Cabe-lhe, pelo contrário, reconhecer e promover o exercício, por todos os cristãos, do poder que há neles. O problema do bispo ou do padre centralizador não é que não reparta seu poder, mas que aja como se o poder fosse dele próprio; o problema é ter-se ele arrogado todo o poder (Taborda, 2001, p. 159).

Como já tratamos acima, a falta de uma nova tratativa da teologia dos ministérios ou sua parca compreensão da parte dos presbíteros favorece uma centralização exacerbada do poder nas mãos dos ministros ordenados, gerando uma onda clericalista imensa. O certo é que se ouve de forma frequente nas comunidades a reclamação do parco espaço para a participação efetiva dos leigos nas decisões comunitárias e que há muitos padres impacientes, rudes e pouco acolhedores, sim. A antiga definição do Papa Pio X, se não é admitida verbalmente, é expressa nas atitudes e comportamentos de inúmeros presbíteros:

> Tão diferentes são essas categorias (pastor e rebanho), que apenas nos pastores permanece a necessária razão e autoridade para a promoção do fim da sociedade (a Igreja) e para dirigir todos os seus membros para este fim [...]. O único dever da multidão é permitir-se ser conduzida e, como um dócil rebanho, seguir os pastores (Pio X, 2006).

Bem outra é a visão do Papa Francisco, profundamente fiel às diretrizes do Concílio Vaticano II, quando afirma que "a imensa maioria do povo de Deus é constituída por leigos. Ao seu serviço está uma minoria: os ministros ordenados" (*EG* 102). O grande problema que se constata na volta a modelos de padre do passado é a incapacidade de lidar com uma sociedade pluralista, onde o discurso religioso é um em meio a tantos. E esse pluralismo não se dá somente no embate do religioso com a sociedade secularizada, mas também no próprio seio do universo religioso. Já foi dito que não se trata da morte de Deus, mas de sua multiplicação vertiginosa. Ora, o despreparo para conviver com um mundo plural, característico de nossa época, pode levar o padre a se defender do mundo, refugiando-se em costumes e hábitos antigos, já solidificados pela tradição, como também a um nicho de poder, que sua função eclesiástica lhe confere. Nesse sentido, fica ainda mais surpreendente que nem os "padres das décadas de 1970/1980", nem os "padres novos", tenham se autoconcebido como pouco acolhedores, impacientes e rudes no trato.

O modo mais adequado para um presbítero vestir-se hoje em sua missão

Com relação ao modo mais adequado para um presbítero vestir-se hoje em sua missão, as cinco alternativas que o questionário indicava aos presbíteros eram: primeiro, *com veste de padre: batina;*

segundo, *com veste clerical: clergyman;* terceiro, *com trajes civis, com bom gosto e simplicidade;* quarto, *cada um escolha o que melhor lhe convier;* quinto, *outro...* em primeiro lugar aparece *com trajes civis, com bom gosto e simplicidade,* tanto para os "padres novos" (28,4%) quanto para os "padres das décadas de 1970/1980" (43,8%), porém com uma diferença de 15,4%. Em segundo lugar nomeiam *cada um escolha o que melhor lhe convier,* igualmente, tanto para os padres novos (22,4%) quanto para os "padres das décadas de 1970/1980" (11,5%), uma diferença de 10,9%. O que mais chama a atenção é a convergência na escolha para o uso do *clergyman* ("padres novos" com 11,9% e "padres das décadas de 1970/1980" com 10,4%) e da *batina* (ambas as perspectivas de padre com 10,4%). Em quinto, trajar-se conforme a conveniência do lugar, o índice dos "padres novos" é 7,5% e o dos "padres das décadas de 1970/1980" é de 12,5%.

Já ouvimos inúmeras vezes que não estamos numa época de mudança, mas verdadeiramente numa mudança de época. A grande dificuldade nessa questão é que instituições e indivíduos têm que permanentemente se reinventar para tornar sua missão, sua mensagem, sempre atual. Ora, isso exige muito de todos nós. Para alguns, voltar ao passado, como que dizendo isso já deu certo ontem, vai dar certo hoje, no presente, é mais pragmático e oferece um tipo de segurança maior do que enfrentar a realidade líquida e mutante na qual estamos mergulhados. Sem querer entrar em qualquer juízo de valor sobre a opção pela volta ao traje clerical, é bastante interessante usar o método arqueológico da escavação e se perguntar o porquê de o passado oferecer mais segurança do que as novas formas de encarar a vida e o ministério. Quem trabalha essa categoria de processo de escavação é Anthony Giddens e sua explicação é prática para o que estou propondo aqui como interpretação da opção dos padres pela batina e *clergyman.*

> A escavação, como no trabalho arqueológico, é uma investigação e é também um abandono. Os ossos antigos são desenterrados e as conexões entre eles são estabelecidas, mas eles são também exumados e é realizada uma limpeza do local. Escavar significa cavar fundo, em uma tentativa de limpar os resíduos do passado (Giddens, 1977, p. 93).

Creio que esse processo, que em terapia tem o correspondente no método de genogramas, é uma pista interessante para que possamos ver as motivações profundas por essa opção de voltar ao passado na questão das vestes. Em um dos fatores levantados por Giddens no processo de escavação, ele diz: "o projeto reflexivo do eu, uma característica básica da vida cotidiana no mundo pós-tradicional, depende de uma quantidade significativa de autonomia emocional" (Giddens, 1977, p. 93). Ora, o que vemos hoje, por pesquisas realizadas junto ao clero, é exatamente a carência desta autonomia emocional, estampada nos desacertos da vivência da moral sexual, inclusive chegando ao extremo de suicídios entre os presbíteros. A busca pela segurança é um dos caminhos para se entender a opção pela batina, mas não o único.

Os que defendem o uso da veste talar afirmam que ela serve para "lembrar ao padre que ele abriu mão de muitas coisas para se dedicar a Cristo, na simplicidade, na pobreza, numa vida austera, ainda que embora cheia de alegrias. Ou seja, a batina nos convida a renunciar a roupas ostensivas, as roupas de marca, as cores preferidas por nós, as roupas da moda etc." (Pelegrini, 2020). Porém, Pelegrini alerta que há também, entre os que usam a batina, uma significativa busca de *status* e ostentação. Nesta perspectiva ele interroga:

> Percebo um pouco hoje entre nós padres e, talvez, mais ainda, entre seminaristas, uma atitude que é uma grande incoerência: usar a batina por vaidade. Fazer da batina um meio de ostentação. Já viram na internet fotos de padres e seminaristas fazendo poses de batina, querendo imitar fotos antigas, um pezinho para frente, olhar para o infinito, uma boa quantidade de gel no cabelo etc., etc.? (Pelegrini, 2020).

Ainda sustentando que hoje a batina virou objeto de ostentação para alguns, continua.

> A batina que tem que ter não sei quantos botões, em honra dos anos da vida de Jesus, das bem-aventuranças, dos coros angélicos... O tecido tem que ser tal que dê para uma boa caída. A faixa que tem que ter tantos centímetros de largura, uma franja bem entrelaçada para lembrar a rede de São Pedro. A capinha para imitar São João Bosco. O solidéu... (sic) E o preço que, às vezes, se paga por uma

batina, porque tem tal tipo de corte, é de tal marca... Até a batina virou roupa de marca. O que acontece então? Aquela veste que seria um convite à simplicidade e à pobreza torna-se ocasião de vaidade, de ostentação, de consumismo (Pelegrini, 2020).

Quando Pelegrini faz menção à procura dos seminaristas pela batina, é também comprovado na pesquisa que estamos analisando, pois, entre as categorias de agentes eclesiais, os jovens (21,2%) e os seminaristas (17,5%) ouvidos são os que mais defendem a volta da batina. Essa necessidade de se autoafirmar frente à sociedade nem sempre é, portanto, algo tão espiritualizado como alguns atestam. O Papa Francisco tem uma expressão que sempre repete e que está na sua Exortação pós-sinodal *Evangelii Gaudium*: o mundanismo espiritual. Aqui ele diz:

> O mundanismo espiritual, que se esconde por detrás de aparências de religiosidade e até mesmo de amor à Igreja, é buscar, em vez da glória do Senhor, a glória humana e o bem-estar pessoal. É aquilo que o Senhor censurava aos fariseus: "Como vos é possível acreditar, se andais à procura da glória uns dos outros, e não procurais a glória que vem do Deus único?" (*Jo* 5,44). É uma maneira sutil de procurar "os próprios interesses, não os interesses de Jesus Cristo" (*Fl* 2, 21). Reveste-se de muitas formas, de acordo com o tipo de pessoas e situações em que penetra. Por cultivar o cuidado da aparência, nem sempre suscita pecados de domínio público, pelo que externamente tudo parece correto. Mas, se invadisse a Igreja, "seria infinitamente mais desastroso do que qualquer outro mundanismo meramente moral" (*EG* 93).

E o Papa Francisco continua descrevendo as formas de mundanismo espiritual, que já estão em curso, sobretudo, entre os presbíteros. Ele diz que são atitudes de querer dominar o espaço da Igreja. Em alguns, diz ele, há um cuidado exibicionista da liturgia, da doutrina e do prestígio da Igreja. Em outros, o mundanismo espiritual se esconde por detrás do fascínio de poder mostrar conquistas sociais e políticas, envolvidos em uma densa vida social cheia de viagens, reuniões, jantares, recepções. Assim, o que poderia parecer uma expressão de espiritualidade, de identidade clerical, com o uso de *clergyman* ou batina, acaba, muitas vezes, se transformando em formas de exaltação, de autorreferencialidade, parafraseando o papa, de mundanismo espiritual. Muitas dessas novas expressões surgiram com força no mundo eclesial com o crescimento de movimentos de espiritualidade que, embora se pareçam laicais, têm forte viés clerical. Kenneth Serbin, num dos seus livros sobre os padres do Brasil, publicou a explicação dada por um diácono, sobre a mudança ocorrida entre os seminaristas e, por consequência, entre os padres, depois do contato com tais movimentos.

> No passado, o estudante típico ignorava o terço, era cabeludo e barbudo, usava sandálias de couro, camiseta com estampa de Che Guevara e anel de fibras de tucum. No novo milênio, o seminarista tinha cabelos curtos, usava o colarinho clerical e uma cruz na lapela, substituindo Che Guevara por figuras de santos, da Virgem Maria ou de Cristo, e levava sempre um rosário no bolso para rezar a qualquer momento (Serbin, 2008, p. 315).

William Castilho, comentando os depoimentos de vários "padres novos" sobre a mudança de tratamento das pessoas, até mesmo de dentro da família, depois da ordenação presbiteral, observa: "O uso da túnica litúrgica favorece essa mudança brusca de comportamento. Respeitam quando estão com vestimentas que os identificam, mas no ponto de ônibus ou outro lugar público, vestidos como as outras pessoas, são tratados normalmente, ou seja, dão-lhes tratamento diferenciado segundo as ocasiões de poder e prestígio" (Castilho, 2018, p. 421).

Talvez a vontade de esticar esse poder e prestígio que sente e tem quando está de túnica pode motivar também o uso da batina. Mesmo numa sociedade secularizada, a batina continua sendo um símbolo forte de identificação do clérigo, mas não o livra de problemas com o "mundo", como muitos pensam. Um padre da mídia, dando sugestões a outro colega de mídia também, recomendava-lhe o uso da batina como meio de se proteger dos assédios das mulheres. Ora, o símbolo não tem sentido único. Para algumas mulheres, o que de proibido simboliza a batina, serve ainda mais como atrativo. Ênio Brito, tomando o viés do papel social do padre como forma extremamente invasiva do seu ser gente, constata:

> O sacerdote mantém um papel relevante socialmente, o que, em certa medida, pode representar um peso para o presbítero, obrigando-o a trazer colada à pele, em todos os lugares por onde anda, a veste sacerdotal. Se é certo que a abstinência do uso da batina abriu espaço para que o padre pudesse não se destacar quando em meio à multidão, a batina interna e invisível ainda está presente na autoimagem de muitos padres e, principalmente, na imagem que a maioria dos fiéis fazem deles (Brito, 2012, p. 114).

Aí está um outro aspecto a ser considerado na opção pelas vestes sacerdotais como o modo mais adequado para um presbítero vestir-se hoje, como aparece na pesquisa, onde 11,9% dos "padres novos" e 10,4% dos "padres das décadas de 1970/1980" indicaram a alternativa do uso do *clergyman* e coincidem em 10,4% na opção pela batina. Cozzens trabalha o conceito de cultura clerical e observa que, sobretudo, os "padres novos", ao serem ordenados, adquirem uma série de costumes e atitudes, próprios de uma cultura que marca a vida dos clérigos, mas sem que muitos percebam os transformam em prisioneiros do privilégio. Se por um lado tal cultura lhes favorece uma vida acima de muitas camadas sociais, inclusive dos seus paroquianos, por outro, não ajuda o padre a amadurecer emocionalmente, devido a dependência excessiva que tem da aprovação de seus superiores e paroquianos. Todo o ambiente contribui para que o novo padre se sinta seguro, garantido na vida e o gosto por este *status* pode desencadear o desejo de alçar outros patamares, fomentando um carreirismo desenfreado. Falando do prestígio que os padres tinham no período pré-conciliar, Cozzens afirma que em alguns círculos clericais era comum tentar reter esse clima por meio do uso excessivo dos títulos eclesiásticos, mesmo entre amigos padres, assim como a exibição da última moda em vestimentas clericais. É um comportamento doentio, que muitas vezes não é percebido por quem o produz e frequenta este meio. "O clericalismo pode induzir uma deferência superficial, mas bloqueia a comunicação humana sincera e, em última instância, deixa o clérigo praticando-a em isolamento" (Cozzens, 2001, p.143).

Concluindo...

O ministério dos presbíteros na Igreja e no mundo de hoje seguramente vai muito mais além do que esses parcos comentários, onde tentei ficar fiel às reações dos presbíteros à pesquisa em questão. Da minha própria experiência, posso afirmar que há uma insatisfação bastante grande em relação ao modo de exercer o ministério da parte de parcela significativa dos padres, marcadamente dos "padres novos". Convivo muito de perto com variadas experiências no território nacional e latino-americano e ouço constantemente que o autoritarismo, o clericalismo e o carreirismo, somados a uma falta de preparação mais profunda para assumir a missão presbiteral, têm afastado muitos fiéis da Igreja. Um bom antídoto a tudo isso tem sido apresentado com insistência por Amedeo Cencini. Ele aposta no fomento de uma cultura da formação permanente do clero como forma de superação de inúmeros desatinos no ministério presbiteral. É claro que não se pode apostar todas as fichas numa solução meramente acadêmica, mas, por formação permanente entende Cencini, como bem o interpreta Francesco Lambiasi, entende-se um empreendimento que engloba "três dimensões essenciais e integradas: a dimensão intelectual--cognoscitiva (a formação permanente como mentalidade), a dimensão emotivo-afetiva (a formação permanente como sensibilidade) e a dimensão existencial-metodológica (a formação permanente como praxe concreta ou habitual estilo de vida)" (Cencini, 2012, p.13).

Por outro lado, minha experiência também me leva a reconhecer inúmeros presbíteros abnegados, trabalhadores e de bem consigo mesmos e com o povo, também entre os "padres novos". As inseguranças que os números desta pesquisa deixam transparecer fazem parte de um processo que está em aberto. A instituição católica, como um todo, passa por mudanças significativas. Os sete anos de pontificado do Papa Francisco vão deixando suas marcas rumo a uma Igreja que busca voltar ao frescor do Evangelho. Levando-se em conta que "o tempo é superior ao espaço", o que importa é desencadear processos que provoquem mudanças, ainda que não se constate em curto prazo seus efeitos.

Referências

BRITO, Ênio. *Os padres em psicoterapia*: esclarecendo singularidades. Aparecida: Ideias & Letras, 2012.

CASTILLO. William Pereira. *Sofrimento psíquico dos presbíteros*. Petrópolis, Vozes: 2018.

CENCINI, Amedeo. *Formação permanente*: acreditamos realmente? São Paulo: Paulus, 2012.

CONGREGAÇÃO PARA O CLERO. *Instrução acerca de algumas questões sobre a colaboração dos fiéis leigos no sagrado ministério dos sacerdotes*. São Paulo: Paulinas, 1997. Coleção A voz do papa.

COZZENS, Donald B. *A face mutante do sacerdócio*. São Paulo: Loyola, 2001.

COZZENS, Donald B. *Silêncio sagrado*: negação e crise na Igreja. São Paulo: Loyola, 2004.

GIDDENS, Anthony. A vida em uma sociedade pós-tradicional. In: *Modernização reflexiva*: política, tradição, estética na ordem social moderna. São Paulo: Unesp, 1997, p. 73-133.

GUILLEBAUD, Jean-Claude. *A força da convicção*: em que podemos crer? Tradução de Maria Helena Kühner. Rio de Janeiro: Bertrand Brasil, 2007.

PAPA FRANCISCO. *Exortação Apostólica* Evangelii Gaudium – A alegria do Evangelho: sobre o anúncio do Evangelho no mundo atual. São Paulo: Paulus; Edições Loyola, 2013.

PELEGRINI, Gaspar S.C. https://www.adapostolica.org/cuidado-com-a-batina/. Acesso dia 17/05/2020.

PEREIRA, William Cesar Castilho. *Sofrimento psíquico dos presbíteros*: dor institucional. Petrópolis: Vozes; Belo Horizonte: Editora PUC Minas, 2102.

RATZINGER, Joseph. *A fé em crise?* O Cardeal Ratzinger se interroga / Vittorio Mezzori [tradução: Fernando José Guimaraes]. São Paulo: EPU, 1985.

TABORDA, Francisco. *A Igreja e seus ministros*: uma teologia do ministério ordenado. São Paulo: Paulus, 2011.

SERBIN, Kenneth P. *Padres, celibato e conflito social*: uma história da Igreja Católica no Brasil. Tradução Laura Teixeira Motta. São Paulo: Companhia das Letras, 2008.

Considerações finais
Individualização religiosa e novo perfil do presbítero

João Décio Passos

As práticas eclesiais estão sempre relacionadas às práticas sociais predominantes na sociedade mais ampla. Como subgrupo da sociedade, a Igreja reproduz em alguma medida as tendências sociais que configuram os contextos e as épocas. Não se trata de uma reprodução social automática e determinista, mas de um processo que ocorre de modo dialético múltiplo, com dinâmicas de oposição, de paralelismo e de interações. É nessa perspectiva que os sociólogos da religião falam em relativa autonomia do campo religioso em relação à sociedade. De qualquer forma, acontece um jogo de espelho, em que as tendências sociais alteram inevitavelmente as tendências religiosas, em uma ou outra direção. Esse princípio assume dinâmicas particulares no catolicismo, tendo em vista a longa e consolidada racionalização da Igreja, expressa nas dimensões da tradição, da instituição e da própria teologia. Fala-se, por essa razão, em assimilações lentas das mudanças sociais por parte da Igreja, em processos complexos que avançam da periferia para o centro do corpo eclesial, bem como em assimilação do novo, sob o signo do antigo. Há que acrescentar, ainda, que o modelo organizacional católico concretiza imaginários e práticas resistentes às mudanças, incluindo as mudanças modernas, que introduzem gradativamente na história ocidental princípios e práticas que rompem com aqueles afirmados pela Igreja Católica como verdade perene com raízes em fontes reveladas. A luta travada entre Igreja e modernidade foi além das ideias, estruturou dogmas e modos de pensar e estruturar a Igreja desde o século XIX, donde resultam modelos de organização eclesial (estruturas e fluxos) canonicamente legislados e dogmaticamente fundamentados. Nesse sentido, uma sociologia dos ministérios católicos revela um modelo socialmente resistente às transformações, embora se relacionem com elas inevitavelmente. Portanto, há que se examinar sempre o que é preservado e o que é modificado nessas práticas, como as mudanças preservam os elementos arcaicos consolidados e também como o novo ressignifica esses mesmos elementos, o que permite colocar sobre o teste da eficácia as mudanças que vão ocorrendo nesse âmbito no decorrer do tempo.

O Concílio Vaticano II é, por definição, um marco renovador da Igreja. O processo de *aggiornamento* refez a Igreja sob muitos aspectos, embora preservando de maneira quase intacta as consolidadas estruturas institucionais, expressão direta e visível de uma concepção eclesiológica – e sociológica – centrada na ordem e no poder sagrado de cunho sacerdotal. Nesse sentido, as mudanças ministeriais que foram acontecendo na era conciliar carregaram em sua essência essa dinâmica de preservação, de forma a sustentar como dogmaticamente estabelecido certa concepção de poder religioso, que assimila novas teologias, novas posturas e novas práticas místicas e pastorais, sem, contudo, alterar seu núcleo mais fundamental e estruturante. Perspectiva dogmática à parte, essa percepção ajuda a compreender as idas e vindas das mudanças ministeriais na Igreja, desde o Vaticano II; mostra como uma base estável e imutável abriga mudanças periféricas e permite, legitimamente, avanços e retrocessos em relação ao espírito conciliar. A reflexão que segue foca duas dinâmicas sociológicas presentes nos tempos de mudança na era conciliar e, por conseguinte, nas práticas ministeriais. A primeira relacionada à preservação de modelos ministeriais tradicionais. A segunda a mudanças ocorridas nas práticas ministeriais nos últimos tempos, desde as renovações desencadeadas pela renovação conciliar.

A preservação como regra dogmática

A compreensão de uma sociedade fundada na tradição exige um olhar concomitante para o passado e para o presente, na perspectiva de uma *sociologia da história lenta* proposta por Souza Martins. No catolicismo as mudanças são lentas e se inscrevem regularmente na afirmação do passado, desde onde se legitima. Essa perspectiva sugere uma "leitura dos fatos e acontecimentos orientada pela necessidade de distinguir no contemporâneo a presença viva e ativa de estruturas fundamentais do passado", além do que permite perceber as resistências às mudanças efetivas, de modo que os fatos atuais "acabam se mostrando como fatos densamente constituídos pela persistência de limitações e constrangimentos históricos que definem o alcance restrito das condutas transformadoras" (1999, p. 14). Não basta, portanto, olhar as mudanças presentes nos papéis eclesiais católicos sem considerar as consolidações herdadas do passado sobre as quais eles se assentam.

A estrutura ministerial católica descansa sobre um modelo tradicional, ou seja, na convicção de uma fonte so! enatural da qual decorrem diretamente os modos de organização. Assim define Weber a dominação tradicional: "Deve-se entender que uma dominação é tradicional quando sua legitimidade descansa na santidade de ordenamentos e poderes de mando herdados de tempos distantes, "desde tempo imemorial", crendo-se nela por méritos dessa santidade" (1997, p. 180). Nesse registro da tradição, a organização ministerial define-se e legitima-se a partir de sua fidelidade ao passado, temporalidade ininterrupta que vincula o presente ao passado, no caso, o ministério atual diretamente a Jesus Cristo. O que legitima um ministério é, portanto, a continuidade e não a mudança. Toda mudança deverá acontecer sob o signo da preservação, sob pena de trair a sua própria origem. É verdade que o Vaticano II no movimento metodológico de retorno às fontes encontrou um caminho legítimo de renovação de percepções e de consciências eclesiais, embora não tenha submetido a essa dinâmica refontalizadora à organização ministerial, ao menos naquilo que a constitui essencialmente. O fato é que uma sequência teológica baseada em modelos e camadas históricas permaneceu intacta como uma totalidade uníssona e inalterada dentro das renovações eclesiológicas: *ordem* => *sacerdócio* => *serviços* => *instituição divina*. As traduções rituais, canônicas e sacramentais dessa concepção garantiram a preservação de um modelo ministerial basicamente inalterado e resistente às mudanças em sua essência constitutiva. Mantendo esse núcleo inalterado, o Vaticano II proporcionou mudanças na teologia da hierarquia e na função ministerial, sempre a serviço do povo de Deus, e gerou experiências ministeriais mais flexíveis e plurais, porém gravitando sempre em torno dessa base hierárquica fundante, que estrutura o conjunto do corpo eclesial de alto a baixo. Em outros termos, mesmo afirmando a função do serviço e a pluralidade de ministérios, o Concílio preservou uma teologia do poder cuja legitimidade advém de fontes cristológicas, embora concretizado em um modelo hierárquico historicamente construído.

De fato, uma nova teologia dos ministérios foi impulsionada pela eclesiologia conciliar, como se pode observar na Constituição *Lumen gentium* e no Decreto *Apostolicam Actuositatem*: a) nova compreensão dos ministérios ordenados; b) legitimação teológica de novos ministérios não ordenados; c) formas de institucionalização desses novos ministérios; d) distinções entre ministérios institucionalizados e ministérios espontâneos; e) extensão do conceito de ministérios para todos os serviços pastorais; f) nova teologia da vida religiosa, na linha do serviço. Como práxis e reflexão, essa percepção refez muitas experiências eclesiais, de modo particular na América Latina. A geração conciliar que buscou as formas de fazer o *aggiornamento* no continente encarnou em suas vidas essa visão e práticas. As Comunidades Eclesiais de Base foram um autêntico laboratório dessa renovação. Na prática podem ser verificadas mudanças concretas nesse tempo renovador: a) proximidade entre clérigos e leigos; b) testemunho de ministros ordenados que assumem sua missão como serviço; c) organização comunitária a partir de diversidade ministerial; d) formas colegiadas de gestão dos ministérios e serviços nas diversas esferas eclesiais; e) institucionalização de novos ministérios (batismo e matrimônio) em várias comunidades; f) intensificação dos ministérios da palavra.

Saldo final: a) uma nova cultura eclesial; b) mudanças políticas no modo de organização pastoral; c) preservação da estrutura eclesiástica. Manuel Castells explica os processos de mudança histórica a partir dessas dimensões (cultura, política e estrutura) e indica que as mudanças constituem um processo complexo que envolve todos esses aspectos e forças instituídas e representadas pelos sujeitos. Portanto, "nenhum processo de mudança social é geral e instantâneo" (2015, p. 353), precisamente por envolver esses múltiplos aspectos que compõem um quadro ou conjuntura social. A *mudança cultural* implica, portanto, em mudança de valores e crenças, em uma amplitude capaz de alterar o conjunto e refazer as mentalidades e práticas; a *mudança política* é a adoção de novos valores que são difundidos pela cultura de uma sociedade; a *mudança institucional* efetiva resulta do pacto dos sujeitos sociais, em torno de novos valores que são adotados como regra comum para o grupo. As mudanças acontecem em ritmos diferentes, em grupos diferentes e em locais diferentes, sem atingir de imediato o todo social; resultam da vontade dos atores sociais em interação de uns com os outros; resultam da capacidade dos atores que conseguem desconstruir a instituição como ilegítimas por não representar mais os interesses da sociedade; das mudanças cultural e política é que resulta a reforma institucional, passo conclusivo do processo. Com efeito, em todo processo de mudança haverá sempre indivíduos ativos e passivos, os que são protagonistas e os que pegam carona (2015, p. 353), envolvem vitoriosos, que se tornam heróis quando conseguem impor seus projetos, ou bandidos e terroristas, quando são derrotados (2015, p. 354).

As mudanças na cultura eclesial e nas práticas pastorais (políticas) não foram traduzidas institucionalmente; ao contrário, a estrutura ministerial oficial permaneceu praticamente intacta no conjunto da Igreja e quando o carisma da renovação conciliar entrou em sua fase de rotinização (Weber, 1997, p. 197-201), as experiências renovadoras sem tradução institucional recuam e desaparecem, deixando vácuo para as velhas práticas ministeriais centradas na percepção de poder sagrado. Nesse sentido, será mais correto falar em afloramento de modelos eclesiais pré-conciliares do que propriamente em retorno; trata-se mais de "retorno dos que não foram" do que propriamente em retrocesso. Os recuos eclesiais em relação às experiências renovadoras conciliares contaram, naturalmente, com os fatores previsíveis da rotinização: a) a morte da geração de pioneiros reformadores; b) o cansaço da segunda geração pelo esfriamento do carisma *in statu nas-*

cendi; c) a perda da memória conciliar pelas gerações seguintes; d) a pressão dos sujeitos políticos contrários à renovação; e) as mudanças sociais mais amplas que atingem a cultura e provocam mudanças de mentalidades e práticas.

O que sobra de todo processo histórico de mudança, no caso dos ministérios? Primeiro: o núcleo institucionalizado com suas regras, funções e papéis previstos; porto seguro que permite a continuidade do sistema, na medida em que a rotina do modelo renovador se impõe com sua força real e exige continuidade em nome da vida pastoral e em nome da fé. Segundo: a assimilação de novos valores (nova cultura) que se impõem como demanda geral da parte das tendências sociais mais amplas. O encontro entre a tradição estabelecida e as novas tendências culturais – ou seja, entre a figura do padre tradicional nos moldes tridentinos e uma figura do agente fornecedor de produtos simbólicos de bem-estar – ocorre de maneira complementar, embora em certa medida paradoxal. Trata-se de uma afinidade que permite aos indivíduos religiosos agregarem-se em referências identitárias gerais capazes de oferecer segurança e solução para os tempos de ansiedade e busca incessante de satisfação. A afirmação de uma pertença cultural, sem os vínculos sociais de compromisso comunitário, caracterizam essa afinidade; a pertença a um grupo identitário caracterizado por certas marcas religiosas e dirigido por determinados personagens extraordinários torna-se uma nova regra de vida socioeclesial, o que cumpre e reproduz a dupla função da desmodernização: a resposta às demandas de cada indivíduo e a dissolução dos laços e compromissos sociocomunitários. A identidade religiosa se define pela pertença a uma marca eclesial e ritual e não mais pelo papel eclesial no conjunto do povo de Deus dentro da comunidade eclesial e na sociedade (Touraine, 1999, p. 36-37; 43-45).

A individualização do ministério presbiteral

O Vaticano II pode ser compreendido sociologicamente como recepção eclesial/tradução do sujeito moderno. Após longa temporalidade de resistências aos processos de modernização, a Igreja assume os valores modernos, então já teologizados pelas novas reflexões desenvolvidas no decorrer do século XX e assimilados pelas práticas eclesiais do laicato, de modo estruturado na Ação Católica. De modo gradual, de fora para dentro, de baixo para cima, das práticas para as ideias, do espontâneo para o oficial, os valores modernos foram assumindo configurações católicas, seja na mudança de perspectiva da missão da Igreja, seja na perspectiva da natureza. A Igreja deslocou-se lentamente de uma postura de rejeição às dinâmicas sociais, políticas e culturais modernas para uma postura de inserção crítica e transformadora do laicato na *Rerum Novarum* (Leão XIII), de ação organizada na sociedade e na política (leigo organizado como braço da hierarquia por meio da Ação Católica), de assimilação da democracia, da pluralidade e da laicidade como valores humanos (sinais dos tempos) e de teologização das autonomias como postura evangélica. No mesmo curso, a Igreja foi assimilando o laicato como membro efetivo do corpo eclesial (eclesiologia do corpo místico) e, desde essa percepção de uma eclesiologia da igualdade fundamental dos batizados, repensando a si mesmo como sujeito coletivo (povo de Deus) feito de sujeitos grupais (organizações eclesiais) e individuais (cada batizado inserido no corpo eclesial como membro efetivo). A renovação na percepção ministerial contou com essa base comum: a ideia do sujeito eclesial consciente de sua missão, autônomo em suas decisões e ativo em sua ação dentro e fora da Igreja. Nessa comunidade de sujeitos, clérigos e leigos constituíam frentes com distintas naturezas e funções e membros do mesmo corpo indivisível. Uma nova imagem de clero e de leigo emergiu dessa percepção e ganhou formas pastorais, sociais, políticas e, até mesmo, estéticas nas Igrejas que levaram adiante o *aggiornamento* conciliar.

a) O individualismo como eixo da vida

Contudo, a crise do sujeito moderno foi se mostrando mais nítida no decorrer da segunda metade do século passado. O sujeito moderno foi suplantado pelo indivíduo no processo de construção da cultura de consumo. A individualização reconfigura as práticas e os valores sociais de um modo geral, esvaziando os modelos sociais modernos pautados nos valores coletivos e nas regras de vida comum.

"O ator", explica Touraine, "deixa de ser social; ele se volta para si mesmo e se define pelo que é e não pelo que faz" (1999, p. 44). E ator é antes de tudo um consumidor de bens que satisfaçam seus desejos: *homo consumericus.* Centralidade do indivíduo e destradicionalização compuseram o centro da dinâmica de consumo que se globaliza, adquire aparatos tecnológicos sempre mais eficientes e afirma o desejo individual como fonte inesgotável da renovação incessante dos produtos de mercado. A sociedade de valores objetivos estabelecidos e hierarquizados, que ligava indivíduo e grupo, se desmantelou em favor de "sistemas desregulados e plurais, de classificações imprecisas e confusas que fazem depender do indivíduo o que, até então, dependia de regras e estilos de vida comunitários" (Lipovetsky, 2007, p. 49-50). O filósofo fala em hiperindividualismo como centro da hipermodernidade, regidos pelo hiperconsumo. A conexão entre indivíduo-mercado suplantou a conexão indivíduo-comunidade, encaixando de forma orgânica desejo-consumo-satisfação com as dinâmicas produção-consumo-produção, do que resulta a renovação incessante do desejo e do produto no mercado sempre mais personalizado. Observa Lipovetsky que se trata precisamente de uma mudança radical no mercado, de um deslocamento do mercado centrado na oferta para o mercado centrado na demanda (2007, p. 77). O padrão geral dá lugar ao padrão sob medida. O indivíduo torna-se, assim, o centro regulador de todas as escolhas por ser a satisfação o critério primeiro de decisão. O ciclo incessante satisfação-consumo-insatisfação encontra sua expressão objetiva no ciclo produção-consumo-produção, onde a renovação e a oferta da promessa mais plena de satisfação vira regra da obsolescência dirigida dos produtos.

b) A cultura de consumo universalizada

Trata-se de um modo de vida ou de uma civilização consumista centrada no hiperindividualismo. Nessa sociedade a figura do consumidor é "observada em todos os níveis da vida social, imiscui-se em toda parte, em todos os domínios..." (2007, p. 129). Tudo se torna um "conjunto de serviços para os indivíduos" (2007, p. 43). As novidades capazes de oferecer satisfação são objetos de desejo e de escolhas pessoais, antes e acima de qualquer critério comunitário. Pouco a pouco esse espírito entrou nas estruturas tradicionais e capturou para a sua dinâmica os desejos mais profundos. Uma teologia do eu satisfeito deu fundamento para essa dinâmica que foi assumindo formas rituais, místicas e pastorais. Experiência, satisfação, espetáculo, soluções e milagres, de uma parte, e agentes religiosos capazes de falar sob medida aos desejos individuais de outra, vai recompondo as funções sociais das religiões. Conclui Lipovetsky que são todas "as grandes instituições sociais que se veem reformatadas 'revistas e corrigidas' pelo turboconsumismo" (p. 135). A vida religiosa se desloca de seus padrões tradicionais e comunitários para padrões coordenados pela dinâmica do indivíduo. Uma nova figura de líder religioso vai se impondo como agente capaz de oferecer produtos novos e eficientes que satisfaçam os desejos de cada fiel; a mediação ritual torna-se o caminho natural por visar precisamente oferecer graça e salvação; a linguagem espetacular vem realizar o que promete em cada culto marcado pela experiência mais inédita e mais estética; a oferta de soluções radicais que elimina o mal-estar pela raiz ao enfrentar ritualmente o demônio e seus efeitos ganha espaço nos cultos e nas reflexões; pregações que oferecem bem-estar imediato ou garantam a sua posse tornam-se regra retórica para os líderes; a centralidade na personalidade do pastor esteticamente bem apresentado reforça a confiança do consumidor religioso; os conteúdos catequéticos tradicionais são assumidos e traduzidos como fórmulas que garantem a passagem do mal para o bem, do mal-estar para o bem-estar.

c) A individualização do ministério presbiteral

Essas características, evidentemente tipificadas, fornecem um mapa geral das práticas religiosas centradas na demanda dos consumidores. A figura do padre na comunidade eclesial, proposta no projeto conciliar, se encaixava na lógica geral da pertença ao mesmo corpo (comunhão eclesial) e ao mesmo povo (sujeito do sujeito coletivo), inserido na história como sacramento do Reino (perspectiva social e política). As funções no mesmo corpo definiam a "polis" eclesial e cada membro que a compunha, em diferentes serviços e ministérios (Touraine, 1999, p. 36); tanto quanto a sociedade moderna a noção de sujeito eclesial definia o imaginário e a prática: cada indivíduo consciente de sua missão como batizado e, portanto, como sacerdócio comum, exerce de forma autônoma sua missão e age dentro do corpo eclesial e, por decorrência natural, dentro da história. A crise do sujeito eclesial (Passos, 2015, p. 165-186) retoma uma ordem tradicional que separava clérigos em leigos em duas categorias assimétrica e ontologicamente distintas: os sagrados e os profanos. E não se trata de um retorno meramente religioso que paira sobre as condições sociais ou delas isolado. Em termos socioeclesiais, essa dualidade se traduz em agentes e pacientes, em termos culturais entre vendedores e consumidores. O clericalismo hoje em alta, como não cansa de insistir o Papa Francisco, se afina de modo direto com a lógica da cultura de consumo: a) o passado torna-se uma oferta para o presente; b) os significados tradicionais unificam o presente plural e fragmentado; c) um agente capaz de oferecer ordem e segurança se torna cada vez mais condutor das consciências; d) a separação entre sagrado e profano traduz religiosamente a ruptura entre a ética e o mercado livre; e) a afirmação da primazia do sagrado, como chave de leitura da realidade, oferece as certezas perante as crises dos modelos políticos; f) as ofertas de prosperidade imediata (espiritual e material) garantida pelos cultos estéticos-extáticos completam o que falta ao mercado, na esfera das necessidades e dos desejos insatisfeitos.

O presbítero tem uma função cada vez mais individualizada; existe para dedicar-se a cada fiel individualmente, para responder aos problemas, necessidades e desejos individualizados com fórmulas e rituais eficazes e instantâneos. A regra da satisfação-consumo comanda os papéis do padre e do fiel, centra-se na satisfação e molda os produtos religiosos às demandas gerais e individuais. O padre já não se identifica com um projeto eclesial do qual se apresenta como representante, mas executa um conjunto de valores e símbolos que visam, antes de mais nada, oferecer eficácia imediata, sem vínculos com a vida comunitária e social. As relações de indivíduo para indivíduo regem as pregações, os atendimentos pastorais e definem cada vez mais a função/missão do presbítero. A dispensa das inserções comunitárias, da participação em organizações pastorais e o descompromisso social e político respondem e reproduzem aos processos mais amplos de dessocialização e despolitização (Touraine, 1999, p. 52-57) e cumprem, ao mesmo tempo, a função de separar a fé da vida, nos termos de Touraine, a fratura radical entre cultura e economia.

A formação do leigo já não entra na agenda regular das comunidades, sempre mais massificadas nas estruturas paroquiais, nos grandes santuários e, de modo mais contundente, nas mídias católicas e redes sociais. O indivíduo receptor das ofertas religiosas torna-se central e, por essa razão, escolhe o produto: o programa, os discursos, os pregadores etc. A desracionalização social do que exigia a consciência e a construção de consensos, o discernimento e as ações dos sujeitos têm seu rosto nítido na Igreja; os índices da formação são pequenos; a experiência emocional (consumo emocional), a estética no movimento incessante (Lipovetsky, p. 68), traduzido no "sentir-se se salvo" ou na "chuva de bênçãos", oferecem o necessário para a vida religiosa. E, por essa razão, torna-se mais importante reproduzir as fórmulas prontas da doutrina católica do que refletir teologicamente sobre as temáticas, seja nos grupos, seja na própria homilia; as ofertas simbólicas, que oferecem por si mesmas o que prometem, dispensam a reflexão sobre seus significados e, *a fortiori*, sobre as suas funções na vida social. O manejo ritual e comunicacional parece tornar-se cada vez mais o critério que seleciona o padre mais eficiente do menos eficiente e, por conseguinte, o mais santo do menos santo. O sujeito eclesial é palavra. O indivíduo religioso é fiel paciente e receptor de soluções espirituais (1999, p. 55). O padre individualizado é, antes de tudo, poder religioso: poder de oferta às procuras espirituais. O sujeito eclesial é projeto que se afirma, se constrói e se busca nas ações coletivas. O indivíduo religioso é realização plena e imediata dos desejos religiosos. O padre individualizado é um agente da eficiência religiosa, ou seja, da salvação que oferece a cada fiel. Onde impera a lógica da satisfação imediata, todo projeto de futuro é dispensado;

a salvação operada no presente suplanta a salvação futura que julga o presente e promete o Reino que vem.

O indivíduo religioso se insere não na lógica das ideias, do convencimento pelo discurso mais ou menos coerente, donde se elevam o ético, a denúncia das contradições presentes e o anúncio de um futuro mais justo e fraterno, mas pela lógica do convencimento sensorial; a pregação atrai pela emoção e não pela coerência. O padre se apresenta, portanto, como agente mobilizador dos sentidos, que facilita nos fiéis as experiências "afetivas, imaginárias e sensoriais" (Lipovetsky, 2007, p. 45). Os cultos espetaculares, os rituais de cura e libertação, os exorcismos, as bênçãos de objetos, as adorações ao Santíssimo, as missas de cura e libertação, as devoções às visões marianas e as experiências de êxtases etc. introduzem o fiel no mundo da salvação instantânea e da satisfação plena dos desejos.

O padre individualizado é quase sempre um padre conservador, ao menos do ponto de vista da doutrina e da estética litúrgica e da própria estética pessoal. A afinidade entre o individualismo religioso – chave cultural atual e geral do processo – e os modelos do passado podem parecer contraditórios. Se em princípio estariam, de fato, malconfrontadas as perspectivas objetivistas pré-modernas, centradas na regra fixa e na norma geral e universal, e a individualista hipermoderna, centrada no indivíduo com suas demandas, no entanto elas se completam, de forma a compor um sistema seguro de acesso ao bem-estar. O produto tradicional funciona como uma marca clara e segura do bem que oferece. Alain Touraine observa que a desmodernização faz precisamente "nascer utopias retrospectivas", voltar a uma "ordem global" baseada em "crenças religiosas ou instituições políticas", uma ordem capaz de pôr fim "à fragmentação da experiência vivida" (1999, p. 47). Trata-se, assim, de um agente esteticamente conservador, porém a serviço da experiência religiosa individualizada e individualista, um agente que liga o antigo ao novo, traduz os símbolos antigos em ofertas novas, encaixa os indivíduos isolados e ansiosos na segurança das ofertas de salvação objetivamente garantidas por seus conteúdos acessados diretamente de uma fonte sobrenatural.

Conclusão

As categorias utilizadas para pensar os resultados de uma pesquisa operam numa dinâmica de circularidade, quando os elementos teóricos e empíricos se iluminam mutuamente e se completam, na medida em que possibilitam a construção de um quadro compreensivo. As reflexões aqui apresentadas nasceram dessa operação metodológica. Não se trata de um discurso normativo, mas tão somente interpretativo. Seu uso quiçá útil se restringe às possibilidades e limites dessa hermenêutica.

O ministério presbiteral revela nos últimos tempos um deslocamento de um modelo construído pelo Vaticano II para um novo modelo que aqui foi definido como individualizado. A pesquisa se estruturou a partir do pressuposto de dois modelos de presbítero, tendo como marco o Concílio. A leitura deu nome a esse novo modelo e buscou situá-lo no processo real – estrutural – de mudança, oferecido pela eclesiologia conciliar, marcadamente renovadora nas ideias, porém tradicional em seu núcleo central. Buscou-se uma interpretação sociológica desse deslocamento, afirmando que a dinâmica de individualização religiosa expressa no seu extremo e no seu fundo o individualismo hipermoderno, centrado na dinâmica desejo-satisfação <=> produção-consumo. Essa dinâmica rompe com o projeto moderno que tinha como centro o sujeito: indivíduo situado comunitariamente, consciente de si, autônomo em suas decisões e ativo politicamente. Esse sujeito suplantado pelo indivíduo consumidor avança para todos os domínios da vida social, incluindo, no caso, a vida na esfera religiosa. Um presbítero sempre mais individualizado traduz em sua imagem e prática essa tendência social dominante e reproduz na práxis eclesial a relação desejo-satisfação. A geração católica atual empenhada nas renovações conciliares assiste quase atônita a deslocamentos visíveis a olho nu na compreensão da missão (e da natureza?) dos ministros ordenados. O viés sociológico buscou duas explicações: a subsistência de um modelo presbiteral tradicional sob as transformações advindas do Concílio, que acolhem no contexto atual as novas demandas da cultura do consumo religioso. É sobre essa concepção consolidada e inalterada que toda renovação se torna possível, a de ontem oferecida pelo Vaticano II e a de hoje recolhida da cultura hiperindividualista e hiperconsumista.

Assiste-se, hoje, a um avanço progressivo de um individualismo religioso tradicionalista ou de um tradicionalismo individualizado.

Referências

CASTELLS, Manuel. *O poder da comunicação*. São Paulo: Paz e Terra, 2015.

LIPOVETSKY, Gilles. *A felicidade paradoxal* – Ensaio sobre a sociedade do hiperconsumo. São Paulo: Companhia das Letras, 2007.

MINOIS, Georges. *História da solidão e dos solitários*. São Paulo: Unesp, 2019.

PASSOS, J. Décio. *Concílio Vaticano II*: reflexões sobre um carisma em curso. São Paulo: Paulus, 2015.

SOUZA MARTINS, J. de. *O poder do atraso*: ensaios de sociologia da história lenta. São Paulo: Hucitec, 1999.

TOURAINE, Alain. *Poderemos viver juntos*: iguais e diferentes. Petrópolis: Vozes, 1997.

WEBER, Max. *Economía y sociedad*. México: Fondo de Cultura Económica, 1997.

CONCLUSÃO

A VISÃO DOS CATÓLICOS NO BRASIL SOBRE O MUNDO, A IGREJA E O MINISTÉRIO PRESBITERAL

Agenor Brighenti

Chegamos ao final de uma primeira abordagem da pesquisa *O novo rosto do clero – Perfil dos "padres novos" no Brasil*. O rico banco de dados, fruto de uma pesquisa de campo em âmbito nacional, permite outras abordagens e análises a partir de novos cruzamentos de dados, por exemplo, relativos a regiões do país, gênero dos informantes, etnia/raça, escolaridade e faixa etária. Neste livro foram apresentados dados restritos somente à totalidade das amostras, assim como a cada uma das duas perspectivas sociopastorais e às cinco das sete categorias de agentes eclesiais – padres, leigos/as, jovens, seminaristas e religiosas. Mas, a pesquisa contempla dados em separado de leigos e leigas, assim como de jovens-homens e jovens-mulheres. Esta abordagem, igualmente, se restringiu a apresentar um breve relatório dos dados levantados, relativos a cada uma das trinta perguntas que compunham o questionário aplicado, seguido de uma análise preliminar elementar. Outras publicações estão previstas para uma abordagem analítica mais profunda e completa.

Em busca de *O novo rosto do clero – Perfil dos "padres novos" no Brasil*, as análises apresentadas pelos especialistas do campo das ciências religiosas e sociais, em particular da teologia e da pastoral, focaram o perfil dos "padres novos". Terminando esta obra, pode ser de interesse dos leitores ter igualmente um panorama da visão dos católicos no Brasil, que não foi objeto de análise nesta primeira abordagem, ainda que no relatório dos dados apresentados eles estejam contemplados na primeira coluna das tabelas, que apresentam dados da totalidade das amostras. Sem entrar no âmbito de uma abordagem mais analítica, até porque se está nas considerações finais, vejamos pelo menos em forma de síntese dos dados apresentados alguns elementos que caracterizam o catolicismo brasileiro no momento ou, mais propriamente, os católicos das categorias de agentes consultados nas cinco regiões do país. Tal como já fizemos referências na amostra do catolicismo brasileiro não estão os bispos e os diáconos permanentes. Não se incluiu os bispos por resultar uma amostra muito pequena no conjunto, dado que na diocese geralmente existe um único bispo. E também não se incluiu os diáconos por não se fazerem presentes em todas as dioceses selecionadas ou em número díspar entre elas.

Para começar, convém chamar a atenção para o perfil das sete categorias de amostras ou de agentes eclesiais – padres, leigos, leigas, jovens-homens, jovens-mulheres, seminaristas e religiosas. Elas não foram buscadas aleatoriamente. Trata-se de pessoas engajadas nas paróquias ou comunidades eclesiais, exercendo liderança ou integrando serviços de pastoral e outros organismos, portanto, pessoas que conhecem a realidade da Igreja. Trata-se, também, de pessoas escolarizadas, grande parte com nível de formação superior (53,8%), muitos com mestrado e doutorado (7,8%) e os restantes (17,9%) com formação até o nível médio. Outro elemento a se ter presente aqui é que vamos fazer uma breve síntese da visão dos católicos brasileiros, a partir dos dados levantados pelos três blocos de perguntas do questionário aplicado, relativos à visão do mundo de hoje, da Igreja e do exercício do ministério presbiteral.

A visão de mundo dos católicos no Brasil

No conjunto dos católicos consultados há um olhar mais para dentro da Igreja do que para fora dela, em outras palavras, quando se olha para fora, a referência da visão do mundo é a preocupação com a situação interna da Igreja. Quando se pergunta o que está piorando ou melhorando no mundo de hoje, quais os maiores problemas e desafios, quais as realidades positivas ou negativas emergentes ou os principais valores e contravalores da sociedade atual, aparece em primeiro lugar, o valor da religião ou da vivência da fé, a volta do religioso ou o agravante do distanciamento dela, a importância da busca de Deus e o reverso de uma vida materialista e consumista. Há dificuldade em ver o social socialmente, a partir dele, dos fatos, apoiado nas ciências. Há uma visão predominantemente religiosa ou moral da sociedade, o que impede de ir às causas estruturais de realidades complexas como é a exclusão e a pobreza, a violência e a opressão.

Aparece também na visão de mundo dos católicos no Brasil a afirmação da defesa da dignidade da pessoa, da liberdade individual, da importância do sentido da vida, condenando-se a atitude de cada um achar que pode fazer o que bem entender da vida. Mas, há dificuldade em ver a importância e a necessidade do reconhecimento e a promoção dos direitos sociais, do bem comum ou dos direitos das minorias, dos invisibilizados. Aparece como um valor a sensibilidade diante dos que sofrem, mas não se vê como problemas importantes a situação política, a corrupção, a falta de assistência à saúde, o desemprego, o narcotráfico ou as condições precárias de moradia. Não se menciona como melhorias ou realidades positivas os avanços das políticas de inclusão social, promovidas pelos governos de corte popular e a consequente diminuição da pobreza na década de 2000, praticamente em todos os países da América Latina. A falta de preocupação pelos pobres, típica dos regimes neoliberais que voltam com força no continente e para além dele, não é mencionada como uma realidade negativa de peso.

Há uma preocupação forte com a desintegração da família, bem como com o desafio de viver em comunidade, dado o individualismo reinante. Trata-se, entretanto, de uma referência mais à fragmentação do tecido eclesial do que à consciência que o tecido social também está fragmentado. Vai de encontro ao desafio da vivência da fé, da preservação do religioso em uma sociedade cada vez mais secularizada, materialista, ainda que não se expresse muita preocupação com o distanciamento dos jovens da religião. Mas nem por isso se defende uma postura apologética da Igreja frente à sociedade, ao contrário, se aposta na inserção dos cristãos na sociedade, em uma atitude de diálogo e serviço, de maneira profética, ainda que frisando que sem confrontações. Muito menos se afirma a necessidade de buscar os católicos afastados ou que migraram para outras igrejas, assim como usar os meios de comunicação social na evangelização.

Finalmente, os católicos no Brasil acham que parte da sociedade vê a Igreja como uma instituição com credibilidade e influência no mundo de hoje, mas a maioria a vê como uma prestadora de serviço como outras ou uma instituição atrasada, defendendo coisas ultrapassadas. Mas, não há uma preocupação em reverter esta imagem, usando os meios de comunicação social, por exemplo. Aposta-se no testemunho dos próprios cristãos, isso também em coerência com uma postura não apologética, mas de diálogo e serviço no mundo.

A visão de Igreja dos católicos no Brasil

A tradição eclesial libertadora da Igreja na América Latina, tecida em torno a Medellín (1968), Puebla (1979), Santo Domingo (1992) e Aparecida (2007), bem como a Teologia da Libertação, são desdobramentos do Concílio Vaticano II, que superou o regime de Cristandade, renovou a Igreja e a inseriu no mundo, em uma postura de diálogo e serviço. Os católicos no Brasil assinalam que esta tríade está avançando, ao mesmo tempo em que reconhecem que há dificuldades neste processo. Na verdade, a Igreja no Brasil talvez tenha sido a Igreja que não só fez a recepção do Concílio na primeira hora, como aquela que produziu seus melhores frutos. Isso gerou tensões e embates. No âmbito externo, por sua postura profética e transformadora na sociedade e, no âmbito interno, com a chegada da onda pentecostal, que também entrou na Igreja Católica através da renovação carismática. Daí o reconhecimento que a renovação conciliar e a tradição libertadora avançam devagar, mas que para outros estão estancadas ou mesmo retrocedendo. Dizem que o estancamento deve-se, sobretudo, à postura da Cúria Romana e o retrocesso pela volta de tradicionalismos e devocionismos pré-conciliares. Surpreendentemente, há uma visão positiva da Teologia da Libertação, apesar de todas as campanhas de rotulação de uma derivação do marxismo de politizar a fé ou de colocar o pobre no lugar de Jesus Cristo. Reconhece-se que a Teologia da Libertação explicita a dimensão sociotransformadora do Evangelho e que, apesar de seus limites, continua, nas palavras do Papa João Paulo II: "útil, oportuna e necessária" para a Igreja.

Entretanto, não deixa de chamar a atenção que, para os católicos no Brasil, privilegiar as CEBs em relação aos movimentos já não se justifica, assim como os preconceitos em relação à renovação carismática ou dar ênfase à pastoral social, pois as pessoas esperam resposta imediata a seus problemas individuais. Mas, dizem que a pastoral social continua válida, assim como continuar investindo na capacitação do laicato, dando-lhe especialmente uma formação bíblica. Afirmam que lacunas ou vazios na ação evangelizadora da Igreja, hoje, são a baixa do profetismo e da opção pelos pobres, assim como a centralização da vida de Igreja na paróquia e em torno ao padre, em prejuízo de uma acolhida mais pessoal e da vivência fraterna. Para superar estes limites, frisam que é preciso investir na iniciação cristã, em especial dos adultos, assim como em uma consistente formação do laicato, despertando-o para a missionariedade. Novas frentes de pastoral precisam ser criadas, tal como espaços de orientação espiritual e aconselhamento pastoral, além da pastoral da acolhida e da visitação domiciliar, sem esquecer a criação de escolas de catequese.

Para a superação de lacunas na vida eclesial, como a centralização na paróquia e no padre, para os católicos no Brasil, é preciso uma renovação da paróquia, bem como se repensar o ministério ordenado. Ainda que não se pronuncie muito a favor das CEBs, são enfáticos em apontar para a necessidade da setorização da paróquia em unidades menores, que permitam uma participação mais efetiva e fraterna. Parece que os grupos de família ou de reflexão em torno à Bíblia seja a mediação desejada para esta descentralização da paróquia, mediação mais voltada para dentro da Igreja do que para fora dela. Com relação aos ministros ordenados, a principal queixa é o clericalismo, a falta de acolhida pessoal e a falta de presença nas famílias, em resumo, desejam padres mais pastores do que administradores e ministros do culto. Na linha de reivindicação de maior participação do laicato, alegam que mudança importante de estruturas na Igreja é fazer funcionar nas comunidades os conselhos e as assembleias de pastoral.

Para os católicos no Brasil, a maior contribuição da Igreja à sociedade é seu trabalho de educação para o compromisso social e formação da consciência cidadã, em prol da justiça e da promoção dos pobres. Nesta perspectiva, assinalam a valiosa contribuição dada na aprovação de projetos de lei anticorrupção eleitoral, assim como quando levantou sua voz diante de injustiças e o desrespeito aos direitos humanos e sociais.

O exercício do ministério presbiteral na visão dos católicos no Brasil

Com relação ao exercício do ministério presbiteral, os católicos no Brasil confirmam a importância da renovação conciliar e de sua recepção pela tradição libertadora da Igreja na América Latina, assinalando que continua válido o modelo de ministério dos "padres das décadas de 1970/1980", insistir na dimensão comunitária e social da fé, em uma pastoral social consistente e estruturada, assim como no compromisso com a opção pelos pobres e com uma sociedade justa e solidária. Entretanto, frisam que, mesmo mantendo esta perspectiva, é preciso mudar a linguagem, pois libertação, pobres, luta, compromisso social, comunidade, etc., pode gerar mal-entendidos ou mesmo desinteressar aqueles mais sintonizados com novas formas de expressão na atualidade. Também criticam o militantismo dos "padres das décadas de 1970/1980", inteiramente devotados ao trabalho, sinalizando a importância de tirarem tempo para si, para o lazer e o cuidado pessoal, ao que os "padres novos" são muito mais devotados. Os católicos no Brasil acham, também, que é preciso superar os preconceitos em relação à renovação carismática, prova de que a Igreja foi realmente carismatizada pela onda pentecostal, que irrompeu com força na década de 1970 no país e continua com muita adesão ainda hoje, ainda que com certos sinais de esgotamento e cansaço.

Com relação ao modelo de ministério dos "padres novos", os católicos no Brasil percebem e valorizam as novidades que eles trazem, como a valorização do afetivo, da emoção, dos sentimentos nas relações interpessoais, como também o uso dos meios de comunicação social em seus eventos e a maior atenção às pessoas e aos seus problemas pessoais afetivos, de saúde e econômicos. Mas também percebem seus limites como o tradicionalismo, o devocionismo e os milagrismos, assim como uma pastoral mais de eventos e atividades isoladas do que processual e uma prática religiosa a serviço dos indivíduos, tentando dar respostas imediatas. Aqui estão o novo e o velho misturados, que acaba passando a impressão ou se constatando que se age com meios modernos na realização de práticas de um passado sem retorno.

A formação dos futuros presbíteros é vista pelos católicos no Brasil como boa, com bons formadores e bons cursos de filosofia e teologia, ao mesmo tempo em que constatam que os "padres novos" são mais autoritários e tendem a se considerar mais importantes do que os leigos, passando a impressão que são formados para fazer funcionar a paróquia tradicional. Vocacionalmente, são vistos como bem-intencionados, buscando responder a um chamado de Deus para viver mais profundamente a fé, ainda que para um segmento dos católicos no Brasil; o que parece motivar um jovem a ser padre hoje é uma vida bonita, tranquila, confortável, buscar morar bem. Por outro lado, desmotiva um jovem a ser padre hoje, dizem, o celibato e uma possível vida solitária, sem afeto e equilíbrio emocional, assim como uma vida de muito sacrifício, pois, se deverá estar sempre à disposição dos outros. Um segmento dos católicos aponta, também, como fator desmotivador para um jovem ser padre, o contratestemunho de alguns presbíteros, dinheiristas ou sem observância do celibato.

A relação entre os padres e destes com o bispo é vista pelos católicos no Brasil com bastante realismo. Veem o bispo próximo e amigo dos padres e do povo, relações fraternas entre eles, com presença nos compromissos comuns, sem deixarem de constatar que também há ciúmes e competições, padres isolados e que não participam de atos comuns. Segundo os católicos no Brasil, em geral, os padres são bem-vistos, olhados como pessoas abnegadas, trabalhadoras, boas com o povo. Nota-se, dizem, que há alegria no servir e gosto pelo que fazem, ainda que não se possa negar que há padres amargurados, frustrados, isolados, de poucas relações com o povo. Também não querem padres de batina. A maioria acha que o modo mais adequado do padre vestir-se é com trajes civis, com bom gosto e simplicidade ou que cada um escolha o que lhe convier. Entretanto, 24,1% acham que o padre deve se apresentar de *clergyman* e, 12,7%, de batina. Seria nostalgia de um personagem de tempos idos que ficou no imaginário ou significa a preferência e a legitimação das práticas tradicionais e devocionais, que os padres que se vestem assim nos dias de hoje normalmente realizam?

ANEXO I

QUESTIONÁRIO APLICADO NA PESQUISA DE CAMPO

I – Identificação:

1. Sexo:

( ) Masculino ( ) Feminino

2. Idade:

( ) 25-35 anos ( ) 36-45 anos ( ) 46-55anos ( ) 57-65 anos
( ) Mais de 66 anos

3. Qual é a sua raça/cor?

( ) Branca ( ) Preta ( ) Parda ( ) Indígena ( ) Asiática
( ) Sem declaração

4. Escolaridade:

( ) Ensino Fundamental ( ) Ensino Médio ( ) Ensino Superior
( ) Mestrado ( ) Doutorado

5. O Sr.(a) é:

( ) Padre ( ) Leigo ( ) Leiga ( ) Jovem-homem
( ) Jovem-mulher ( ) Seminarista ( ) Religiosa

6. Em que ano o Sr.(a) começou sua participação ativa na Igreja?

( )

I – A SEU VER, QUAL É A ÓTICA DA GERAÇÃO DE PRESBÍTEROS DE SUA PERSPECTIVA SOBRE O MUNDO DE HOJE

1. O que está piorando no mundo de hoje? Enumere, em ordem de importância, três opções (1, 2, 3), dentre as seguintes alternativas:

( ) A agressão à natureza e a situação do planeta

( ) O distanciamento da religião e dos valores cristãos por parte das pessoas

( ) O crescimento do relativismo, a falta de ética, de limites

( ) O aumento do individualismo e a fragmentação do tecido social

( ) O crescimento do materialismo e do consumismo

( ) As condições de vida dos mais pobres, migrantes, favelados

( ) A crise de sentido da vida e o vazio existencial

( ) A política, os partidos e os políticos

( ) A corrupção e o desleixo com o bem comum

( ) A tendência à legalização do aborto, da eutanásia, de uniões homossexuais

( ) Outro: ....

2. O que está melhorando no mundo de hoje? Enumere, em ordem de importância, três opções (1, 2, 3), dentre as seguintes alternativas:

( ) Mais espaço para a liberdade pessoal, a subjetividade, menos controle social

( ) O acesso à educação, moradia, saúde, trabalho

( ) A busca de um outro mundo possível

( ) A volta da religião, às tradições, aos valores cristãos

( ) O fortalecimento da sociedade civil

( ) A preocupação e o cuidado com a ecologia

( ) A ascensão de governos populares na América Latina

( ) O acesso da população à internet, telefone celular

( ) Menos preconceitos e maior liberdade no campo da sexualidade

( ) Mais conforto e bem-estar para as pessoas

( ) Outro: ....

3. Quais os maiores problemas de nosso povo, hoje? Enumere, em ordem de importância, três opções (1, 2, 3), dentre as seguintes alternativas:

( ) O isolamento, cada um por si, a solidão, o egoísmo e o individualismo

( ) O consumismo, o materialismo, a perda dos valores familiares e culturais

( ) A violência, a pobreza, a falta de acesso à saúde e à educação

( ) A falta de Deus, de fé, de religião, o distanciamento da Igreja, da comunidade

( ) A desintegração da família, separações, uniões livres

( ) A falta de oportunidade de trabalho, especialmente para os jovens

( ) A corrupção da classe política e no Poder Judiciário

( ) O narcotráfico, as drogas

( ) O sistema capitalista, os interesses das grandes empresas e dos países ricos

( ) O endividamento interno e externo e as dificuldades dos países pobres

( ) Outro: ....

4. Quais os maiores desafios que o mundo nos coloca para a vivência da fé cristã? Enumere, em ordem de importância, três opções (1, 2, 3), dentre as seguintes alternativas:

( ) Viver comunitariamente, diante de tanto individualismo e egoísmo

( ) Conservar a fé e os valores cristãos

( ) Manter a moral familiar e ser exemplo para os filhos

( ) Haver jovens que queiram viver a fé, ser padres ou abraçar a vida religiosa

( ) A influência dos meios de comunicação social, maior do que a família e a escola

( ) A vigência do sistema liberal-capitalista, o consumismo e o hedonismo

( ) A desintegração da família e as consequências na educação dos filhos

( ) O distanciamento dos jovens da Igreja e dos valores cristãos

( ) A tentação de uma vida cômoda, confortável, de muita liberdade pessoal

( ) A oferta de grande número de opções religiosas, num mercado do religioso

( ) Outro: ....

5. Quais os principais antivalores reinantes na sociedade atual? Enumere, em ordem de importância, três opções (1, 2, 3), dentre as seguintes alternativas:

( ) Cada um achar que pode fazer o que bem entender de sua vida

( ) Valorizar as pessoas pelo que têm e pelo que podem consumir

( ) Achar que religião é para pessoas atrasadas ou pobres

( ) Dar tanta ênfase ao bem-estar, a uma vida cômoda, confortável

( ) Valorizar tanto o prazeroso, o que é mais agradável

( ) Cada um pensar em si, na própria felicidade e bem-estar

( ) A supervalorização da estética, do corpo, da beleza

( ) Colocar como meta da vida acumular bens, ser importante, ser rico

( ) Ter poder, prestígio, ser reconhecido pelos outros

( ) Evitar todo tipo de sofrimento, de dificuldades e obstáculos

( ) Outro: ....

6. Quais os principais valores que emanam de uma sociedade em mudança, hoje? Enumere, em ordem de importância, três opções (1, 2, 3), dentre as seguintes alternativas:

( ) A afirmação da dignidade pessoal, da liberdade e da subjetividade

( ) A valorização da gratuidade, da festa, do tempo livre

( ) A importância do presente e do momentâneo

( ) Viver em harmonia com a natureza e saber cuidar dela

( ) A importância da felicidade pessoal, de cuidar mais de si mesmo

( ) A sensibilidade diante dos que sofrem, dos esquecidos e excluídos

( ) A busca de Deus, de sentido para a vida, de religião

( ) Ter acesso a muita informação, quase em tempo real, pela mídia e internet

( ) Maior liberdade para escolher, decidir e optar

( ) Menos discriminação, mais respeito às diferenças e ao pluralismo

( ) Outro: ....

7. Que novas realidades positivas estão emergindo no mundo de hoje? Enumere, em ordem de importância, três opções (1, 2, 3), dentre as seguintes alternativas:

( ) A internet e os novos meios de comunicação virtual

( ) Maior aceitação do divórcio e da homossexualidade, por parte da sociedade em geral

( ) A sensibilidade com a ecologia, o cuidado da natureza e defesa da biodiversidade

( ) A volta do religioso, de procura por espiritualidade

( ) O enfraquecimento de países poderosos como os Estados Unidos

( ) A ascensão da América Latina, em especial do Brasil, no cenário mundial

( ) O fortalecimento da sociedade civil e da consciência cidadã

( ) Menos racismo, discriminação, preconceito

( ) Os pobres ficando menos pobres e o aumento da classe média no Brasil

( ) Mais acesso aos cuidados da saúde, educação, moradia, alimentação

( ) Outro: ....

8. Que novas realidades considera como negativas no mundo de hoje? Enumere, em ordem de importância, três opções (1, 2, 3), dentre as seguintes alternativas:

( ) Achar que cada um pode fazer de sua vida o que bem entender

( ) Busca para si de uma vida burguesa, cômoda, prazerosa

( ) Viver a vida sem religião, sem fé, sem Deus

( ) A falta de sentido para a vida, angústias e depressões

( ) A legalização do aborto, das uniões homossexuais, da eutanásia

( ) O aquecimento global, a destruição da biodiversidade e a manipulação genética

( ) A violência, que banaliza a vida, e a falta de segurança
( ) A falta de controle dos conteúdos veiculados na internet
( ) A crescente corrupção do poder público e a impunidade dos ricos
( ) A falta de preocupação com os pobres, insignificantes e descartáveis
( ) Outro: ....

9. Qual deve ser a posição da Igreja frente ao mundo de hoje? Enumere, em ordem de importância, três opções (1, 2, 3), dentre as seguintes alternativas:

( ) O mundo conspira contra a Igreja, é preciso reagir com força e coragem
( ) A missão da Igreja é espiritual; não importa o que o mundo pensa da Igreja
( ) Sem confrontações, exercer o profetismo, anunciando e denunciando
( ) Inserir-se no mundo, em uma postura de diálogo e serviço
( ) Mais espiritualidade e oração, catequese, do que busca de inserção social
( ) Evangelizar os centros de poder, os governantes, os intelectuais
( ) Dar seu exemplo e testemunho, sendo mais missionário e presente no mundo
( ) Fortalecer a pastoral social e preparar leigos para sua missão o mundo
( ) Atrair os católicos afastados que migram para as igrejas pentecostais
( ) Evangelizar, utilizando sobretudo os meios de comunicação social
( ) Outro: ....

10. Como a sociedade em geral vê a Igreja, hoje? Enumere, em ordem de importância, três opções (1, 2, 3), dentre as seguintes alternativas:

( ) Uma prestadora de serviços religiosos, como tantas outras Igrejas e religiões
( ) Uma instituição com credibilidade e influência na sociedade
( ) Uma instituição rica, defendendo seus próprios interesses
( ) Uma instância ética, defensora da vida e dos direitos humanos
( ) Entre religiões e Igrejas, a que tem maior credibilidade

(   ) Uma instituição atrasada, defendendo coisas ultrapassadas

(   ) Que teve grandes bispos e padres, mas que agora se enfraqueceu

(   ) Metendo-se em questões que não lhe compete: indígenas, ecológicas e políticas

(   ) Manchada pelo escândalo da pedofilia

(   ) Defendendo o celibato obrigatório para os padres, que poderia ser opcional

(   ) Outro: ....

II – A SEU VER, QUAL É A ÓTICA DA GERAÇÃO DE PRESBÍTEROS DE SUA PERSPECTIVA SOBRE A IGREJA HOJE

1. A renovação do Vaticano II está (assinale uma alternativa):

(   ) Avançando, ainda que muito devagar, pois foi preciso corrigir abusos

(   ) Estancada, pois a reforma do Concílio está emperrada, sobretudo na Cúria romana

(   ) Retrocedendo, com a volta de tradicionalismos e devocionismos pré-conciliares

(   ) Outro: ....

2. Na prática, a tradição latino-americana (Medellín, Puebla, Santo Domingo, Aparecida) está (assinale uma alternativa):

(   ) Avançando, sobretudo com a Conferência de Aparecida

(   ) Estancada, sobretudo com a nomeação de novos bispos e o fortalecimento dos movimentos

(   ) Retrocedendo, com a desqualificação da teologia latino-americana, dos mártires e das CEBs

(   ) Outro: ....

3. A Teologia da Libertação (enumere, em ordem de importância, três opções (1, 2, 3), dentre as seguintes alternativas):

(   ) Politiza a fé, colocando o pobre como fundamento e não Jesus Cristo

(   ) Explicita a dimensão sociotransformadora do Evangelho

( ) Precisa corrigir certos desvios, mas continua "útil, oportuna e necessária"

( ) Leva a um militantismo social, sem mística e espiritualidade

( ) Ajuda os cristãos a contribuir com uma sociedade mais justa e solidária

( ) É expressão da opção pelos pobres, a qual "radica na fé cristológica"

( ) Reduz Jesus Cristo a um ativista político e revolucionário

( ) É uma das expressões do marxismo, que faliu

( ) Caiu com o "muro de Berlim", acabou, é coisa do passado

( ) Continua válida não só para a América Latina, como para toda a Igreja

( ) Outro: ....

4. Que ações do "modelo de pastoral" dos anos de 1970-1980 já não respondem mais na ação da Igreja, hoje? Enumere, em ordem de importância, três ações (1, 2, 3), dentre as seguintes alternativas:

( ) Formar comunidade e fazer funcionar a comunidade tornou-se impossível

( ) Dar ênfase às pastorais sociais; as pessoas querem resolver seus problemas pessoais

( ) Privilegiar as CEBs e pequenas comunidades em relação aos movimentos

( ) Equipes de Coordenação, Conselhos e Assembleias de Pastoral nas comunidades

( ) Celebrações litúrgicas que acentuam o compromisso comunitário e social

( ) Fazer planejamento e agir com planos de pastoral

( ) Os preconceitos em relação à renovação carismática

( ) Formar os leigos sobretudo para o compromisso social

( ) Muitas pastorais, reuniões, eventos de formação

( ) Implantar Grupos de Reflexão ou de Família

( ) Outro: ....

5. Que ações do "modelo de pastoral" dos anos de 1970-1980 continuam válidas na ação da Igreja, hoje? Enumere, em ordem de importância, três ações (1, 2, 3), dentre as seguintes alternativas:

( ) Escolas de formação de leigos e leigas, com cursos sistemáticos e longos

( ) Uma pastoral social consistente e estruturada, expressão do Evangelho social

( ) Formação bíblica, celebração e compromisso em grupos de reflexão ou de família

( ) Dar mais importância às pequenas comunidades eclesiais do que aos movimentos

( ) Caminhadas e romarias em torno a questões ou problemas da atualidade

( ) Comunidades eclesiais com planejamento, conselhos e assembleias de pastoral

( ) Menos centralização na matriz e no padre e mais autonomia aos leigos e leigas

( ) Presença pública da Igreja: Grito dos Excluídos, Conselhos Tutelares, Camp. da Fraternidade

( ) Padres e leigos proféticos, críticos, inconformados diante das injustiças e da miséria

( ) Celebrações litúrgicas que levam para o compromisso comunitário e social

( ) Outro: ....

6. Quais as maiores lacunas ou vazios na ação pastoral, hoje? Enumere, em ordem de importância, três opções (1, 2, 3), dentre as seguintes alternativas:

( ) A baixa do profetismo e o esfriamento da opção pelos pobres

( ) A centralização na paróquia e no padre, burocracia e clericalismo

( ) Apostar numa Igreja de movimentos e novas comunidades de vida e aliança

( ) A centralização da vida cristã na liturgia, festiva, com pouco compromisso

( ) Uma fé com pouca sensibilidade ecológica

( ) O esfriamento das pastorais sociais e da inserção profética na
sociedade

( ) A falta de acolhida pessoal e desconhecimento da situação da pessoa

( ) Muita insistência no compromisso e pouco espaço para a gratuidade e
a festa

( ) Liturgias frias, sem convencimento, sem valorização da afetividade

( ) O deslocamento do profético para o terapêutico e do ético para o
estético

( ) Outro: ....

7. Quais os serviços pastorais mais importantes a serem desenvolvidos, hoje? Enumere, em ordem de importância, três opções (1, 2, 3), dentre aa seguintes alternativas:

( ) Implantar os movimentos de Igreja em todas as paróquias

( ) Processo de iniciação à vida cristã, especialmente com adultos,
e catequese permanente

( ) Implantar nas dioceses nas novas comunidades de vida e aliança

( ) Um consistente programa de formação dos leigos e leigas

( ) Promover a animação bíblica da vida cristã e de toda a pastoral

( ) Pastoral da Visitação e da Acolhida (Igreja Samaritana)

( ) Despertar para a missão, missões populares e comunidades
missionárias

( ) Dar oportunidade de missas de cura e libertação, novenas, devoções

( ) O funcionamento das pastorais sociais e o trabalho direto com os pobres

( ) Criar escola de ministérios leigos e instituí-los para o serviço nas
comunidades

( ) Outro: ....

8. Que novas frentes pastorais precisam ser abertas, hoje? Enumere, em ordem de importância, três opções (1, 2, 3), dentre as seguintes alternativas:

( ) Aconselhamento Pastoral e orientação espiritual

( ) Pastoral da Acolhida e da Visitação

( ) Escola de Ministérios e instituição de ministérios para leigos e leigas

( ) Implantar as novas comunidades de vida e aliança

( ) Implementar o Diaconato Permanente

( ) Escola de Fé e Compromisso Social

( ) Pastoral Missionária, com formação e experiências missionárias

( ) Escolas de Bíblia, para formação de agentes de pastoral bíblica e outros

( ) Escola de Catequese, para formação de catequistas

( ) Pastoral dos Meios de Comunicação Social

( ) Outro: ....

9. Como a ação da Igreja tem contribuído para uma sociedade mais justa e fraterna? Enumere, em ordem de importância, três opções (1, 2, 3), dentre as seguintes alternativas:

( ) Educando para a justiça, a partilha e o serviço aos pobres

( ) Apoiando projetos de lei como o da Anticorrupção Eleitoral e da Ficha Limpa

( ) Realizando campanhas de agasalho e cestas básicas

( ) Promovendo as Campanhas da Fraternidade e consequente criação de projetos específicos

( ) Através da *Caritas*, das Ações Sociais e assistência regular aos pobres

( ) Levantando sua voz profética diante de situações de injustiça e desrespeito de direitos

( ) Rezando pelos governantes e as autoridades em geral

( ) Criando suas próprias obras sociais: escolas, hospitais, asilos, abrigos de menores etc.

( ) Formando a consciência política e cidadã

( ) Atuando em parceria com outras organizações da Sociedade Civil e outras Igrejas

( ) Outro: ....

10. Que mudanças na estrutura da Igreja são mais urgentes, hoje? Enumere, em ordem de importância, três opções (1, 2, 3), dentre as seguintes alternativas:

( ) A renovação da paróquia, especialmente sua setorização em unidades menores

( ) O funcionamento de conselhos e assembleias de pastoral em todas as comunidades

( ) A criação de pequenas comunidades eclesiais, a exemplo das CEBs

( ) Repensar o modelo de ministério ordenado na Igreja

( ) Instituição de ministérios para as mulheres

( ) Maior rotatividade dos padres nas paróquias

( ) Não multiplicar paróquias e criar redes de comunidades, com padres trabalhando em conjunto

( ) Dar o direito das comunidades eclesiais terem a celebração eucarística semanalmente

( ) Rever os critérios e forma de nomeação de bispos

( ) Maior autonomia para as Conferências Episcopais Nacionais

( ) Outro: ....

III – O MINISTÉRIO DOS PRESBÍTEROS NA IGREJA E NO MUNDO DE HOJE

1. O que está superado, hoje, do modelo de ministério dos presbíteros da "geração 1970-1980"? Enumere, em ordem de importância, três opções (1, 2, 3), dentre as seguintes alternativas:

( ) A linguagem: falar de libertação, pobres, luta, compromisso social, comunidade

( ) As pastorais sociais, quando as pessoas querem resolver seus problemas pessoais

( ) Implantar CEBs, que as pessoas não querem e nem funcionam

( ) A desconfiança nos movimentos de Igreja, primavera para a Igreja

( ) Uma liturgia mais para o compromisso do que festa, vivência pessoal

( ) Não tirar tempo para si, para o lazer e o cuidado pessoal

( ) Os preconceitos em relação à renovação carismática

(   ) Não acolher e promover as devoções tradicionais e novenas

(   ) Desleixo na liturgia, com os paramentos, o modo de vestir-se

(   ) O Engajamento nas lutas e reivindicações dos movimentos sociais

(   ) Outro: ....

2. O que continua válido do modelo de ministério dos presbíteros da "geração 1970-1980"? Enumere, em ordem de importância, três opções (1, 2, 3), dentre as seguintes alternativas:

(   ) Insistir na dimensão comunitária e social da fé, contra todo intimismo e espiritualismo

(   ) Uma pastoral social consistente e estruturada, expressão do Evangelho social

(   ) Nada ficou, tudo fracassou, o mundo é outro e a pastoral deve ser outra

(   ) Priorizar as pequenas comunidades eclesiais em relação aos movimentos

(   ) Vestir-se com mais simplicidade e sem pompas na liturgia

(   ) Comunidades eclesiais com planejamento, conselhos e assembleias de pastoral

(   ) Menos centralização na matriz e no padre e mais autonomia aos leigos e leigas

(   ) Compromisso com a opção pelos pobres, com uma sociedade justa e solidária

(   ) O testemunho dos mártires das causas sociais

(   ) Foi válido o testemunho de entrega e dedicação, mas hoje é preciso fazer outra coisa

(   ) Outro: ....

3. Quais as principais novidades que os "padres novos" trazem no exercício de seu ministério? Enumere, em ordem de importância, três opções (1, 2, 3), dentre as seguintes alternativas:

(   ) A valorização do afetivo, da emoção, do sentimento e das relações interpessoais

(   ) Maior atenção às pessoas e aos problemas pessoais, afetivos, de saúde, econômicos

(   ) A sensibilidade à dimensão terapêutica da religião (novenas milagrosas, missas de cura)

(   ) Sensibilidade pela qualidade de vida, com tempo para a vida pessoal, o lazer e o convívio

(   ) O uso dos meios de comunicação social para seus eventos e atividades

(   ) Uma ação pastoral mais de eventos do que de processos comunitários

(   ) Liturgias mais animadas, pregação mais voltada para a situação da pessoa

(   ) Valorização do sagrado, expressada na maneira de vestir-se na liturgia e fora dela

(   ) Apoio aos movimentos e novas comunidades de vida

(   ) Há mais tradicionalismo e volta ao passado do que novidades

(   ) Outro: ....

4. O que não tem futuro no modo dos "padres novos" exercerem o ministério? Enumere, em ordem de importância, três opções (1, 2, 3), dentre as seguintes alternativas:

(   ) O tradicionalismo, o devocionismo e o milagrismo, pois a história caminha para frente

(   ) Uma prática religiosa a serviço dos indivíduos, com respostas imediatas

(   ) Uma pastoral de eventos e atividades isoladas, não de processos comunitários

(   ) A preocupação com trajes eclesiásticos, a estética da liturgia

(   ) O modelo de vida e de ação dos "padres novos", hoje, será o amanhã da Igreja

(   ) Estar focado nos problemas pessoais e colocar em segundo plano os sociais e estruturais

(   ) Uma Igreja sem profecia, com escasso compromisso com uma sociedade justa e solidária

(   ) Ficará a atenção ao emocional, às pessoas, mas não a falta de compromisso com o social

(   ) Entrar no mercado do religioso e adotar tudo o que agrada e reúne gente

( ) Como as respostas de ontem já não respondem, é normal que estejam buscando inovar

( ) Outro: ....

5. O processo de formação dos futuros presbíteros, hoje (enumere, em ordem de importância, três opções (1, 2, 3), dentre as seguintes alternativas):

( ) Está bom, com bons formadores e bons cursos de filosofia e teologia

( ) É personalizado, com acompanhamento psicológico, exigente

( ) Está bom do ponto de vista humano e espiritual, mas fraco no intelectual e pastoral

( ) Parece que são formados para fazer funcionar a paróquia tradicional

( ) Muitos candidatos vêm dos movimentos e depois vão trabalhar com movimentos

( ) Os padres novos são mais autoritários e tendem a se considerar mais importantes do que os leigos

( ) O grande desafio é a maturidade afetiva, emocional, com sexualidade assumida no celibato

( ) Os candidatos recebem tudo pronto, há comodismo e distância da dureza da vida

( ) Difícil, pois a situação da sociedade e da família mudou o perfil dos candidatos

( ) Faz-se vista grossa, sobretudo em relação ao homossexualismo de alguns candidatos

( ) Outro: ....

6. O que parece motivar um jovem ser padre, hoje? Enumere, em ordem de importância, três opções (1, 2, 3), dentre as seguintes alternativas:

( ) Responder a um chamado de Deus, a uma vocação recebida

( ) Uma vida bonita, tranquila, confortável, morar bem

( ) Viver mais profundamente a fé, com Deus e as pessoas

( ) Uma missão importante, com prestígio e visibilidade

( ) Tomar distância de uma sociedade materialista e de uma vida sem sentido

( ) Ser um pregador, levar a Palavra de Deus, orientar as pessoas

( ) O celibato como uma solução a dificuldades afetivas e em sua sexualidade

( ) O exemplo e o testemunho edificante de outros padres

( ) A oportunidade de ser alguém, de sair de situações de carência e conflitos

( ) Um modo de vida cômodo para esconder tendências sexuais como o homossexualismo

( ) Outro: ....

7. O que parece desmotivar um jovem ser padre, hoje? Enumere, em ordem de importância, três opções (1, 2, 3), dentre as seguintes alternativas:

( ) Uma vida de muito sacrifício, sempre à disposição dos outros

( ) O celibato e uma possível vida de solidão, carência afetiva, desequilíbrio emocional

( ) O trabalho da paróquia, centrado na administração e na liturgia

( ) Ganhar pouco, baixo poder de consumo, sem segurança na velhice

( ) A vida frustrada de alguns padres, amargurados e solitários

( ) O contratestemunho de alguns padres, dinheiristas ou sem observância do celibato

( ) A falta de ambiente religioso e de incentivo na família

( ) O desestímulo por parte de colegas e amigos

( ) A sociedade e os meios de comunicação apontam para a felicidade em outras coisas

( ) O escândalo da pedofilia por parte de certos padres

( ) Outro: ....

8. Como está a vida e a relação do presbitério de sua diocese, entre seus membros e com o bispo? Enumere, em ordem de importância, três opções (1, 2, 3), dentre as seguintes alternativas:

( ) Há relações fraternas, com presença de todos em todos os compromissos comuns

( ) O Bispo é próximo, amigo dos padres e do povo, pastor

( ) Há Associação dos Presbíteros na Diocese, com boa adesão e participação

( ) Há ciúmes e competições, padres isolados, que não participam de atos comuns

( ) O Bispo é distante, administrador, formal

( ) Há Associação dos Presbíteros na Diocese, com pouca adesão e participação

( ) Sempre que há transferências de padres, cria-se um mal-estar

( ) Os padres religiosos estão pouco integrados no presbitério e na pastoral diocesana

( ) Não há resistências para transferências e para assumir serviços em âmbito diocesano

( ) Os padres religiosos estão bem-integrados no presbitério e na pastoral diocesana

( ) Outro: ....

9. Como vê os presbíteros, em geral? Enumere, em ordem de importância, três opções (1, 2, 3), dentre as seguintes alternativas:

( ) São pessoas abnegadas, trabalhadoras, boas com o povo

( ) Nota-se alegria no servir e gosto pelo que fazem

( ) Há padres amargurados, frustrados, isolados, de poucas relações com o povo

( ) São pouco acolhedores, impacientes, rudes no trato

( ) Têm boas relações com o povo, presentes, visitam as famílias

( ) São acolhedores, pacientes, de bom trato

( ) São gente de fé, piedosos, levam a sério o ministério

( ) Procuram se cultivar, estudar, se aprimorar, se renovar

( ) Não se cultivam, poucos leem, estudam e buscam progredir

( ) Não têm tempo para as pessoas, estão sempre apressados e atarefados

( ) Outro: ....

10. Para cumprir sua missão qual o modo mais adequado para um presbítero vestir-se, hoje? Assinale uma alternativa.

( ) Com vestes de padre: batina

( ) Com veste clerical: *clergyman*

( ) Com trajes civis, com bom gosto e simplicidade

( ) Cada um escolha o que melhor lhe convier

( ) Outro: ....

ANEXO II

TABELA FATOR DE PONDERAÇÃO POR REGIÃO DO PAÍS

Região	Distribuição da população entre as regiões – números absolutos*	Distribuição da população entre as regiões em percentual	Distribuição ideal da amostra pelas regiões	Distribuição real da amostra pelas regiões	Fator de ponderação – peso de cada respondente de cada uma das regiões para correção da distorção entre a distribuição ideal e a real da amostra
Sul	27000000	13,967925504397%	103,7816865	156	0,6652672211
Sudeste	80000000	41,386445938955%	307,5012933	65	4,7307891281
Centro-Oeste	16000000	8,277289187791%	61,50025867	143	0,4300717389
Nordeste	54000000	27,935851008795%	207,563373	175	1,1860764171
Norte	16300000	8,432488360062%	62,65338852	204	0,3071244535
TOTAL	193300000	100%	743		

* Fonte: Censo IBGE, 2009.

OS AUTORES

Agenor Brighenti
Doutor em Ciências Teológicas e religiosas pela Universidade Católica de Louvain/Bélgica, professor na Pontifícia Universidade Católica do Paraná (PUCPR), professor convidado no CEBITEPAL do CELAM, em Bogotá.

Alzirinha Rocha de Souza
Doutora em Ciências Teológicas e religiosas pela Universidade Católica de Louvain, professora na Universidade Católica de Pernambuco, Recife (UNICAP).

Andréa Damacena Martins
Doutora em Ciências Sociais pela Universidade do Estado do Rio de Janeiro (IFCH-UERJ), consultora na ONG MARA-Projecten na cidade de Haia e pesquisadora independente nos Países Baixos.

Antônio José de Almeida
Doutor em Teologia pela Pontifícia Universidade Gregoriana de Roma, ex-professor na Pontifícia Universidade Católica do Paraná, Curitiba (PUCPR).

Antônio Manzatto
Doutor em Ciências Teológicas e Religiosas pela Universidade Católica de Louvain, professor na Pontifícia Universidade Católica de São Paulo (PUCSP).

Brenda Carranza
Docente colaboradora IFCH/Unicamp; coordenação do Laboratório de Antropologia Religiosa – LAR/UNICAMP.

Fernando Altemeyer Júnior
Doutor em Ciências Sociais pela Pontifícia Universidade Católica de São Paulo, professor na Pontifícia Universidade Católica de São Paulo (PUCSP).

João Décio Passos
Livre-docente em Teologia pela Pontifícia Universidade Católica de São Paulo, professor na Pontifícia Universidade Católica de São Paulo (PUCSP).

Manoel José de Godoy
Mestre em Teologia pela Faculdade Jesuíta de Filosofia e Teologia (FAJE), professor no Instituto Santo Tomás de Aquino (ISTA) e na FAJE, professor convidado no CEBITEPAL do CELAM, em Bogotá.

CULTURAL

Administração
Antropologia
Biografias
Comunicação
Dinâmicas e Jogos
Ecologia e Meio Ambiente
Educação e Pedagogia
Filosofia
História
Letras e Literatura
Obras de referência
Política
Psicologia
Saúde e Nutrição
Serviço Social e Trabalho
Sociologia

CATEQUÉTICO PASTORAL

Catequese
  Geral
  Crisma
  Primeira Eucaristia

Pastoral
  Geral
  Sacramental
  Familiar
  Social
  Ensino Religioso Escolar

TEOLÓGICO ESPIRITUAL

Biografias
Devocionários
Espiritualidade e Mística
Espiritualidade Mariana
Franciscanismo
Autoconhecimento
Liturgia
Obras de referência
Sagrada Escritura e Livros Apócrifos

Teologia
  Bíblica
  Histórica
  Prática
  Sistemática

VOZES NOBILIS

Uma linha editorial especial, com importantes autores, alto valor agregado e qualidade superior.

REVISTAS

Concilium
Estudos Bíblicos
Grande Sinal
REB (Revista Eclesiástica Brasileira)

VOZES DE BOLSO

Obras clássicas de Ciências Humanas em formato de bolso.

PRODUTOS SAZONAIS

Folhinha do Sagrado Coração de Jesus
Calendário de mesa do Sagrado Coração de Jesus
Almanaque Santo Antônio
Agendinha
Diário Vozes
Meditações para o dia a dia
Encontro diário com Deus
Guia Litúrgico

CADASTRE-SE
www.vozes.com.br

EDITORA VOZES LTDA.
Rua Frei Luís, 100 – Centro – Cep 25689-900 – Petrópolis, RJ
Tel.: (24) 2233-9000 – Fax: (24) 2231-4676 – E-mail: vendas@vozes.com.br

UNIDADES NO BRASIL: Belo Horizonte, MG – Brasília, DF – Campinas, SP – Cuiabá, MT
Curitiba, PR – Fortaleza, CE – Juiz de Fora, MG – Petrópolis, RJ – Recife, PE – São Paulo, SP